rororo gesundes leben
Lektorat Katrin Helmstedt

Benno Werner

Im Rhythmus der Jahreszeiten

Gesund leben
im Einklang mit
der Natur

Rowohlt

Veröffentlicht im Rowohlt Taschenbuch
Verlag GmbH, Reinbek bei Hamburg, März 1998
«Im Einklang mit der Sonne»

Umschlaggestaltung Barbara Thoben
(Fotos: Comstock; Tony Stone Images, Renee Lynn)
Satz Stempel Garamond PostScript (PageOne)
Gesamtherstellung Clausen & Bosse, Leck
Printed in Germany
ISBN 3 499 60279 2

INHALT

Einleitung:

DIE VERLORENE ZEIT

Wir leben in einer Zeit ohne Zeit. Obwohl die durchschnittliche Lebenserwartung des Menschen in den letzten Jahrhunderten stark anstieg, scheint es, wir hätten heute viel weniger Zeit als früher. Wir bewegen uns schneller als je zuvor von einem Ort zum anderen, produzieren schneller als je zuvor Güter und Dienstleistungen, informieren uns schneller als je zuvor über das aktuelle Geschehen in der ganzen Welt, verarbeiten Daten immer schneller, spülen das Geschirr immer schneller, waschen die Wäsche immer schneller, essen schneller, schreiben schneller, rechnen schneller, denken schneller, schneller, schneller, schneller und stellen dennoch fest, ganz schnell, daß wir keine Zeit mehr haben. Je schneller wir werden, desto weniger Zeit haben wir.

Im Gesundheitssystem macht sich diese Schnellebigkeit ebenso bemerkbar wie im Alltag. Die Behandlung des Patienten wird zur Akkordarbeit. Je mehr Patienten ein Arzt in einer bestimmten Zeiteinheit bewältigen kann, desto besser wird er entlohnt. Auch die Patienten orientieren sich an diesem Leistungsprinzip. Kaum jemand nimmt sich heute noch die Zeit, eine Erkältung oder Grippe im Bett richtig auszukurieren – das wäre ja Zeitverschwendung. Man greift lieber zur Tablette oder zum Hustensaft und schluckt die Krankheit hinunter.

Dabei ist es aber gerade das Gefühl, keine Zeit zu haben, welches Krankheiten verursacht. Hektik und Streß, Nervosität und innere Anspannung sind die Folgen, und diese fördern Krankheiten und Krankheitssymptome aller Art – Muskelverspannungen, Bluthochdruck, Nervenschwäche, Kopfschmerz, Migräne, Magen- und Zwölffingerdarmgeschwüre, Kreislaufprobleme, Herzrhythmusstörungen, Herzinfarkt und viele andere mehr. Vor diesem Hintergrund ist die schnelle Heilung, wie sie heute angestrebt wird, kein Ausstieg aus dem «Teufelskreis der Krankheit», sondern, ganz im Gegenteil, ein Einstieg. Die Krankheit wird dabei nicht geheilt, sondern in einen anderen Körperteil verschoben. Das Symptom verschwindet zwar, aber gleichzeitig wird der Grundstein für die nächste Krankheit gelegt.

Doch damit nicht genug. Neben dem quantitativen ging uns auch der qualitative Aspekt der Zeit verloren. Die Zeit ist kein leeres, abstraktes Kontinuum, das sich losgelöst von unserer eigenen Wirklichkeit gestaltet. Sie ist etwas Lebendiges, Dynamisches, ja sogar Wesenhaftes, das sich aus vielen einzelnen Bestandteilen zusammensetzt. Und jeder dieser Bestandteile besitzt einen eigenen Charakter. Die Tages- und Jahreszeiten sind beredte Beispiele dafür. Vor allem in der Natur, im Reich der Pflanzen und Tiere, sind uns diese unterschiedlichen Wesenszüge der Zeit wohlvertraut. Im Frühling beispielsweise kehrt die Sonne von ihrer langen Wanderung zurück, in den Norden. Die Tage werden länger, und die Temperaturen steigen an. Die Tiere beenden ihren Winterschlaf, die Bäume beginnen zu grünen, und die Zugvögel kehren aus ihren Winterquartieren zurück. Der Wald, in dem mehrere Monate lang Totenstille herrschte, erwacht zu neuem Leben. Im Herbst findet die entgegengesetzte Bewegung statt. Die Winterschläfer bereiten ihre Winterquartiere vor und legen ihre Wintervorräte an, die Zugvögel ziehen fort, und die Sonne wandert erneut in den Süden. Es wird Nacht auf der nördlichen Erdhalbkugel, und die Temperaturen gehen ihrem Tiefpunkt entgegen.

Wie man in der chronobiologischen Forschung mittlerweile nachweisen konnte, folgt auch der menschliche Organismus diesen rhythmischen Bewegungen der Natur. Die Winterdepression und die Frühlingsgefühle sind bekannte Beispiele dafür. Aber auch die Aktivitäten unserer Organe und die Funktionen unseres Stoffwechsels verändern sich. Physiologische Parameter wie Blutdruck, Blutvolumen, Blutzucker, Cholesterinspiegel, Harnausscheidung und viele andere mehr, die in der Schulmedizin bislang als konstante Größen angesehen werden, unterliegen auffallenden Schwankungen. Jede Tages- und jede Jahreszeit geht mit einer speziellen physiologischen Konstellation, aber auch mit einem eigenen seelischgeistigen Gestimmtsein einher.

Wir alle kennen sie, diese Bewegungen, diese natürlichen Veränderungen im Lauf der Zeit, und dennoch geraten sie heute mehr und mehr in Vergessenheit. Ohne Rücksicht auf diese inneren und äußeren Schwankungen gestalten wir heute unseren Alltag. Tag für Tag, Monat für Monat essen wir die gleichen Nahrungsmittel, verrichten wir dieselben Arbeiten, betreiben wir denselben Sport. Selbst im medizinischen Bereich wird auf die jeweils unterschiedliche Situation der Organe und des Stoffwechsels kaum Rücksicht genommen. Die therapeutischen Maßnahmen, die sich einmal bewährt haben, werden das ganze Jahr hindurch, in immer gleicher Art und Weise, verordnet und angewendet.

So ist es nicht verwunderlich, daß nach Meinungsumfragen heute in Deutschland etwa 50 bis 70 Prozent der Bevölkerung wetterfühlig sind, also etwa 40 bis 55 Millionen Menschen sich durch das Wetter in ihrem Wohlbefinden gestört fühlen. Nach strengeren medizinischen Maßstäben sind es immer noch 25 Millionen Menschen, die unter den natürlichen Veränderungen der Umwelt – allen voran den meteorologischen Schwankungen – leiden. Kopfschmerz, Müdigkeit, Einschlafstörungen, Konzentrationsschwäche, Nervosität und Herz-Kreislauf-Probleme zählen zu den häufigsten Symptomen, die durch das Wetter hervorgerufen werden. Aber auch Krankheiten, sogenannte Saisonkrankheiten, wie Angina pectoris, Asthma, Magengeschwüre und rheumatische Erkrankungen werden durch die natürlichen Veränderungen negativ beeinflußt und treten deshalb bevorzugt zu bestimmten Jahreszeiten auf.

Doch sollte man sich durch diese Zusammenhänge nicht verleiten lassen, zu glauben, das Wetter habe eine krankheitsfördernde Wirkung. Ganz im Gegenteil. Die Schwankungen der meteorologischen Bedingungen sind durchaus positiv zu bewerten. Sie stimulieren den Organismus und sind ihm ein wichtiger belebender Faktor. Ihre Wirkung für unsere Gesundheit kann mit derjenigen Kneippscher Wechselbäder verglichen werden. Durch sie entsteht ein Reizklima, das den Körper aktiviert und seine Anpassungsfähigkeit, sprich seine Selbstheilungskräfte, mobilisiert. Über Jahrtausende hinweg hat sich der menschliche Organismus an sie angepaßt und so weit an sie gewöhnt, daß wir sie heute für die Aufrechterhaltung unserer Gesundheit dringend benötigen. In der modernen Klimatherapie macht man sich dieses Wissen zunutze und läßt beispielsweise asthmakranke Kinder bei 5° Celsius Lufttemperatur und 4° Celsius Wassertemperatur in der Nordsee baden. Menschen, die äußeren Reizen gegenüber abgehärtet sind, reagieren auch inneren Reizen gegenüber relativ unempfindlich und können sich wesentlich besser gegen Krankheiten zur Wehr setzen.

Es ist nicht das Wetter, das uns krank macht. Die Ursache der krankhaften Veränderungen liegt in uns selbst – in unseren Gedanken, unseren Gefühlen, unserer körperlichen Konstitution und auch – und vor allem – in unseren Handlungen. Wir haben das Wesen der Zeit vergessen und sind ausgestiegen aus der rhythmischen Harmonie der Tages- und Jahreszeiten. Weitab der natürlichen Realität gestalten wir heute unseren Alltag. Im Winter beispielsweise heizen wir unsere Wohnungen auf sommerliche Temperaturen, essen wir bei Frost und Schnee frische sonnengereifte Orangen, fahren wir in den sommerlichen Süden, um den Winter in der Heimat zu vergessen. Obwohl sich unser Körper nach wie vor auf die winterlichen Bedingungen einstellt und die physiologischen Prozesse, wie seit Jahrtausenden, entsprechend reguliert, führen wir äußerlich ein Leben wie im Sommer. Daß wir dadurch die Harmonie mit unserer natürlichen Umwelt, aber auch die Harmonie mit unserem eigenen

Körper auflösen und krankhafte Prozesse einleiten, liegt auf der Hand.

Die Heilung dieser Krankheiten geht mit der Wiedereingliederung in den natürlichen Rhythmus der Jahreszeiten einher. Wie diese Wiedereingliederung in den natürlichen Rhythmus vonstatten geht, welchen tieferen Sinn die Jahreszeiten für uns Menschen haben, wie unser Organismus die unterschiedlichen Herausforderungen der Jahreszeiten bewältigt und wie wir ihn dabei unterstützen können, welche Organe in welchen Monaten am aktivsten sind, welche Gefühle und Gedanken mit welcher Jahreszeit einhergehen, welche Gesundheitsübungen – körperliche, geistige und seelische – in welcher Jahreszeit praktiziert werden sollten, um die Harmonie mit der Natur und den eigenen Bedürfnissen aufrechtzuerhalten, wird in den folgenden Kapiteln besprochen. Damit die Zeit, sowohl was ihren quantitativen als auch was ihren qualitativen Aspekt betrifft, wieder einen Platz in unserem Leben erhält und ihre gesundheitsdienliche Wirkung voll zur Geltung kommt.

Eins

Der Rhythmus der Jahreszeiten

Die Harmonie – ein universelles Phänomen

DIE HARMONIE UND DIE GESUNDHEIT

Ein Phänomen, das mit der Gesundheit aufs engste verbunden ist, ist die Harmonie. Unser Körper setzt sich aus zahlreichen Bausteinen zusammen. Die größten dieser Bausteine sind die Organe, Gewebe und Zellen. Aber auch die Zellen, die kleinsten Bausteine des Lebens, die selbst noch zu den Lebewesen gerechnet werden, sind aus noch kleineren Bausteinen aufgebaut – aus Zellorganellen, Molekülen und Atomen, Elektronen, Protonen und Neutronen und zahlreichen Elementarteilchen wie Leptonen, Baryonen und Mesonen. Die Anzahl dieser Bestandteile ist enorm. Bereits auf der Ebene der Zellen beträgt sie 100 000 Milliarden – eine Zahl, die unser Vorstellungsvermögen bei weitem überfordert. Doch im Vergleich zur Anzahl der Basenpaare, die in die DNS eingelagert sind, oder gar der Moleküle und Atome, nimmt sie sich eher bescheiden aus. Hier erreichen wir Dimensionen, die wir mit keinem Vergleich mehr erfassen können.

All diese Bestandteile entscheiden über unsere Gesundheit. Solange sie zusammenwirken und sich zu einer übergeordneten Harmonie ergänzen, sind wir gesund. Sobald sich jedoch ein einziger Baustein aus dieser Harmonie herauslöst, setzt ein krankhafter Prozeß ein, der die Gesundheit gefährdet und unser Wohlbefinden stört. Jede Krankheit, die wir heute kennen, läßt sich auf einen aus der Harmonie herausgefallenen Baustein zurückführen. Je nachdem, welcher Baustein die Harmonie verlassen hat, kommt es zu Kopfschmerzen, Rückenbeschwerden, Magenverstimmungen, Durchfall, Herzrhythmusstörungen oder anderen Symptomen.

Diabetes mellitus beispielsweise, die Zuckerkrankheit, ist das

Resultat einer hormonellen Disharmonie. Der Blutzuckerspiegel wird mit Hilfe von Hormonen, die in der Bauchspeicheldrüse produziert werden, reguliert. Insulin hat eine blutzuckersenkende Wirkung, Glukagon dagegen erhöht den Blutzuckerspiegel. Wird aufgrund pathologischer Verhältnisse zuwenig Insulin produziert oder in zu geringen Mengen von den Rezeptoren aufgenommen, löst sich die hormonelle Harmonie auf. Das Gleichgewicht verschiebt sich zugunsten von Glukagon, und der Blutzucker steigt.

Krebs, um ein zweites Beispiel zu nennen, wird heute, in der Schulmedizin, auf eine genetische Disharmonie zurückgeführt. Die Aufgabe der *Onkogenen-Gene* ist es, das Zellwachstum anzuregen. Ihre Gegenspieler sind die *Anti-Onkogenen-Gene*, die das Zellwachstum bremsen. Zu unkontrolliertem Wachstum der Zellen – zu Krebs – kommt es, wenn die Harmonie zwischen diesen beiden Genen gestört wird und die Onkogenen-Gene die Oberhand gewinnen. Die Bremswirkung fällt aus, und die Zellen beginnen zu wuchern.

Harmonie ist ein Synonym für Gesundheit. Disharmonie dagegen ist gleichbedeutend mit Krankheit. Die Heilung ist demnach ein Vorgang, bei dem der aus der Harmonie herausgefallene Baustein erneut in das harmonische Zusammenspiel der anderen Bausteine eingebunden wird und dabei seinen disharmonisierenden Charakter verliert. Bei der Zuckerkrankheit beispielsweise ist das Ziel der Therapie die hormonelle Harmonie zwischen Glukagon und Insulin. Dies kann dadurch erreicht werden, daß man den Körper mit Hilfe von Medikamenten anregt, mehr Insulin zu produzieren, oder aber, daß man die Rezeptoren so manipuliert, daß sie das Insulin effektiver aus dem Blut herausfiltern. Da die Zuckerkrankheit in vielen Fällen unheilbar ist und der Körper nicht dazu gebracht werden kann, selbst das hormonelle Gleichgewicht herzustellen, führt man ihm Insulin von außen zu. Der Zuckerkranke wird durch die tagtäglich zu setzenden Spritzen zwar nicht geheilt, aber sein hormonelles

Gleichgewicht wird wiederhergestellt, so daß er trotz allen Nachteilen relativ gut damit leben kann.

Was für die Zuckerkrankheit gilt, trifft auch für alle anderen Krankheiten zu. Der Heilungsprozeß ist stets ein Prozeß der Harmonisierung.

DIE HARMONIE DER SPHÄREN

In den alten Hochkulturen in China und Indien, Mesopotamien und Babylonien, Ägypten und Griechenland erkannten die Menschen, daß nicht nur der menschliche Körper von Natur aus harmonisch ist, sondern auch all die anderen Erscheinungen des Universums – Pflanzen und Tiere, Wälder und Meere, Sonne und Mond, Sterne und Galaxien. Sie erkannten die Harmonie als allumfassendes Naturgesetz und gingen sogar so weit, sie als obersten Willen Gottes zu interpretieren. Den Sinn des menschlichen Lebens sahen sie darin, sich in die Harmonie des Universums, oder, wie sie es nannten, in die Harmonie der Sphären einzufügen, um so ihren Gehorsam Gott gegenüber zum Ausdruck zu bringen.

Die Ärzte der damaligen Zeit wußten, daß nicht nur innere Disharmonie zu Krankheiten führt, sondern daß auch äußere Disharmonie – Disharmonie mit der Umwelt – das Wohlbefinden beeinträchtigen kann. Wenn beispielsweise ein Patient in Mesopotamien den Arzt aufsuchte, mußte er zuerst unter anderem folgende Fragen beantworten:

«Hast du Zwietracht gesät zwischen Vater und Sohn, zwischen Mutter und Tochter …?
Hast du ‹ja› anstelle von ‹nein› gesagt?
Hast du beim Wiegen falsche Gewichte verwendet?
Hast du eine Einfriedung, eine Grenze oder einen Zaun versetzt?
Hast du wider den Besitz deines Nächsten gehandelt?

Hast du mit seiner Frau das Bett geteilt?
Hast du Geradheit nur auf deinen Lippen getragen, gleichzeitig aber Falschheit in deinem Herzen gehegt?
Hast du Verbrechen begangen, hast du gestohlen oder stehlen lassen?»[1]

Nicht nur die Disharmonie mit den Mitmenschen wurde als gesundheitsschädigender Faktor erkannt. Auch die Disharmonie mit der Natur oder mit den Planeten und Sternen wurde für den Ausbruch von Krankheiten mitverantwortlich gemacht. Agrippa von Nettesheim schrieb:

«Wer krank ist, stimmt nicht mehr mit dem Universum überein. Er kann aber die Harmonie wiederfinden und gesund werden, wenn er seine Bewegungen nach denen der Gestirne richtet.»

Das ganze Universum ist erfüllt von Harmonie. All seine Bausteine – Atome und Moleküle, Zellen und Gewebe, Pflanzen und Tiere, Sonnen und Monde, Planeten und Sterne – wirken zusammen und ergänzen sich zu einer einzigen, übergeordneten Ganzheit. Aufgrund dieser All-durchdringenden Harmonie nannten die Griechen das Universum *Kosmos*, was übersetzt *Ordnung* bedeutet.

DIE HARMONIE BEI PYTHAGORAS UND IN DER MUSIK

Lange Zeit war die *Harmonie des Universums* ein unreflektiertes Gefühl des Staunens. Die Menschen schauten in den Nachthimmel, beobachteten den Lauf der Gestirne und spürten, daß alle Vorgänge am Himmel und auf der Erde irgendwie zusammenhängen, aber das Wissen um diese Zusammenhänge, das, was die Harmonie letztendlich ausmacht, blieb ihnen verborgen.

Einer der ersten, der diese Ahnung erforschen und wissenschaftlich fundiert beweisen wollte, war Pythagoras, der große griechische Philosoph, der von etwa 560–480 v. Chr. lebte. Wir alle kennen ihn aus der Mathematik, wo er sich mit seinem Lehrsatz ($a^2+b^2=c^2$) einen Platz in der Geschichte erobert hat. Doch sein größtes Verdienst liegt im Bereich der harmonikalen Forschung.

Iamblichos, ein Zeitgenosse Pythagoras', berichtet: «Pythagoras richtete … kraft eines unsagbaren und schwer vorzustellenden göttlichen Vermögens sein Gehör und seinen Geist auf das erhabene Zusammenklingen der Welt. Daher hörte und verstand er – wie er erklärte – ganz allein die gesamte Harmonie und den Weltgesang der Sphären und der Gestirne, die sich darin bewegten.»[2]

Pythagoras war jedoch kein Träumer. Er war Wissenschaftler, wenn man so will, einer der Begründer der modernen Wissenschaften, und als solcher versuchte er, die Visionen, die er hatte, zu deuten und in einer allgemeingültigen, wissenschaftlichen Sprache wiederzugeben. Das Ergebnis dieser Bemühungen war für die damalige Welt eine Sensation. Manche Forscher vergleichen es gar mit dem Auffinden der Weltformel.

Der Begriff *Harmonie* ist eine Ableitung vom griechischen *harmonikos*, was übersetzt *zur Musik gehörig* bedeutet. Die Musik war es auch, die Pythagoras die Gesetze der Harmonie offenbarte. In ihr entdeckte er den Schlüssel zum Geheimnis, das Bindeglied zwischen Himmel und Erde, zwischen Geist und Materie, zwischen Seele und Welt – die Zahl. Er erkannte, daß die Harmonie auf ganzzahligen Verhältnissen beruht und demnach mathematisch exakt beschrieben werden kann.

Bis heute gilt in der Musik, wo man die Verhältnisse Intervalle nennt, folgende harmonische Reihe:

1 : 2	Oktave
2 : 3	Quinte
3 : 4	Quarte
3 : 5	Große Sexte
4 : 5	Große Terz
5 : 6	Kleine Terz

5 : 8	Kleine Sexte
5 : 9	Kleine Septime
8 : 9	Große Sekunde
8 : 15	Große Septime
15 : 16	Kleine Sekunde
32 : 45	Tritonus

Je kleiner die Zahlen sind, mit welchen die Verhältnisse ausgedrückt werden können, desto größer ist die Harmonie. Der Übergang zwischen den Konsonanzen zu den Dissonanzen liegt für das menschliche Gehör ungefähr zwischen der Kleinen Sexte und der Kleinen Septime.

In der Musik bringt man die Intervalle mit Emotionen in Verbindung. Um bestimmte Eindrücke und Bilder auszudrücken, bedienen sich die Komponisten entsprechender Intervalle. Die aufsteigende Quarte beispielsweise wird als Kampfruf empfunden. Sie aktiviert den Hörer, ja, sie elektrisiert ihn und setzt ungeahnte Kräfte in ihm frei. Die aufsteigende Sekunde dagegen ruft eher ein schwelgendes, genießerisches Gefühl hervor. Zufriedenheit und Hingabe sind Größen, die mit ihr assoziiert werden.

Interessant ist, daß diese Verhältnisse nicht nur in der Musik ein bestimmtes Empfinden erzeugen, sondern in allen Bereichen des Lebens – in der Bildhauerei, der Malerei, der Architektur, der Buchdruckerei, der Philosophie und selbst in der Literatur. Je nachdem, welche Proportionen die einzelnen Bausteine zueinander aufweisen, bekommt die gesamte Struktur einen entsprechenden Charakter. Protzende Macht, stilvolle Würde, anmutige Schönheit und klassische Eleganz sind einzig und allein auf Zahlenverhältnisse zurückzuführen. Der Schlüssel zum Verständnis ist auch hier die Zahl.

Die Griechen wußten über die Zusammenhänge zwischen Harmonie, Gesundheit und menschlichem Wohlbefinden genauestens Bescheid. Sie erarbeiteten einen Kanon, sozusagen ein Lexikon harmonischer Proportionen, das für Künstler und

Handwerker, Baumeister und Philosophen zur Richtschnur ihres Handelns wurde. Ihre Paläste und Tempel, ihre Skulpturen und Plastiken, ihre Vasen und Gemälde konstruierten sie nach den Gesetzen der Harmonie. So kam es, daß die Griechen eine Kultur schufen, die sich im Einklang mit dem Universum befand, im Einklang mit Sonne und Mond, mit Tieren und Pflanzen, mit Wind und Wetter und damit auch im Einklang mit den natürlichen Bedürfnissen der menschlichen Seele.

DIE HARMONIE IN FORSCHUNG UND WISSENSCHAFT

Die Griechen erkannten die Gesetze der Harmonie in den zugrundeliegenden Zahlenverhältnissen und richteten ihr alltägliches und ihr künstlerisches Schaffen ganz und gar nach den harmonikalen Prinzipien aus. Aber waren sie damit wirklich im Einklang mit dem Kosmos? Finden sich die harmonischen Proportionen tatsächlich in allen Bausteinen des Universums, so daß man wirklich von einer *Harmonie der Sphären* oder dem *erhabenen Zusammenklang der Welt* sprechen kann? Oder war alles nur Philosophie und reine Spekulation?

Zahlreiche Forscher befaßten sich in den folgenden Jahrhunderten mit dieser Frage und kamen zu dem Ergebnis, daß die Bausteine des Universums tatsächlich überwiegend harmonische Proportionen aufweisen.

Johannes Kepler beispielsweise, der große Astronom des 16. Jahrhunderts erkannte, daß unser Sonnensystem nach harmonikalen Gesichtspunkten aufgebaut ist und die Sonnenabstände der einzelnen Planeten harmonische Verhältnisse ergeben. Er schrieb: «Gott, der ganz Liebe ist, hat die Welt als sein körperliches Bild entstehen lassen. Er schuf sie als schönstmögliche und vollkommenste. Die Vollkommenheit aber besteht in bestimmten, von der Geometrie dargebotenen Verhältnissen.»[3]

Diese Verhältnisse, die den Makrokosmos charakterisieren, spiegeln sich im Mikrokosmos, in der Welt der Atome und Moleküle wider. Der Aufbau des Atoms kann mit demjenigen des Sonnensystems verglichen werden. Auch hier befindet sich eine Struktur im Zentrum, um die andere Strukturen kreisen. Was für das Sonnensystem die Sonne ist, ist für das Atom der Atomkern. Die Planeten sind analog zu den Elektronen zu sehen, die mit Lichtgeschwindigkeit um den Kern herumrasen. Es würde zu weit führen, die zugrundeliegenden Harmonien hier im einzelnen aufzuführen, doch sei angemerkt, daß sich die harmonischen Proportionen aus der Anzahl der Elektronen, Protonen und Neutronen und aus der Größe und der Anzahl der Schalen ergeben. Im Periodensystem erkennt man sie in den einzelnen Zeilen (Perioden) und Spalten (Gruppen). Nur deshalb, weil dieses System (und natürlich auch die Elemente) harmonikal aufgebaut sind, ist es möglich, die Eigenschaften eines Elementes aufgrund seiner Stellung im Periodensystem zu erkennen.

Wie die unbelebte, so ist auch die belebte Natur, die ja bekanntermaßen aus der unbelebten hervorgegangen ist, nach harmonikalen Gesichtspunkten aufgebaut. Botaniker konnten zeigen, daß alle Organe eines ungestört wachsenden Baumes in einem bestimmten Verhältnis zueinander stehen. Die Dicke des Stammes, die Größe der Wurzel, die Anzahl der Äste, Zweige und Blätter sind harmonisch aufeinander abgestimmt. Und auch die kleineren Bestandteile der Pflanzen – Staubgefäße, Blütenkelch, Frucht und Fruchtknoten – weisen größtenteils harmonische Proportionen auf.

In der Tierwelt lassen sich die harmonikalen Prinzipien ebenfalls nachweisen. Es wurden die unterschiedlichsten Größen zueinander in Beziehung gesetzt. So zum Beispiel die Körperlänge und die Flügellänge bei verschiedenen Libellenarten oder die Länge des Vorderkörpers und des Hinterkörpers bei vielen Insekten. In den meisten Fällen ließen sich die gefundenen Verhältnisse auf kleine ganze Zahlen zurückführen.

Ein besonderes, überaus bekanntes harmonisches Verhältnis ist der *Goldene Schnitt*, der im Mittelalter *proportio divina*, die ‹heilige Proportion› genannt wurde. Er liegt vor, wenn eine Strecke so geteilt wird, daß sich die kleinere Teilstrecke (a) zur größeren (b) so verhält, wie die größere zur ganzen Strecke (c); wenn also a: b = b: c.

Mathematisch gesehen liegt der Goldene Schnitt dann vor, wenn eine Strecke so geteilt wird, daß sich die kleinere Teilstrecke zur größeren so verhält, wie 0,382: 0,618 oder wie 0,618: 1. (Ein Näherungswert ist die Proportion 5: 8, die Kleine Sexte, deren Dezimalwert 0,625 lediglich um 0,007 abweicht.)

Dieses, auf den ersten Blick relativ kompliziert erscheinende Verhältnis ist es, nach welchem der menschliche Körper maßgeblich konstruiert ist. Es findet sich unter anderem in folgenden Verhältnissen wieder:

Schulterbreite: Taillenbreite	= Goldener Schnitt
Nabel bis Sohle: Nabel bis Scheitel	= Goldener Schnitt
Scheitel bis Fingerspitze: Fingerspitze bis Sohle	= Goldener Schnitt
Halsgrube bis Nabel: Halsgrube bis Schritt	= Goldener Schnitt
Kopfhöhe: Kopfbreite	= Goldener Schnitt
Brauen bis Kinn: Brauen bis Haaransatz	= Goldener Schnitt
Brauen bis Mund: Mund bis Kinn	= Goldener Schnitt
Unterarm: Ganzer Arm	= Goldener Schnitt
Oberes Fingerglied: Mittleres Fingerglied	= Goldener Schnitt
Mittleres Fingerglied: Unteres Fingerglied	= Goldener Schnitt

Hüftgelenk bis Fußgelenk:
Schultergelenk bis Hüftgelenk = Goldener Schnitt

Schultergelenk bis Hüftbeingelenk:
Schultergelenk bis Scheitel = Goldener Schnitt

Auch wir Menschen sind, zumindest was den Körperbau betrifft, nach harmonikalen Prinzipien geschaffen. Die harmonischen Proportionen, die sich im Aufbau des Sonnensystems erkennen lassen, in den chemischen und physikalischen Gesetzen, im Bauplan der Pflanzen und Tiere, finden sich in unserem eigenen Körper wieder. Die Philosophie vom *erhabenen Zusammenklang der Welt* findet hier ihre Bestätigung. Sie ist kein Hirngespinst, sondern objektiv nachweisbare Realität.

Hans Kayser und Rudolf Haase führen in ihren Büchern noch viele andere harmonische Verhältnisse an, die sie im Lauf ihrer langjährigen Forschungen in allen Bereichen des Universums und des menschlichen Lebens entdeckt haben. Der interessierte Leser sei hier auf deren Literatur verwiesen. Wir werden nun unseren Ausflug in die Welt der räumlichen Proportionen beenden und uns der vierten Dimension zuwenden – der Zeit –, um der Frage nachzugehen, ob auch die Funktionen und die Bewegungen des Lebens den Gesetzen der Harmonie folgen.

Die Harmonie in der Zeit – Rhythmus und Synchronisation

DAS GANZE UNIVERSUM IST SYNCHRONISIERT

Bisher betrachteten wir das Universum mit all seinen Erscheinungen mehr oder weniger statisch. Das Leben ist aber kein statischer Zustand. Leben heißt Bewegung, heißt Wachstum und Wandlung, heißt Fließen im Strom der Zeit. Ganz gleich, was wir anschauen, ob es der Nachthimmel ist oder die Natur in unserem Garten, ob es Tiere sind oder Pflanzen, ob wir nach außen blicken in die Umwelt oder nach innen in unseren eigenen Organismus – überall ist Bewegung. Selbst scheinbar unbewegte Erscheinungen wie Steine und Mineralien, Eisenerze und Salze sind auf der submikroskopischen Ebene durchdrungen von endloser Bewegung. Es gibt keinen Zu-Stand, der mit festen Größen umschrieben werden kann. Es gibt nur Bewegung und fließendes Ineinander-Übergehen.

In der Bewegung offenbart sich die Harmonie als Rhythmus. Rhythmus ist gleichbedeutend mit ‹Harmonie in der Zeit›. Ethymologisch betrachtet geht der Begriff *Rhythmus* auf das griechische *rhein* bzw. *rheo* zurück, was *fließen* bedeutet. Im Germanischen kann man *Rhythmus* auf *rit* zurückführen, das für Recht und Gesetz steht. Die Rune Rit bzw. Rita ist die Urgesetzrune, die Rune des göttlichen Rechts, der All-gerechtigkeit. Sie ist die Rune des kosmischen Weltrhythmus.

Der Rhythmus zeigt sich dadurch, daß die Bewegung regelmäßig abläuft und nach bestimmten Zeitabständen wiederkehrt. Je nachdem, wie groß diese Zeitabstände sind, spricht man von folgenden Rhythmen:
– circahoran (Stundenrhythmus)
– ultradian (mehrstündiger Rhythmus)
– circatidal (Gezeitenrhythmus)

- circadian (Tagesrhythmus)
- circaseptan (Wochenrhythmus)
- circatrigintan (Monatsrhythmus)
- circannual (Jahresrhythmus)
- infrannual (Mehrjahresrhythmus)

Nahezu alle Bewegungsabläufe lassen sich einem der obengenannten Rhythmen zuordnen. Am augenfälligsten sind dabei die kosmischen Bewegungen, die für den steten Wechsel von Tag und Nacht und für das Wesen der einzelnen Jahreszeiten verantwortlich sind.

Aber auch die physiologischen Abläufe in unserem Körper sind rhythmisch angelegt. Unser Herz schlägt etwas häufiger als einmal in der Sekunde, etwa alle drei bis sechs Sekunden machen wir einen Atemzug, dreimal am Tag nehmen wir eine Mahlzeit zu uns und jeden Abend gehen wir schlafen. Der Menstruationszyklus und die alljährlich wiederkehrende Winterdepression sind weitere Beispiele regelmäßig wiederkehrender Bewegungsabläufe. Und auch der Sieben-Jahres-Rhythmus, dem wir im Laufe unseres Lebens ausgesetzt sind, ist ein wichtiges Indiz unseres rhythmischen Organisiertseins. Selbst die physiologischen Parameter unseres Körpers wie Blutdruck, Blutzucker, Blutbild, Körpertemperatur und viele andere mehr, die bis vor wenigen Jahren noch weitgehend als konstante Größen galten, folgen einem Rhythmus und sind im Lauf der Zeit teilweise erheblichen Schwankungen unterworfen, ohne daß dies als krankhafter Befund zu werten wäre – ganz im Gegenteil. Wie die Planeten rhythmisch um die Sonne kreisen, die Tage und Wochen, die Monate und Jahre sich rhythmisch gestalten, die Tiere im natürlichen Rhythmus ihren Winterspeck ansetzen und die Bäume ihre Blätter abwerfen, so sind auch unsere natürlichen Funktionen rhythmisch angelegt – sie kehren regelmäßig wieder.

Die Harmonie der natürlichen Bewegungsabläufe besteht nicht nur darin, daß sie in sich rhythmisch sind und nach bestimmten Zeitintervallen wiederkehren, sondern vielmehr darin, daß sie gemeinsam mit all den anderen sie umgebenden Bewegungsabläufen rhythmisch zusammenwirken und eine übergeordnete Harmonie, eine übergeordnete Ordnung formen. Diesen Vorgang nennt man Resonanz oder Synchronisation. Die resultierende Harmonie zeigt sich darin, daß die verschiedenen Rhythmen auf kleine, ganzzahlige Verhältnisse (harmonische Intervalle) zurückgeführt werden können.

Am Herz-Kreislauf-System kann man sich die Synchronisation veranschaulichen. Allerdings müssen wir dabei berücksichtigen, daß auch die Synchronisation rhythmischen, stimmungsmäßigen Schwankungen unterliegt. In der Nacht, wenn wir schlafen und uns im Zustand tiefster Entspannung befinden, erreicht sie ihren Höhepunkt. Die Biologen sagen, daß dann der Kopplungsgrad zwischen den einzelnen Funktionen sein Maximum hat. Tagsüber, wenn wir aktiv und angespannt sind, löst sich die enge Verbundenheit der Rhythmen wieder auf, und sie verlaufen weniger synchron als in der Nacht.

Die folgenden Werte beziehen sich auf einen gesunden Erwachsenen mittleren Alters im Wachzustand entspannter Ruhe.

Pulsfrequenz	72 pro Minute
Anzahl der Atemzüge	18 pro Minute
Blutdruckschwankung (gekoppelt an die Atmung)	8 pro Minute
Blutdruckschwankung (losgelöst von der Atmung)	6 pro Minute
Durchblutungsschwankung der Skelettmuskulatur	1 pro Minute
Durchblutungsschwankung der Haut	1 pro Minute

Die Verhältnisse dieser verschiedenen Funktionen lassen sich auf kleine ganze Zahlen zurückführen. Das Verhältnis von Puls zu Atmung beispielsweise ist 4:1 (doppelte Oktave), und das Verhältnis von Atmung zu von der Atmung losgelöster Blutdruckschwankung ist 3:1 (Duodezime). Dies bedeutet, daß die physiologischen Prozesse des Herz-Kreislauf-Systems synchronisiert sind und harmonisch zusammenwirken.

Jetzt könnte man natürlich einwerfen, daß die oben aufgeführten Rhythmen mehr oder weniger direkt mit dem Herzschlag assoziiert sind und es deshalb gar nichts Außergewöhnliches ist, wenn sie synchronisiert sind. Betrachten wir uns deshalb noch zwei weitere Rhythmen, und zwar aus dem Verdauungssystem. Wie wir alle wissen, nimmt der Magen die Nahrung, die wir essen, auf, versetzt sie mit Magensaft und leitet sie an den Dünndarm weiter. Dieses Weiterleiten der Nahrung geschieht dadurch, daß der Magen, der ja ein Muskel ist, sich von oben nach unten, von der Speiseröhre zum Magenausgang, wellenförmig kontrahiert und dadurch den Speisebrei nach unten preßt. Die Intensität der Kontraktion ist abhängig von der Menge des Mageninhaltes und, über den Tag gesehen, großen Schwankungen unterworfen. Ihre Frequenz allerdings ist stabil – sie beträgt drei Kontraktionen pro Minute.

Der Dünndarm, der die Nahrung aufspaltet und danach an den Dickdarm weiterleitet, macht sich die Technik der wellenförmigen Kontraktion, die Peristaltik, ebenfalls zunutze, um die Verdauungssäfte weiterzuleiten. Allerdings benutzt er einen anderen Rhythmus – nämlich 12 Kontraktionen pro Minute.

Diese Zahlen zeigen, daß auch im Verdauungssystem die physiologischen Abläufe synchronisiert sind. Das Verhältnis von Magen- zu Dünndarmperistaltik ist 1:4. Darüber hinaus kann man sehen, daß diese beiden Rhythmen auch mit den Rhythmen des Herz-Kreislauf-Systems synchronisiert sind. Ihre Zahlenwerte 3 bzw. 12 pro Minute reihen sich nahtlos in die oben aufgeführte Reihe ein, die sich nun wie folgt liest: 1; 3; 6; 12; 18; 72. Von diesen Werten läßt sich jeder mit jedem auf ein kleines ganzzahliges Verhältnis zurückführen. Die Harmonie bzw. die Synchronisation der zugrundeliegenden physiologischen Prozesse kann nicht optimaler gestaltet sein.

Mit den Kenntnissen der ganzheitlichen Medizin muß man davon ausgehen, daß alle Körperfunktionen, aber auch sämtliche Gedanken, Gefühle und Handlungen synchronisiert sind und die zugrundeliegende Frequenz auf ihrer Ebene manifestieren. Körper, Geist und Seele durchdringen sich und bilden eine Einheit.

Darüber hinaus ist der Mensch ein Teil seiner Umwelt. Gemeinsam mit all den anderen Menschen, mit den Tieren und Pflanzen, mit den geophysikalischen Gegebenheiten seiner Umgebung, ja sogar mit all den Himmelskörpern, mit Sonnen und Monden, Planeten und Sternen bildet er eine übergeordnete Einheit – den Kosmos. Seine eigenen Rhythmen sind eingebunden in die zahlreichen Wechselwirkungen der natürlichen Rhythmen. Sein Herzschlag, sein Stoffwechsel, die Funktionen seiner Ausscheidungsorgane verlaufen synchron zu den Bewegungen der Sonne und des Mondes. Unsere Organe sind nicht nur Teil unseres eigenen Organismus, sie sind ebenso Teil des natürlichen und des kosmischen Organismus, in dem sie ebenso bedeutsame Aufgaben zu erfüllen haben wie in uns.

Auch wenn diese Zusammenhänge auf den ersten Blick nach Esoterik, Mystik und tiefgehender Spiritualität klingen, vielleicht sogar nach Scharlatanerie, so sind sie doch bei genauerem Hinsehen objektive, wissenschaftlich nachweisbare Tatsachen. Ein Tag ist die Zeit, die die Erde benötigt, um sich einmal um ihre eigene Achse zu drehen, ein Monat, früher auch Mond genannt, ist die Zeit, die der Mond benötigt, um einmal die Erde zu umkreisen, und ein Jahr schließlich ist die Zeit, die die Erde benötigt, um einmal die Sonne zu umlaufen. Circadiane, Circatrigintane und Circannuelle Rhythmen, die im menschlichen Organismus sehr häufig anzutreffen sind, sind Rhythmen, die sich an den Himmelskörpern orientieren und uns einen Einblick in unsere tiefe Verbundenheit mit dem Kosmos gewähren.

Interessant ist in diesem Zusammenhang, daß die tierische und die menschliche DNS bei einer Wellenlänge von 0,000 000 351 Metern ihr Resonanzmaximum haben, d. h., daß sie bei einer Frequenz von 854 000 000 000 000 Hertz (Schwingungen pro Sekunde) am intensivsten mitschwingen. Musikalisch gesehen entspricht diese Frequenz der 66. Oktave der Erdrotation, wobei die Oktave das Intervallverhältnis 1 : 2 bezeichnet und hier eine Verdopplung der Frequenz bedeutet. Bei 66facher Verdopplung der Erdrotation erhalten wir also die Schwingung des DNS-Moleküls. Da die DNS sämtliche Informationen des menschlichen Organismus gespeichert hat, um sie an die Nachkommen weiterzugeben, kann man davon ausgehen, daß sämtliche Eigenschaften des Menschen mit der Erdrotation synchronisiert sind. Der Mensch ist Teil seiner Umwelt.

Die Synchronisation ist der Schlüssel zum Sein. Nur dort, wo sich die Bestandteile einer organischen Struktur harmonisch ergänzen, kann die übergeordnete Größe – Atom, Zelle, Mensch, Gesellschaft, Biotop, Sonnensystem, Galaxie – erhalten werden, und nur diejenige organisierte Struktur, die den Willen und die Fähigkeit zur Synchronisation aufbringt, kann transzendieren und mit anderen Strukturen gemeinsam in eine übergeordnete Größe hineinwachsen. Das Gesetz der rhythmischen Harmonie ist für das Leben, ja für das Sein überhaupt von solch zentraler Bedeutung, daß es überall zum Ausdruck kommt.

DIE GRUNDLAGEN DER SYNCHRONISATION

Es stellt sich die Frage, wie die Synchronisation verschiedener Strukturen vonstatten geht. Was sind ihre Grundlagen? Wie die Menschen untereinander harmonisch zusammenwirken können, um eine wohlfunktionierende Gesellschaft zu bilden, ist theoretisch relativ einfach nachzuvollziehen. Wie aber können ein Mensch, ein Apfel, ein Grashalm und eine Ziege harmonisch zusammenwirken? Und wie soll der Mensch mit den Sternen, mit der Sonne und mit dem Mond in Harmonie treten? Wie manifestiert sich diese Harmonie? Gibt es auch hier eine wissenschaftlich nachweisbare materielle Grundlage?

Den Grundstein zur Beantwortung dieser Fragen legte Albert Einstein mit seiner weltberühmten Formel $E=mc^2$. Diese Formel besagt, daß alle materiellen Erscheinungen auf eine gemeinsame Ursprungsenergie zurückgehen. Alle Materie ist umgewandelte Energie. Demnach unterscheiden sich der Mensch und der Apfel, der Grashalm und die Ziege, die Sonnen und Monde nicht ihrem innersten Wesen nach, sondern einzig und allein durch die Anordnung und die Menge der sie bildenden Energie. Würden wir mikroskopische Augen haben und mit diesen immer tiefer ins Innere der Materie vordringen, kämen wir irgendwann in einen Bereich, in dem sich die Grenzen zwischen den materiellen Erscheinungen, zwischen der Hausmauer und dem Menschen, zwischen der Heckenrose und dem Maikäfer auflösen würden und wir nicht mehr erkennen könnten, was wir betrachten. Wir sähen nur noch Elektronen, Protonen und Neutronen, wie sie mit Lichtgeschwindigkeit durch den Raum rasen, wir sähen Mesonen, Pionen, Baryonen und Quarks, wir sähen virtuelle Teilchen, die plötzlich aus dem *Nichts* entstehen und kurze Zeit später ins *Nichts* verschwinden, aber wir sähen nicht, ob sie gerade zu einem Baumstamm gehören oder zu einem Schmetterling, zu einem Stein oder zu einem Menschen. Alle materiellen Erscheinungen, belebt oder unbelebt, haben ein und dieselbe Wurzel. Sie alle sind Energie. Sie alle sind gleich, und doch sind sie verschieden.

Der zweite Wissenschaftler, dem wir die Beantwortung der oben aufgeführten Fragen mit zu verdanken haben, ist Fritz Albert Popp. Er konnte mit seinem Arbeitsteam nachweisen, daß alle materiellen Erscheinungen des Universums auf der energetischen Ebene mit ihrer Umwelt in direkter Wechselwirkung stehen. Unaufhörlich feuern sie kleine Energieteilchen – sogenannte Photonen – in alle möglichen Richtungen ab. Gleichzeitig fangen sie Photonen, die von anderen Strukturen ausgesandt wurden, auf. Die Photonen sind Informationsträger, die sich mit Lichtgeschwindigkeit bewegen. Sie können ihre Frequenz,

Masse und Wellenlänge verändern und dadurch jede Begebenheit und jeden Charakter auf der energetischen Ebene widerspiegeln.

Popp weist darauf hin, daß es kaum eine Situation gibt, bei der nicht Photonen im Spiel sind. So geheimnisvoll sie sind, so alltäglich sind sie. Jeder Gegenstand, jede Lebenssituation, jedes Tier, jede Pflanze, jeder Mensch, jede Erscheinung des Universums, ob belebt oder unbelebt, sie alle sind geformte Energie und sie alle haben ihr eigenes, ganz spezielles energetisches Muster, mit welchem sie auf die Umwelt einwirken. Sie alle haben ihre eigene Frequenz, ihre eigene Masse und ihre eigene Wellenlänge, mit welcher sie die Photonen in die Umwelt abfeuern, um mit dieser in energetischen Kontakt zu treten.

Kommen wir zurück zur ausgangs formulierten Frage. «Wie können ein Mensch, ein Apfel, ein Grashalm und eine Ziege harmonisch zusammenwirken?» Die Photonen sind der Schlüssel zur Antwort. Jede organisierte Struktur sendet Photonen in einem bestimmten Muster aus. In der Umwelt treffen die verschiedenen Photonenmuster aufeinander und verändern sich gegenseitig. Aus dieser Wechselwirkung der verschiedensten energetischen Konstellationen resultiert letztendlich ein Mittelwert, ein energetischer Mittelwert, der aus der Gesamtheit der Photonenmuster gebildet wird und der seinerseits auf die Organismen zurückwirkt. Dieser Mittelwert, dieses energetische Grundmuster, ist das Maß der Ordnung. Er ist die Grundlage der Harmonie und somit auch die Grundlage der Synchronisation.

Wie die Griechen schon zu berichten wußten, ist die natürliche Welt dort, wo sie noch nicht von Menschenhand aus dem natürlichen Gleichgewicht gebracht wurde, immer in Ordnung. Der gesamte Kosmos ist in Ordnung und weist ein flächendeckendes kohärentes Energiemuster auf. Der Apfel, der Grashalm und die Ziege, aber auch die Planeten und die Sterne, die Milchstraßen und die Galaxien sind eingebettet in diese natürliche Ordnung. Von Natur aus wirken sie harmonisch zusammen. Um mit ihnen in Harmonie treten zu können, müssen wir uns ebenfalls an dem übergeordneten energetischen Grundmuster der Natur orientieren und unser alltägliches Leben nach ihm ausrichten. Auf diesem Wege können wir die natürliche Harmonie mit dem Apfel, mit dem Grashalm und mit der Ziege erwirken und dadurch unserer inneren Natur als Mensch, unseren tiefsten Bedürfnissen gerecht werden.

DIE SYNCHRONISATION UND DIE GESUNDHEIT

Die Gesundheit des Menschen entscheidet sich grundlegend auf der energetischen Ebene. Solange das energetische Grundmuster des Mensch in sich kohärent ist, und solange die natürlichen physiologischen Vorgänge des Menschen harmonisch zu denjenigen der Umwelt verlaufen, solange ist der Mensch gesund. Fällt aber nur ein einziger Bestandteil, ein einziges Organ, aus dem natürlichen energetischen Grundmuster heraus und schwingt in seinem eigenen Rhythmus, kommt es früher oder später zu einer Erkrankung. Falls wir dann einen Arzt aufsuchen, wird er uns als erstes fragen, was nicht mehr in Ordnung ist, oder, um es mit dem Wissen der Griechen zu formulieren, was nicht mehr im Rhythmus mit dem Kosmos ist.

Die Heilung ist demnach ein Vorgang, bei dem der disharmonisierende Baustein wieder in die große Harmonie re-integriert wird. Dieses Zurückfinden in die natürliche Eigenrhythmik und die damit einhergehende Wiedereingliederung in die Ordnung des Kosmos darf jedoch nicht nur von außen erfolgen. Es muß ebenfalls von innen kommen und ein eigendynamischer, selbständiger Prozeß sein. Nicht nur der Körper muß sich in dieses Kohärenzmuster, in dieses energetische Grundmuster der Umwelt integrieren. Auch die Gedanken, die Gefühle und die Handlungen des gesamten alltäglichen Lebens müssen sich einfügen in diese Ordnung und ihren Teil zur Gesundheit beitragen. Die Kohärenz muß in jeder Ebene – körperlich, geistig und seelisch – Schritt für Schritt erarbeitet werden. Ein kurzes Anstoßen durch passiv-therapeutische Maßnahmen wie Massagen, Medikamente und dergleichen mehr, ist zwar ein Schritt in die richtige Richtung, letztendlich aber nicht ausreichend. Nur wenn der Prozeß selbständig vonstatten geht, und der Mensch sich aus eigener Kraft und aus eigener Überzeugung in die übergeordnete kosmische Harmonie integriert, kann er zu seiner ursprünglichen, natürlichen Gesundheit zurückfinden.

Der Mensch – ein Spiegelbild der kosmischen Rhythmen

DIE ESKIMOS

Der Mensch ist ein Teil des Universums. Von Natur aus ist er in die natürlichen Rhythmen seiner Umwelt eingebunden. Sein Körper, sein Geist und seine Seele spiegeln die kosmischen und die daraus resultierenden natürlichen Konstellationen in körperlichen, geistigen und seelischen Konstellationen wider. Wie eng diese Verbundenheit sein kann, sehen wir bei den Naturvölkern, ganz besonders bei den Eskimos. Bei ihnen gliedert sich das Jahr in zwei ganz klar unterschiedliche Hälften – in Sommer und Winter. Der Sommer ist die Jahreszeit, in welcher die Individualität und die Eigenverantwortlichkeit der Familien im Vordergrund stehen. Jede Familie hat ihr eigenes Sommerzelt und zieht, ganz allein auf sich gestellt, durch die Wildnis. Es findet keine gemeinsame Jagd statt – mit Ausnahme des Walfangs –, und die Jagdbeute wird mit niemandem geteilt.

Im Winter dagegen rücken die einzelnen Familien zusammen. Sie bewohnen eng aneinandergedrängte Häuser, in deren Mitte sich der Versammlungsraum befindet. Es ist die Zeit, in welcher vor allem die Stammeszugehörigkeit und das soziale Miteinander betont werden. Die Familien lösen sich auf und verschmelzen zu einer übergeordneten Einheit – dem Stamm. Das alltägliche Leben findet fast ausschließlich im Versammlungsraum statt.

In Anlehnung an diesen sozialen Zyklus gestaltet sich das religiöse Leben der Eskimos. Während im Sommer die Religion nahezu bedeutungslos ist und neben Geburts- und Todesriten keinerlei Rituale begangen werden, ist das Winterleben durch einen Zustand fortwährender Religiosität gekennzeichnet. Der Winter ist die Zeit der Mythen und Legenden. Magische Rituale und schamanistische Sitzungen sind nahezu an der Tagesordnung. Und auch die großen Feste, die an den Ursprung der Stammesgeschichte und die Verbundenheit der Menschen mit den Göttern erinnern, fallen in diese Jahreszeit.

Der Gegensatz von Winter- und Sommerleben bestimmt nicht nur das äußere Leben, sondern auch tiefere Schichten der Psyche und beeinflußt dadurch die gesamte Mentalität der Gruppe. Die Trennung von Winter und Sommer geht so weit, daß Winter- und Sommergeborene in zwei Gruppen aufgeteilt werden. Die Sommerkinder heißen *Eiderenten*. Ihre erste Nahrung ist eine in Süßwasser gekochte Brühe mit Landtieren und Flußfischen. Die im Winter Geborenen nennt man *Schneehühner*. Ihnen gibt man als erste Mahlzeit eine aus Meerwasser bereitete Fischsuppe. Auch Kleidungsstücke, Werkzeuge und alltägliche Gebrauchsgegenstände werden in zwei Kategorien unterteilt – in Sommer- und Winterdinge. Der Unterschied zwischen beiden wird als so stark empfunden, daß jede Art von Berührung zwischen beiden verboten ist. So müssen die Eskimos beispielsweise, wenn der Winter anbricht, zuerst das Sommerzelt und die Sommerkleidung unter einem Stein vergraben, bevor sie auf die Jagd nach einem Wintertier gehen dürfen. Werkzeuge, die im Sommer benutzt wurden, dürfen nach Wintereinbruch nicht mehr verwendet werden. Auch die Arbeit am Fell von Sommertieren (z. B. Karibu) muß von einem Tag auf den anderen abgebrochen werden.

Die Eskimos sind nicht die einzigen Bewohner Nordamerikas, deren soziales und kulturelles Leben den jahreszeitlichen Rhythmus widerspiegelt. Zahlreiche andere Stämme teilen diese naturintegrierte Lebensweise. Die Kwakiutl haben hierfür eine geglückte Redensart. «Im Sommer», so sagen sie, «ist das Heilige unten und das Profane oben; im Winter dagegen ist das Heilige oben und das Profane unten.»

UNSERE VORFAHREN

Bis zur industriellen Revolution im achtzehnten Jahrhundert lebten auch unsere Vorfahren noch weitgehend in Harmonie mit den Rhythmen der Natur. Sie waren den Unbilden der Natur direkt ausgesetzt und gezwungen, sich dem Wechselspiel der Jahreszeiten anzupassen. Auch für sie war das Jahr in zwei Hälften geteilt – in eine sakrale und eine profane. Im Winter dominierte das Heilige. Es war die Zeit der Geister und Dämonen. Gleichzeitig war es die Zeit des Todes. Es herrschten eisige Temperaturen. Der Schnee lag hoch auf den Feldern und Wegen. Die Häuser waren undicht, das Mauerwerk war feucht, und der Wind pfiff durch die Luken. Die Menschen rückten zusammen, drängten sich um den warmen Kamin oder die offene Feuerstelle, und wohl jeder hoffte insgeheim, daß diese unwirtliche, lebensbedrohliche Zeit bald vorüber sei.

Im Frühling wurde diese Sehnsucht endlich erfüllt. Die Sonne kehrte zurück aus dem Süden, die Tage wurden länger, die Temperaturen stiegen an, und die Natur erwachte zu neuem Leben. Die Menschen waren in diesen Tagen überglücklich, daß die Zeit des Todes endlich vorüber war. Sie öffneten Türen und Fenster, traten hinaus an die frische Luft und bewegten sich nach Herzenslust. Sie begrüßten den Frühling überschwenglich mit Frühlingsliedern und -reimen. Mit dem Leben kehrte auch die Arbeit wieder. Der Schnee war geschmolzen, und das Feld mußte bestellt werden. Man pflügte den Boden und brachte die Saat aus. Auch jetzt spielte das Heilige noch eine bedeutende Rolle. Es wurden zahlreiche kultische Handlungen vollbracht, durch welche man die Götter um Fruchtbarkeit und eine gute Ernte anflehte.

Im Sommer dagegen gelangten die religiösen Handlungen an ihren Tiefpunkt. War der Winter noch die Zeit des Heiligen und der Frühling eine Übergangszeit, in welcher sich das Sakrale und das Profane die Waage hielten, so war der Sommer die Zeit, in welcher das Weltliche eindeutig über das Heilige dominierte. Die Römer gingen sogar so weit, nur die ersten Monate des Jahres nach Göttern zu benennen. Die anderen, beginnend mit den Sommermonaten, zählten sie einfach nur: *Quintilis* (der Fünfte), *Sextilis* (der Sechste) etc. Die Pflanzen waren jetzt größtenteils herangewachsen und ihre Fruchtbarkeit gewährleistet. Außerdem war viel Arbeit auf dem Feld zu verrichten, vor allem in der zweiten Sommerhälfte, so daß es weder einen Anlaß noch viel Zeit gab, die Götter anzurufen. Man mußte sich jetzt um sein irdisches Dasein kümmern und die Ernte heimholen.

Im Herbst wurde das bäuerliche Wirtschaftsjahr abgeschlossen. Man brachte die letzten Reste der Ernte ein, schlachtete die Tiere, die man nicht über den Winter bringen konnte, und feierte das Erntedankfest, oder, wie die Germanen es nannten, das Herbstopferfest. Noch einmal wurde das irdische Leben in Saus und Braus genossen, noch einmal kam das Weltliche voll auf seine Kosten. Doch dann, wenn die Tage wieder kürzer wurden und die Temperaturen unwirtlicher, besann man sich erneut auf die religiöse Dimension des Lebens und räumte den Göttern wieder einen größeren Stellenwert im alltäglichen Leben ein. Man rückte zusammen und betete, damit man auch den kommenden Winter, die nächste Zeit des Todes, unbeschadet überstand.

Die alljährlichen Feste und Gedenktage, die uns von unseren Vorfahren seit Jahrhunderten, teilweise sogar seit Jahrtausenden überliefert sind und die wir heute noch begehen, sind Ausdruck dieser innigen Verbundenheit von Mensch und Natur. Im Frühling beispielsweise, wenn das Leben aus seinem Winterschlaf erwacht, die Bäume ihre Poren öffnen, die Winterschläfer aus ihren Höhlen kriechen und die ersten Keimlinge durch die Erdoberfläche stoßen, feiern wir Ostern – das Fest der Wiedergeburt. Ostara, auf die der Name dieses Festes zurückgeht, war unseren heidnischen Vorfahren die Göttin des strahlenden Morgens und des aufsteigenden Lichtes. Sie war die Göttin der wiedererwachten Natur. Im Christentum wurde sie durch Jesus ersetzt, der an diesem Fest ebenfalls zum Symbol der Wiedergeburt wird. Dem Glauben nach wurde er am Karfreitag gekreuzigt und beerdigt, und am Ostersonntag stand er von den Toten auf und erwachte zu neuem Leben – genauso wie die Natur in diesen Tagen.

Im Herbst dagegen, wenn die natürliche Zeit des Schlafens beginnt, wird das Wetter rauh, die Temperaturen fallen, und die Luftfeuchtigkeit steigt an. Nebelschwaden wehen durch die Luft. Die Winterschläfer ziehen sich zurück in ihre Höhlen, und die Zugvögel ziehen gen Süden, in wärmere Gefilde. Die Bäume konzentrieren ihre Energien auf ihre Wurzeln. Sie schließen ihre Poren, verlieren ihre Blätter, und der Wald, mit seinen skelettartigen Bäumen, sieht aus wie ein großer Friedhof. Es ist still und leer – es ist die Zeit des Todes. In diesen Tagen, am zweiten Vollmond nach der Herbst-Tagundnachtgleiche, feierten unsere heidnischen Vorfahren das Winteropferfest, an dem sie der Totengöttin Frigg und dem Totengott Odin opferten.

«Es herrschte der Glaube, daß diese beiden Totengötter nun wieder mit ihrem Seelenheer als *Wilde Jagd* durch die Lüfte brausen und die Seelen an diesem Tag zu ihren Gräbern und zu ihren Verwandten zurückkehren. Man richtete die Grabstätten her, schmückte sie und brachte Nahrungsmittel auf ihnen dar – Getreide, Mehl, Butter, Eier und den Seelenzopf –, an welchen sich die verstorbenen Ahnen laben konnten.»4

Die Christen gestalten ihre Festtage ebenfalls nach den natürlichen Bedingungen. Für sie ist der 1. November der Gedenktag *Allerheiligen*. «An diesem werden die Gräber gereinigt und die Totenlichter entzündet. Noch im Mittelalter wurden den Seelen Getreide, Brot, Bohnen und Wein auf das Grab gestellt. Der Tag nach Allerheiligen, also der 2. November, ist der Gedenktag ‹Allerseelen›. Schon zu Mittag dieses Tages, so glauben die Christen, dürfen die armen Seelen das Fegefeuer verlassen und ihre alten Wohnungen aufsuchen, in welchen sie bis zum nächsten

Morgen verweilen. Sie kehren zurück ins Bewußtsein ihrer Nachkommen und werden dort mit Speise und Trank verwöhnt. Um ihre Leiden im Fegefeuer zu mildern, streut man Mehl ins Feuer – dies soll die Flammen kühlen.»[5]

Wie ich in meinem Buch «Energie und Ernährung im Rhythmus der Jahreszeiten» gezeigt habe, sind alle bedeutenden Feste und Gedenktage Spiegelbilder der Natur. An ihnen kann man sehr gut erkennen, daß unsere Vorfahren nicht nur körperlich in den Rhythmus der Jahreszeiten integriert waren, sondern auch geistig und seelisch. Indem sie die Festtage begingen, reflektierten sie die natürlichen Bedingungen in Gedanken und Gefühlen. Mit den altüberlieferten Sitten und Bräuchen synchronisierten sie sich mit den Bewegungen der Himmelskörper und legten damit einen wichtigen Grundstein für ihre körperliche, geistige und seelische Gesundheit.

HEUTE

Mit der industriellen Revolution brach ein Zeitalter an, in dem die Menschen ihre Verbundenheit mit der Natur vergessen sollten. Die Gedenktage und die Feste wurden zwar größtenteils beibehalten, aber das alltägliche Leben der arbeitenden Bevölkerung wandelte sich radikal. Waren es früher noch kleine, relativ naturverbundene, landwirtschaftliche Betriebe, in welchen sie arbeiteten, so waren es jetzt große Industrieanlagen. Millionen von Menschen verließen die ländlichen Regionen, um am wirtschaftlichen Aufschwung teilzuhaben. Die Zeichen der Zeit standen auf Wachstum und Fortschritt, an natürliche Rhythmen und Naturverbundenheit dachten da nur die wenigsten.

Eine weitere Errungenschaft, die in dieser Zeit ihren Siegeszug in den Köpfen der Menschen antrat, war der Kunststoff. Was die Natur hervorbrachte und dem Menschen seit Jahrtausenden wertvolle Dienste erwiesen hatte, wurde im Rahmen der industriellen Entwicklungen abqualifiziert. Waren es zunächst nur die natürlichen Techniken, wie zum Beispiel das Bleichen von Baumwolle, die den neuen Anforderungen nicht mehr Genüge leisten konnten und durch künstliche, chemische Vorgehensweisen ersetzt wurden, so waren es später die natürlichen Stoffe selbst, die der Minderwertigkeit angeklagt wurden. In der Pharmazie beispielsweise ersetzte man Heilkräuter, heimische Gewürze, Edelsteine und Wasser, mit welchen man bis dahin große Heilerfolge erzielt hatte, leichtfertig durch künstliche, von Menschenhand synthetisierte Substanzen und erklärte sie, ohne die weitreichenden Folgen auch nur annähernd abschätzen zu können, für minderwertig. Aber auch in der Nahrungsmittelproduktion, in der Trinkwasserversorgung, in Transport und Verkehr, im Wohnungsbau und in vielen anderen Bereichen hielt diese Überheblichkeit Einzug, mit deren Konsequenzen wir teilweise erst heute konfrontiert werde.

Der Mensch erhob sich über die Natur. Er vergaß seine Wurzeln und schuf sich eine neue, eine künstliche Welt. Er wollte nicht mehr den Gesetzen der Natur unterworfen sein – nur noch seinen eigenen. Die Rhythmen der Natur wollte er überwinden und in einer humanen, menschlichen Welt wollte er fortan sein Glück suchen.

Bis heute hat sich diese Entwicklung stetig fortgesetzt. Der Mensch hat sich immer mehr über die Natur hinweggesetzt und sich immer mehr aus den natürlichen Rhythmen seiner Umwelt zurückgezogen. Die Jahreszeiten sind heute ein Phänomen, das man vom Fenster aus beobachtet, aber in den eigenen vier Wänden, in unserer eigenen künstlichen Welt, haben sie keinen Platz mehr. Wir essen jahrein, jahraus dieselben Nahrungsmittel, vollbringen rund ums Jahr dieselbe Arbeit und gehen Monat für Monat fast immer denselben sportlichen Aktivitäten nach.

Auch im medizinischen Bereich werden die therapeutischen Maßnahmen vielfach ohne Rücksicht auf die jahreszeitlichen Schwankungen angewendet. Selbst die klimatischen Bedingungen sind in unserer künstlichen Welt Tag für Tag die gleichen.

Kälte und Wärme, Wind und Wetter, Schnee und Hagel, Regen und Sonnenschein berühren uns nicht mehr. In unseren Räumen herrscht zu jedem Zeitpunkt des Jahres monotone Behaglichkeit.

Daß wir dadurch gegen die Rhythmen der Natur verstoßen, liegt auf der Hand – aber haben diese Rhythmen überhaupt noch eine Bedeutung für uns? Sind wir immer noch ein Teil der Natur, obwohl wir weitab von der natürlichen Realität leben? Hat unsere künstliche Welt nicht eigene Gesetze, so daß wir ohne Rücksicht auf die Rhythmen der Natur unseren Alltag gestalten können, so wie sich dies die Menschen der Zivilisation seit 200 Jahren wünschen? In Anlehnung an die neuesten wissenschaftlichen Erkenntnisse muß man sagen, daß dieses Streben nach Autonomie gegen die Natur des Menschen gerichtet ist und niemals realisierbar sein wird, ganz gleich, wie weit wir uns von der Natur entfernen und wie weit wir den technischen Fortschritt vorantreiben. Die in der Einleitung erwähnten Zusammenhänge sprechen für sich. Nach eigenen Angaben werden mittlerweile allein in Deutschland 40 bis 55 Millionen Menschen durch das Wetter in ihrem Wohlbefinden gestört. 40 bis 55 Millionen Menschen fühlen sich vom Wetter negativ beeinflußt und das, obwohl sie ihm nur sehr bedingt ausgesetzt sind.

Warum das so ist, warum wir immer noch in die kosmischen und natürlichen Rhythmen unserer Umwelt eingebettet sind, obwohl wir scheinbar weitab in einer künstlichen Welt leben, warum der Rhythmus der Jahreszeiten immer noch ein wichtiger Bestandteil unserer Physiologie ist, warum wir unsere Gesundheit nur dann erhalten können, wenn wir uns die Gesetze dieses Rhythmus zu eigen machen und in unseren Alltag integrieren, das soll im folgenden Kapitel besprochen werden.

Der Mensch und seine inneren Rhythmen – die Chronobiologie

Der Begriff *Rhythmus der Jahreszeiten* setzt sich aus zwei Komponenten zusammen, nämlich aus *Rhythmus* und *Jahreszeiten*. Die Wissenschaft, die sich mit der ersten Komponente, dem Rhythmus, beschäftigt, ist die Chronobiologie. *Chronos* bedeutet *Zeit* und *Bio* steht für *Leben* oder *belebte Natur*. Chronobiologie kann demnach übersetzt werden mit *Lehre von der belebten Natur unter Berücksichtigung der Zeit* oder *Lehre von den Rhythmen des Lebens*.

DIE ENTSTEHUNG DER RHYTHMEN WÄHREND DER EVOLUTION

Die Evolution, wie sie sich uns heute darstellt, war ein ständiger Kampf ums Überleben. Fressen und nicht gefressen werden lautete das Motto, mit welchem die Tiere und Pflanzen, die Individuen und die Arten auf die Erde geschickt wurden, um hier den Kampf auf Leben und Tod auszufechten. Nicht die Stärksten und Schnellsten, die Größten und Zähesten überlebten, sondern diejenigen, die sich am besten an die Bedingungen ihrer Umwelt anpassen konnten. Das Ziel ihres Wettstreites war ein Platz auf dieser Erde, eine ökologische Nische, und diese diktierte die Anforderungen an die Lebewesen. Auf hoher See beispielsweise hatten die Tiere andere Probleme zu bewältigen, als in den Wüstengebieten Nordafrikas. Es herrschte, wie die Biologen sagen, ein unterschiedlicher Selektionsdruck. Waren es im ersten Fall die hydrodynamische Form und die Muskelkraft, die mit dem Überleben prämiert wurden, so waren es im zweiten Fall die Fähigkeiten, sich an die hohen Temperaturschwankungen von Tag und Nacht anzupassen und lange Trokkenzeiten durchzustehen.

Die Anpassung an die Gegebenheiten war so fundamental und für das Überleben so wichtig, daß sie im Erbmaterial verankert und von Generation zu Generation weitergegeben wurde. Mit der Zeit konnten sich dadurch die Lebewesen immer besser an ihre Umwelt anpassen, ihren Körperbau, ihre Organfunktionen, ihre Freßgewohnheiten, ihr Brutverhalten, ja ihr ganzes Wesen immer optimaler nach ihr ausrichten, bis sie sich schließlich, über viele Generationen hinweg, so weit an sie angepaßt hatten, daß sie zum Spiegelbild der auf sie einwirkenden Umwelteinflüsse wurden.

Der Selektionsdruck, der auf den Lebewesen lastete und die Übereinstimmung mit der Umwelt erwirkte, war dermaßen stark, daß die jeweiligen Charaktereigenschaften, die durch ihn ausgebildet wurden, so tief einprogrammiert waren, daß sie auch dann noch zur Geltung kamen, wenn das Lebewesen plötzlich mit anderen Bedingungen konfrontiert wurde und sie keinen überlebensdienlichen Sinn mehr hatten. Als zum Beispiel die deutschen Kolonialisten zu Beginn dieses Jahrhunderts nach Südafrika auswanderten und dabei heimische Pflanzen mitnahmen, mußten sie feststellen, daß die Pflanzen lange Zeit den europäischen Rhythmus beibehielten. Obwohl Südafrika subtropisch ist und es dort keine Jahreszeiten in unserem Sinn gibt – nur Regenzeit und Trockenzeit –, warfen die Bäume ihre Blätter im Oktober ab und schlossen ihre Poren. Bei sommerlichen Temperaturen hielten sie dann einen Winterschlaf, den sie erst im Frühling beendeten, um neue Blätter auszutreiben.

Auch wir Menschen haben uns über einen langen Zeitraum hinweg immer perfekter an unseren Lebensraum angepaßt und unseren Lebensrhythmus, ja unsere ganze Physiologie und unsere Anatomie auf ihn abgestimmt. Dadurch, daß diese Anpassung in unserem Erbmaterial verankert wurde, haben sich auch in uns viele Rhythmen bis auf den heutigen Tag erhalten, obwohl sie scheinbar in unserem Alltag keinen Sinn mehr erfüllen und für unser Überleben keine nennenswerte Bedeutung mehr haben.

Ein Beispiel dafür ist die Trainierbarkeit unserer Muskeln. Unsere Vorfahren ruhten im Winter, arbeiteten relativ streng in der ersten Frühlingshälfte, als sie den Acker pflügten und die Saat ausbrachten, und verrichteten schließlich ihre maximale körperliche Tätigkeit in der zweiten Sommerhälfte bzw. in der ersten Oktoberhälfte, als sie die Ernte einbrachten und die Vorräte für das Winterhalbjahr anlegten. Wie man heute weiß, ist es genau dieser Rhythmus, der in unseren Muskeln einprogrammiert ist und deren Leistungsfähigkeit bzw. Trainierbarkeit reguliert.

Wie wir später noch sehen werden, folgen auch unsere Organe, unser Blutkreislauf, unsere Atmung und viele unserer physiologischen Parameter dem jahreszeitlichen Rhythmus. Wenngleich dieser Rhythmus in unserem Erbmaterial einprogrammiert ist, so bedeutet dies jedoch nicht, daß er in alle Ewigkeit beibehalten wird. Wir sind keine Maschinen, die fahrplanmäßig funktionieren. Unsere unbewußten Funktionen sind nach wie vor in direkter Abhängigkeit von unserer natürlichen Umwelt zu sehen. Sie können sich auch dann noch an sie anpassen, wenn andere Verhaltensmuster in unserem Erbmaterial vorgegeben sind. Allerdings ist die damit verbundene Umstellung zeitaufwendig und mit erheblichen Veränderungen gekoppelt. Wenn wir berücksichtigen, wie lange der natürliche Rhythmus der gemäßigten Breiten schon unser eigener ist, wie lange er bereits in unserem Körper einprogrammiert ist und sich in unseren Gedanken, Gefühlen und körperlichen Konstellationen niedergeschlagen hat, und damit die Zeitspanne vergleichen, in welcher wir unseren Alltag nicht mehr nach diesem Rhythmus gestalten, wird es verständlich, daß eine Anpassung an die neuen Gegebenheiten so schnell gar nicht erfolgen kann. Was sich Jahrtausende lang bewährt und das Überleben gesichert hat, kann nicht innerhalb einiger Jahrzehnte ausgelöscht und durch etwas Neues ersetzt werden.

Ein weiterer Punkt, der mitverantwortlich dafür ist, daß sich unsere Rhythmen – zum Glück muß man sagen – noch nicht an die neuen Bedingungen angepaßt haben, ist die Monotonie der künstlichen Welt, ihre Rhythmuslosigkeit. Wären wir vor 200 Jahren in die Arktis ausgewandert, hätten wir zwar sehr stark mit dem klimatischen Umschwung zu kämpfen gehabt, aber unser Organismus hätte sich innerhalb relativ kurzer Zeit daran gewöhnen und eine neue rhythmische Organisation ausbilden können. Natürlich wäre der Grad der Anpassung nicht mit demjenigen der Eskimos zu vergleichen gewesen, aber wir hätten keine allzu schwerwiegenden Krankheiten zu befürchten gehabt. Die Anforderungen, die wir dort vorgefunden hätten, wären von natürlicher, rhythmischer Art gewesen und hätten von unserem Organismus auf natürliche Art und Weise beantwortet werden können. Bis heute hätten sich diese Änderungen in unserem Organismus niedergeschlagen, und viele der alten Rhythmen, die zwar nach wie vor im Erbgut verankert wären, wären heute gar nicht mehr aktiv.

In unserer modernen Welt soll sich unser Organismus an die Monotonie der künstlichen, zivilisierten Welt anpassen – und dabei wird er vor ein unlösbares Problem gestellt. Die Monotonie ist ein unnatürlicher Zustand und gegen die Lebensfähigkeit gerichtet. Leben heißt Bewegung, heißt Wandlung und Veränderung. Monotonie dagegen ist gleichbedeutend mit Bewegungslosigkeit, mit Krankheit und Tod. Ein Lebewesen kann sich nicht an die Monotonie gewöhnen. Wenn ihm die Lebensreize aus der Umwelt vorenthalten werden, fällt es in sich zusammen, wird krank und stirbt. Aus diesem Grund bleiben viele der archaischen Rhythmen bestehen. Es gibt keinen Grund, sie zu verändern. Es gibt keine neuen Rhythmen, an die wir uns anpassen könnten – nur die Monotonie, und die ist gegen unser rhythmisches Organisiertsein, gegen unsere Überlebensfähigkeit gerichtet.

DIE AUSPRÄGUNG DER RHYTHMEN BEIM KLEINKIND

Ein weiteres Beispiel für ein rhythmisches Relikt aus unserer naturverbundenen Vergangenheit ist unsere Sexualität. Nach wie vor ist sie direkt mit dem Lauf der Sonne gekoppelt. Das Sonnenlicht, das von unseren Augen aufgenommen und über den Sehnerv ins Gehirn geleitet wird, regt die Produktion der Geschlechtshormone an. Je mehr Sonnenlicht einfällt, desto mehr Geschlechtshormone werden produziert. Somit erreicht unser Sexualtrieb am Ende des Sommers bzw. am Anfang des Herbstes seinen Höhepunkt und in der zweiten Winterhälfte seinen Tiefpunkt. Dies hat zur Folge, daß auch heute noch die meisten Kinder im Frühling zur Welt kommen.

Heute, in unserer künstlichen Welt, haben diese Zusammenhänge keinerlei Bedeutung mehr für unser Wohlbefinden. Früher jedoch, als die Menschen den klimatischen Bedingungen noch sehr viel stärker ausgesetzt waren als heute, war dieser Mechanismus ein wichtiger Überlebensfaktor – er senkte die Kindersterblichkeit erheblich.

Der Frühling ist die Zeit, in welcher die Natur zu neuem Leben erwacht. Wie in keiner anderen Jahreszeit wird in ihm das Leben bejaht und mit allen zur Verfügung stehenden Mitteln in seiner Entfaltung unterstützt. Die Temperaturen steigen an und werden erträglich, die hohe Luftfeuchtigkeit, die sich den Winter über im Gemäuer der Häuser ausbreitete, geht zurück, und die Wachstumsenergien streben ihrem Höhepunkt entgegen.

Wenn die Kinder im Frühling zur Welt kommen, können sie sechs bis neun Monate lang wachsen und ihre Abwehrkräfte aufbauen, bevor sie mit den harten Bedingungen des Winters, mit der Zeit des Todes, konfrontiert werden. Würden sie dagegen erst im Sommer geboren, hätten sie erheblich weniger Zeit, sich darauf vorzubereiten. Und kämen sie gar erst im Herbst oder im Winter zur Welt, wäre ihnen gar keine Vorbereitungszeit gegönnt. Dann würden sie von einem Tag auf den anderen aus dem warmen Urmeer Uterus herausgerissen werden und sofort der eisigen Realität des irdischen Daseins preisgegeben – ein Umstand, der unter den damaligen Lebensverhältnissen sehr leicht zum Tod hätte führen können.

Einen weiteren Grund, der mitverantwortlich dafür ist, daß die Geschlechtsdrüsen ihre Produktion mit der Intensität des einfallenden Sonnenlichts gekoppelt haben, liefert die Chronobiologie. Wenn das Baby zur Welt kommt, sind seine Rhythmen noch nicht synchronisiert, weder untereinander noch mit der Umwelt. Teilweise sind sie noch gar nicht entwickelt. Das Baby lebt in einem Zustand der physiologischen Dyssynchronisation. In diesem Zustand ist seine Konstitution relativ labil, und es ist seiner Umwelt nahezu ungeschützt ausgeliefert. Der Vorteil, den diese Labilität mit sich bringt und weshalb sie auch im Laufe der Evolution ausgebildet wurde, ist, daß das Kind aufgrund seiner Labilität sehr flexibel ist und sich viel besser und schneller an seine Umwelt anpassen kann, als wenn es schon von irgendwelchen Rhythmen geprägt wäre. Es ist wie ein unbeschriebenes Blatt, das jetzt mit den Zeichen der Umwelt beschrieben wird. Der Nachteil besteht darin, daß auch der Gesundheitszustand des Babys relativ labil ist und es sich kaum gegen pathologische Einflüsse aus der Umwelt wehren kann. Käme es im Winter zur Welt, hätte es eine schwere Zeit zu überstehen.

Das erste, was bei einem Säugling auffällt, ist, daß er keinen Tagesrhythmus hat, sondern einen Mehrstunden-Rhythmus. Tag und Nacht sind für ihn noch ohne Bedeutung. Er folgt einem inneren Rhythmus, einer inneren Uhr und verteilt seine Aktivitäten, zum Verdruß der Eltern, fast gleichmäßig auf Tag und Nacht. Er schreit, ißt und schläft zu allen Tages- und Nachtzeiten. Auch wichtige Parameter, die bei Erwachsenen einem deutlichen Tag-Nacht-Rhythmus unterliegen, wie zum Beispiel Atmung, Pulsfrequenz, Körpertemperatur und Urinausscheidung, sind noch nicht synchronisiert.

Jeder einzelne physiologische Prozeß wird in den folgenden Monaten vom Mehr-Stunden-Rhythmus auf den Tag-Nacht-Rhythmus umgestellt, wobei die Umstellung von Kind zu Kind und von Organ zu Organ unterschiedlich lange dauert. Für die Anpassung der Nahrungsaufnahme beispielsweise benötigt der Säugling zwischen sieben und zehn Wochen. Die Pulsfrequenz ist nach sechs bis acht Wochen synchronisiert und die Körpertemperatur befindet sich nach etwa zwei bis drei Monaten im Einklang mit dem Tag-Nacht-Rhythmus. Obwohl es einige Rhythmen gibt, die erst nach ein bis zwei Jahren einen ausgeprägten Tag-Nacht-Rhythmus erkennen lassen, wie zum Beispiel die Ausscheidung von Kreatin oder Kreatinin, kann man dennoch sagen, daß sich der Säugling in den ersten fünf Monaten auf den 24-Stunden-Rhythmus einschwingt und dadurch einen relativ stabilen Gesundheitszustand gewinnt. Er nutzt die Zeit, die er von der Natur geschenkt bekommt, und bereitet sich auf den Winter vor. Er ißt sich einen schützenden Winterspeck an, organisiert seine Rhythmen und aktiviert sein Immunsystem. So ist er gerüstet und kann sich gegen die kalten, feuchten, lebensbedrohlichen Bedingungen zur Wehr setzen und sein Überleben sichern.

An diesen Zusammenhängen kann man erkennen, daß die Rhythmen zwar genetisch angelegt sind, aber nicht spontan zum Durchbruch kommen. Sie müssen sich an der Umwelt orientieren und dort in bestimmte, vorgegebene Zeitschemata einrasten. Wie dieser Vorgang vonstatten geht, soll im Folgenden besprochen werden.

DIE BEDEUTUNG DER ZEITGEBER

J. Aschoff, ein Chronobiologe, ging in den sechziger Jahren der Frage nach, ob die natürlichen Rhythmen des Menschen eine genetische Grundlage haben, oder ob sie einzig und allein durch die Umwelt ausgelöst werden. «Was würde passieren?» fragte er sich, «wenn die Umwelteinflüsse wegfielen und der Mensch in abgeschiedener Einsamkeit, ohne Tag und Nacht, ohne Familie und Freunde, ohne den Zwang zur Arbeit gehen zu müssen, auf sich selbst gestellt wäre und seinen Tag selbst einteilen dürfte? Würde er seinen Tag-Nacht-Rhythmus beibehalten oder würde er einem anderen Rhythmus folgen? Hätte er dann überhaupt noch einen Rhythmus?» Um diese Fragen zu beantworten, führte er seine mittlerweile berühmt gewordenen Bunkerversuche durch. Die Versuchspersonen wurden dabei, mehrere Wochen lang allein, in unterirdischen Bunkern eingeschlossen, weitab jeglicher natürlichen Realität. In den Bunkern waren Wohnungen eingerichtet, in welchen sie ein ganz normales Alltagsleben führten. Sie konnten tun und lassen, was sie wollten, waren allerdings dazu angehalten, ein relativ geregeltes Leben zu führen und drei Mahlzeiten pro Wachphase zu sich zu nehmen.

Das Ergebnis dieser Untersuchung war verblüffend und kann bis auf den heutigen Tag nicht erklärt werden. Die Versuchspersonen hatten zwar nach wie vor einen Rhythmus, aber keinen genauen Tag-Nacht-Rhythmus, wie zu vermuten gewesen wäre, sondern im Durchschnitt einen 25-Stunden-Rhythmus. Sie verschoben ihre Aktivitäten jeden Tag um durchschnittlich eine Stunde nach vorne, so daß sie jeden Tag eine Stunde später zu Mittag aßen und eine Stunde später zu Bett gingen. Nach etwa dreieinhalb Wochen hatten sie ihren Zyklus durchlaufen und die ‹normalen›, dem Tag-Nacht-Rhythmus angepaßten Zeiten, wieder erreicht. Parallel zum Schlaf-Wach-Rhythmus änderten sich auch wichtige physiologische Parameter, zum Beispiel die Körpertemperatur und die Harnausscheidung, die ebenfalls den 25-Stunden-Rhythmus annahmen.

Die Fragen, die Aschoff zu Beginn der Untersuchung gestellt hatte, waren beantwortet. Der natürliche Rhythmus des Menschen ist im Erbmaterial verankert. Allerdings ist dieser Rhythmus nicht der Tag-Nacht-Rhythmus, sondern der 25-Stunden-Rhythmus, und das warf neue Fragen auf. Warum ist der Tag-Nacht-Rhythmus des Menschen und vieler Tiere länger als der natürliche Tag-Nacht-Rhythmus? Bis heute weiß darauf niemand eine wissenschaftlich fundierte Antwort. Was wir jedoch wissen ist, daß sich die Tiere und Menschen, ganz gleich, welchen inneren Rhythmus sie auch haben, an den Tag-Nacht-Rhythmus anpassen und ihr alltägliches Leben danach ausrichten. Fragen wir uns also nicht, warum die Lebewesen in ihrem Innern einen anderen Rhythmus als den Tag-Nacht-Rhythmus haben, sondern fragen wir uns, wie sie die Synchronisation mit dem Tag-Nacht-Rhythmus, die unter starkem Selektionsdruck im Laufe der Evolution ausgebildet wurde, entgegen ihrem eigenen, inneren Rhythmus aufrechterhalten.

Bevor wir uns jedoch zu sehr auf den Tag-Nacht-Rhythmus konzentrieren und dabei unser eigentliches Thema, den Rhythmus der Jahreszeiten, aus den Augen verlieren, wollen wir diese Fragen auf den jahreszeitlichen Rhythmus ausweiten. Ob der in der DNS einprogrammierte Jahresrhythmus auch vom äußeren Rhythmus der Jahreszeiten abweicht, wissen wir nicht genau. Es liegen uns darüber noch zuwenig Versuchsergebnisse vor, um sichere Angaben machen zu können. Nichtsdestotrotz wissen wir heute, daß auch der Jahresrhythmus in unserem Erbmaterial einprogrammiert ist. Wir können davon ausgehen, daß auch er nicht losgelöst von der Umwelt exakt eingehalten wird, sondern ebenso wie die Umwelt mehr oder weniger starken Schwankungen unterworfen ist. Endogene Veranlagung und äußerer Reiz stehen auch bei den cirannuellen Rhythmen in direkter Beziehung. Demnach können wir auch hier fragen: Wie erhält der Mensch seine Synchronisation mit dem Rhythmus der Jahreszeiten aufrecht? Wie kann sein Organismus erkennen, daß der Winter vor der Tür steht und sich schon Wochen vorher darauf einstellen, noch lange bevor die ersten Anzeichen die frostigen Temperaturen verkünden?

Aus dem Tierreich kennen wir ähnliche Phänomene. Hier sind sie uns sogar noch bewußter als bei uns selbst. Der Hamster beispielsweise fängt bereits im August an zu ‹hamstern›. Er frißt sich den Winterspeck an und füllt seinen Wintervorrat in den Nahrungsmitteldepots auf, noch lange bevor der Winter sich ankündigt. Was veranlaßt ihn dazu?

Das Schlüsselwort zur Beantwortung dieser Frage, sowohl was den Tag-Nacht-Rhythmus betrifft, als auch was den jahreszeitlichen Rhythmus betrifft, lautet ‹Zeitgeber›. Die Tiere und Menschen nutzen rhythmische Phänomene ihrer Umwelt, sogenannte Zeitgeber, um sich mit deren Hilfe in der Zeit zu orientieren. Die Zeitgeber sagen unserem Organismus, wie spät es ist, und dieser spiegelt dann die ‹Uhrzeit› mit einer adäquaten Reaktion wider. Wenn der Hamster also mit Hilfe des Zeitgebers erkennt, daß der Winter in drei Monaten anbricht und er weiß, daß er drei Monate benötigt, um die Wintervorräte anzulegen, dann fängt er genau zu diesem Zeitpunkt mit seinen Vorbereitungen an, egal, ob die Sonne scheint und tropische Temperaturen herrschen oder nicht. (Im Tierreich sind nicht alle Rhythmen von äußeren Zeitgebern abhängig. Beim Siebenschläfer beispielsweise konnte man in Laborversuchen nachweisen, daß er sich pünktlich zu seinem Winterschlaf niederlegt, auch wenn man ihn durch veränderte Tag-Nacht-Verhältnisse glauben macht, es sei Frühling oder Sommer. Wie diese innere Uhr funktioniert, ist allerdings noch nicht bekannt.)

In der Chronobiologie kennt man heute zahlreiche Zeitgeber, an welchen sich der menschliche Organismus orientiert. Wir wollen hier nur diejenigen anführen, die für die Orientierung im jahreszeitlichen Rhythmus von Bedeutung sind. Ganz allgemein kann man drei große Gruppen von Zeitgebern unterscheiden – geophysikalische, biologische und kulturelle.

GEOPHYSIKALISCHE ZEITGEBER

Ein geophysikalischer Zeitgeber, dem für die Synchronisation mit dem jahreszeitlichen Rhythmus eine große Bedeutung zukommt, ist das Tag-Nacht-Verhältnis bzw. das Hell-Dunkel-Verhältnis. Der Jahreslauf wird von zwei Sonnenwenden und zwei Tagundnachtgleichen in vier gleich lange Phasen eingeteilt – in die vier Jahreszeiten –, die sich hinsichtlich ihrer Lichtverhältnisse bzw. Tag-Nacht-Verhältnisse enorm unterscheiden. Der Frühling beginnt mit der Frühlings-Tagundnachtgleiche und ist dadurch charakterisiert, daß der Tag immer länger wird und die Nacht immer kürzer. Wenn der Tag seine längste Ausdehnung erreicht hat, findet die Sommer-Sonnenwende statt, die den Sommer einleitet. Von nun an werden die Tage kürzer und die Nächte länger. Die Tage sind zwar nach wie vor länger als die Nächte, aber das Tag-Nacht-Verhältnis verschiebt sich zu Gunsten der Nacht. Am Tag der Herbst-Tagundnachtgleiche beginnt der Herbst. Die Nacht gewinnt die Oberhand und ist weiterhin auf dem Vormarsch. An Weihnachten schließlich, genauer gesagt am 21. Dezember, an welchem die Winter-Sonnenwende stattfindet, hat sie ihren Höhepunkt erreicht und wird von nun an wieder langsam vom Tag zurückgedrängt. Das Licht des Lebens kehrt zurück auf die Erde.

Graphisch lassen sich diese Zusammenhänge wie folgt darstellen:

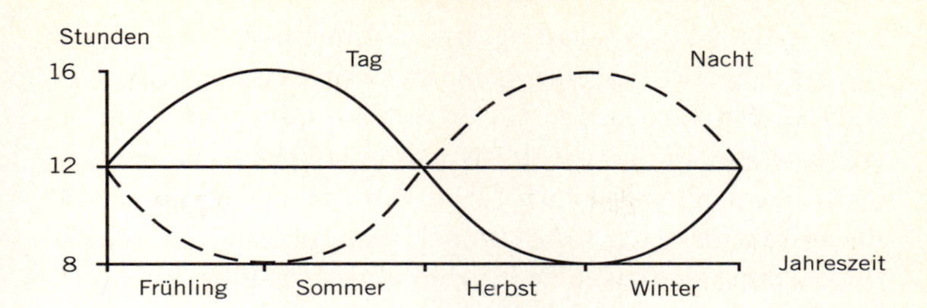

Jeder Tag des Jahres ist durch ein bestimmtes Tag-Nacht-Verhältnis gekennzeichnet. Die Lebewesen haben über Jahrtausende hinweg einen Mechanismus entwickelt, mit welchem sie diese Information der Natur auswerten können, um sich so, unabhängig von den Witterungsbedingungen, im Jahreslauf zu orientieren. Wie tief sich diese Kopplung an das Tag-Nacht-Verhältnis im Organismus eingeprägt hat, wurde an zahlreichen Tierversuchen demonstriert. Man setzte verschiedene Tiere künstlichem Licht aus und verkürzte das Lichtjahr durch schnellere Änderungen der Tag-Nacht-Verhältnisse. Man ließ sich also für die Umstellung vom Zwölf-Stunden-Tag auf den Sechzehn-Stunden-Tag keine drei Monate Zeit, wie die Natur, sondern nur wenige Wochen. Auf diese Weise konnte man das biologische Jahr um etliche Monate verkürzen. Hirsche beispielsweise warfen daraufhin ihr Geweih nicht mehr im Jahres-Rhythmus ab, sondern in einem Rhythmus, der zwischen vier und zwölf Monaten schwankte. Bei Staren konnte man auf diese Weise das Jahr sogar auf 2,4 Monate verkürzen, was unter anderem anhand der Größenzunahme bzw. -abnahme der Geschlechtsdrüsen nachgewiesen wurde. In Hühnerställen schlägt man aus diesen Zusammenhängen wirtschaftlichen Profit. Mit Hilfe der täglichen Beleuchtungsdauer macht man die Hühner glauben, es sei Frühling, mit dem Ergebnis, daß diese dann mehr Eier legen.

Ein weiterer geophysikalischer Zeitgeber, der im Rhythmus der Jahreszeiten starken Schwankungen unterworfen ist und demnach für die Orientierung in der Zeit verwendet werden kann, ist das Wetter. Allerdings ist das Wetter nur ein sekundärer Zeitgeber. Solange es gemeinsam mit einem primären Zeitgeber, wie zum Beispiel dem Tag-Nacht-Verhältnis, auf einen Organismus einwirkt, spielt er bei der Synchronisation eine untergeordnete Rolle. Und das ist auch gut so, denn das Wetter ist, wie wir alle wissen, viel zu großen Schwankungen unterworfen, als daß wir mit ihm eine genaue Zeitbestimmung durchführen könnten. Nehmen wir nur einmal die Temperatur. 17° Celsius um die Mittagszeit ist eine Temperatur, die in Deutschland praktisch zu allen Jahreszeiten möglich ist. An ihr könnten wir uns überhaupt nicht orientieren. Und auch andere, weniger moderate Werte, lassen Schwankungen von mehreren Monaten zu. Selbst Extremwerte wie 40° Celsius im Schatten oder –30° Celsius am späten Nachmittag können in einem Zeitraum von zwei oder drei Monaten auftreten. Ähnlich verhält es sich mit Luftfeuchtigkeit, Windgeschwindigkeit, Ozongehalt, Regen, Schnee und anderen meteorologischen Faktoren. Während wir anhand des Tag-Nacht-Verhältnisses mit einem einzigen Wert genau das Datum bestimmen können, müssen wir das Wetter über einen längeren Zeitraum hinweg beobachten und analysieren, um uns mit seiner Hilfe in der Zeit zu orientieren.

BIOLOGISCHE ZEITGEBER

Während dem Wetter für unsere Orientierung im Jahreslauf nur eine untergeordnete Funktion zukommt, ist seine Bedeutung für die Gestaltung der Biologischen Zeitgeber wesentlich. Das Wetter ist es, das die Winterschläfer veranlaßt, sich in ihre Höhlen zurückzuziehen. Das Wetter ist es, das die Laubbäume veranlaßt, ihre Blätter abzuwerfen und ihre Lebensenergien auf die Wurzeln zu konzentrieren. Die Zugvögel ziehen in den Süden, weil das Wetter oben im Norden nicht ihren Wünschen entspricht. Die Tiere fressen sich einen Winterspeck an und lassen sich einen dicken Pelz wachsen, weil das Wetter sie dazu zwingt. Die Tiere und Pflanzen haben sich an ihre Umwelt, vor allem an die Wetterbedingungen angepaßt und entsprechende Verhaltensweisen entwickelt, mit welchen sie auf deren Anforderungen reagieren können. Und diese Verhaltensweisen sind es, mit welchen sie sich gegenseitig die Zeit im Jahreslauf mitteilen. Wenn eine Libelle zum erstenmal einen Hamster sieht, wie er seinen Wintervorrat anlegt, dann *weiß* sie, daß jetzt der August gekommen ist. Oder wenn sie sieht, wie die Bäume ihre Blätter abwerfen, dann *weiß* sie, daß es Oktober ist und der Winter vor der Tür steht.

Das bedeutet natürlich nicht, daß sie es wirklich weiß und bewußt nachvollzieht. Es geht hier nicht um das bewußte Wissen, daß es jetzt Winter wird, sondern um die Aktivierung physiologischer, unbewußt ablaufender Vorgänge, die sich während der Evolution, unter starkem Selektionsdruck, bewährt haben. Es geht also darum, daß bestimmte physiologische Reaktionen durch äußere Reize ausgelöst werden, die scheinbar gar nichts mit dem physiologischen Prozeß zu tun haben. Das biologische Phänomen, das diese Umstände näher beschreibt, ist die Konditionierung.

Die Erforschung dieser Zusammenhänge geht auf Pawlow zurück, der für seine Arbeiten über den konditionierten Reflex 1904 den Nobelpreis bekam. Er fand heraus, daß die Speichel- und Magensaftsekretion nicht erst beim Essen angeregt wird, sondern bereits beim Anblick der Nahrung – daß einem also das Wasser im Mund zusammenläuft, noch bevor man den ersten Bissen im Mund hat. Darüber hinaus erkannte er, daß die Sekretionssteigerung auch von fremden Reizen ausgelöst werden kann, die mit dem wirklichen physiologischen Vorgang gar nichts zu tun haben – zum Beispiel das Läuten einer Glocke. Die Versuchsanordnung, die dieses Ergebnis erbrachte, war relativ einfach. Jedesmal, wenn er seine Hunde fütterte, ließ er dazu eine Glocke läuten. Als er nach einigen Wochen nur noch die Glocke läuten ließ, stellte er fest, daß allein durch dieses Läuten die Speichel- und Magensaftsekretion angeregt wurden, obwohl die Hunde weder das Futter sahen noch irgend etwas zu fressen bekamen. Die Sekretion der Verdauungsdrüsen hatte sich während des Versuchs mit dem Läuten der Glocke gekoppelt. Sie war zum konditionierten Reflex geworden.

Die Wirkung der Konditionierung läßt sich auch bei den Biologischen Zeitgebern erkennen. Biologische Zeitgeber sind konstante Größen, die sich im Lauf der Jahreszeiten wandeln und die alljährlich wiederkehren. Auch unser Verhalten und unsere physiologischen Vorgänge sind jahreszeitspezifisch und kehren im Jahresrhythmus wieder. Über Jahrtausende hinweg haben sich, durch dieses immer und immer wieder gleichzeitige Auftreten verschiedener Phänomene, Kopplungsgruppen herausgebildet, die sich heute, obwohl sie scheinbar nichts miteinander zu tun haben, gegenseitig beeinflussen. Sie haben sich gegenseitig konditioniert.

Wenn wir im Herbst sehen, wie die Blätter fallen, dann hat dies einen Einfluß auf unsere Stoffwechsel- und Organfunktionen – einen geringen zwar, aber immerhin. Wenn wir darüber hinaus die Hamster sehen, wie sie sich in ihre Höhlen zurückziehen, wenn wir noch die Hirsche röhren hören, die im Herbst ihre Brunftzeit haben, wenn wir die Rehe wahrnehmen, wie sie sich hinter einem dicken Winterfell verstecken, und wenn wir die Zugvögel beobachten, wie sie sich sammeln und gen Süden ziehen, dann ergänzen sich all die kleinen Wirkungen der biologischen Zeitgeber zu einer großen. Wenn wir darüber hinaus noch die Nahrungsmittel zu uns nehmen, die uns im Herbst seit Jahrhunderten zur Verfügung stehen – Trauben, Äpfel, Birnen, Nüsse, Kohlgemüse, Sellerie, rote Bete und viele andere mehr –, dann werden wir vom Herbst durchdrungen und auf vielen Ebenen dazu angeregt, uns in die Harmonie unserer Umwelt zu integrieren. Dank der natürlichen Kopplungsgruppen, dank der natürlichen Konditionierung, werden dann unsere eigenen Rhythmen mit den Rhythmen der Natur synchronisiert.

KULTURELLE ZEITGEBER

Auch die Wirkung der kulturellen Zeitgeber ist hauptsächlich auf die natürliche Konditionierung zurückzuführen. Unsere Vorfahren führten jahrtausendelang ein naturverbundenes Leben. Im Frühling bestellten sie das Feld, im Herbst brachten sie die Ernte ein und im Winter zogen sie sich in ihre Wohnungen zurück, um sich vor den eisigen Temperaturen zu schützen und um sich zu regenerieren. Aus diesem natürlichen Rhythmus entwickelte sich ein kultureller Rhythmus. Jeder Arbeitsgang wurde mit einem kulturellen, meist magischen Ritus eingeleitet bzw. beendet. Man beachte die ethymologische Verwandtschaft von *Rhythmus* und *Ritus*. Die alljährlich wiederkehrenden Riten repräsentieren den natürlichen Rhythmus auf kultureller Ebene.

Wie bereits erwähnt, haben nahezu alle Feste und Gedenktage, die wir heute feiern, ihre Wurzeln in der Natur. Sie spiegeln die natürlichen und kosmischen Rhythmen auf der kulturellen Ebene wider. Aufgrund der Tatsache, daß diese Feste immer und immer wieder zur gleichen Zeit gefeiert wurden, haben sie sich in uns eingeprägt und mit den biologischen Situationen unseres Organismus Kopplungsgruppen gebildet, so daß man heute davon ausgehen muß, daß sich unsere natürlichen und unsere kulturellen Abläufe gegenseitig durchdringen und wechselseitig beeinflussen. Allein schon dadurch, daß wir beispielsweise bewußt an einem Erntedankfest teilnehmen, werden unsere Organ- und Stoffwechselfunktionen angeregt, auf Herbstbetrieb umzustellen. Aber auch hier muß man betonen, daß die kulturelle Dimension des Menschen ein vielschichtiges Phänomen ist und eine einzige Schwalbe noch keinen Frühling – bzw. Herbst – macht. Sitten und Bräuche, Lieder und Verse, Gedichte und Zitate, die mit den Jahresfesten verbunden sind, gehören zusammen. Sie ergänzen sich und nur gemeinsam können sie stark genug auf uns einwirken, um eine adäquate Anpassung an die jeweilige Jahreszeit in uns zu erwirken. Je umfassender wir uns mit ihnen auseinandersetzen und je mehr wir sie in unseren eigenen Alltag integrieren, um so näher kommen wir der großen Harmonie, die unsere gesamte natürliche Umwelt und den gesamten Kosmos durchdringt, um so näher kommen wir unserer natürlichen, naturgewollten Kultur.

Neben den Jahresfesten und den damit verbundenen Sitten und Bräuchen können auch alle anderen Kulturprodukte, die aus der Verbundenheit mit der Natur entstanden sind, als kulturelle Zeitgeber fungieren – dann nämlich, wenn sie zur entsprechenden Zeit auf uns einwirken. Viele Künstler haben sich bewußt der Natur ausgesetzt und deren Lebensäußerungen in die Sprache der Kultur übersetzt. Zahlreiche Gedichte, Musikstücke und Gemälde sind aus dieser engen Verbundenheit von Mensch und Natur entstanden. Viele davon haben tatsächlich die Kraft, die jeweilige Jahreszeit in uns entstehen zu lassen. Frühlingsgedichte spornen uns an, hinauszugehen in die Natur, um dort die geballte Lebenskraft, die neu erwachte Lebenslust in uns einzusaugen. Wintergedichte dagegen betonen viel mehr die Melancholie und die Weisheit. Sie eröffnen uns einen Zugang zur Ruhe, zum Frieden mit uns selbst.

Auch Märchen enthalten Elemente, die einer bestimmten Jahreszeit zugeordnet werden können. *Dornröschen* beispielsweise thematisiert den Winterschlaf und das Wiedererwachen der Natur im Frühling. Die einhundert Jahre, die Dornröschen schläft, sind ein Symbol für den Winter, in welchem die Natur schläft. Ende Oktober haben die Bäume ihre Blätter abgeworfen und sich zur Ruhe begeben, und erst im Februar – ungefähr einhundert Tage später – wenden sie sich wieder dem irdischen Leben zu und saugen Wasser in sich ein. *Das tapfere Schneiderlein* dagegen trägt Wesenszüge von Frühling und Sommer. Der Schneider erwacht in diesem Märchen aus der (Winter-)Lethargie seines Alltags, entdeckt neuen Lebensmut und zieht aus in die Welt, wo er zahlreiche Abenteuer besteht und zu guter Letzt noch König wird. Der Anfang dieser steilen Karriere waren sieben Fliegen, die er mit einem einzigen Streich erschlug. Dieses Märchen will uns Mut machen und uns dazu anregen, es dem Schneider gleichzutun – schließlich sind sieben Fliegen auf einen Streich wirklich keine Hexerei. Wir sollen die Welt erobern und uns den Abenteuern des Lebens stellen, guter Dinge sein und uns von den Schwierigkeiten nicht abschrecken lassen – dann können auch wir Glück und Reichtum ernten. Genau diese Hoffnungen hegen wir, wenn wir die trostlosen Wintertage überstanden haben und die Frühlingsgefühle in uns erwachen.

Ganz andere Intentionen verfolgt das Märchen *Frau Holle*. In ihm werden wir mit der Unterwelt konfrontiert, mit den tieferen Schichten unseres eigenen Bewußtseins. Frau Holle ist Hel, die germanische Göttin der Unterwelt. Sie weist uns darauf hin, daß wir uns zu bestimmten Zeiten auch auf uns selbst besinnen und in den Tiefen unseres Bewußtseins viel Arbeit leisten müssen, um überhaupt erst die Voraussetzungen zu schaffen, Glück und Wohlstand in Empfang nehmen zu können. Es ist ein tiefsinniges, psychologisches Märchen, das uns mit den Prinzipien der Psychoanalyse vertraut macht, mit der Notwendigkeit, die eigene Schattenseite zu entdecken. Es schenkt uns die Kraft und die Hoffnung, die wir benötigen, um in den unwirtlichen Tagen des Winters, vor allem im Trauermonat November, in welchem die Winterdepression beginnt, nicht zu verzagen.

Alle wirklichen Kunstwerke, ob Märchen oder Romane, Novellen oder Erzählungen, Opern oder Operetten, Sinfonien oder Volkslieder, Stilleben oder Porträts, Plastiken oder Konstruktionen, sie alle sind potentielle kulturelle Zeitgeber. Sie müssen nur zum richtigen Zeitpunkt auf uns einwirken, um ihre synchronisierende Wirkung entfalten zu können. Dies bedeutet natürlich nicht, daß wir im Jahresrhythmus immer wieder dieselben Bücher lesen und dieselben Bilder betrachten müssen – aber die Motive, die diese Kunstwerke thematisieren, sollten dem Rhythmus der Jahreszeiten angepaßt werden und regelmäßig wiederkehren, so daß sich unser Organismus darauf einstellen kann und auch auf der kulturellen Ebene die tiefere Bedeutung der Jahreszeiten erfährt. Die Aufgabe der Künstler war es, die Informationen der Natur in die Sprache der Kultur zu übersetzen. Unsere Aufgabe ist es, die entstandenen Kunstwerke zu würdigen und so in unseren Alltag zu integrieren, daß sie die ihnen innewohnenden Kräfte voll zur Geltung bringen können. Wir selbst müssen zum Künstler werden, zum Komponisten und aus der schier unendlichen Vielfalt der kulturellen Angebote ein harmonisches Kunstwerk schaffen, das uns selbst und unserer natürlichen und kosmischen Umwelt gerecht wird. Nur so können wir die große, Alldurchdringende Harmonie, die Harmonie der Sphären bewahren und einen heilsamen Einfluß auf uns und unsere Umwelt ausüben.

Zeitgeber sind also Phänomene, die in bestimmten Zeitintervallen rhythmisch wiederkehren. Mit ihrer Hilfe können sich die Lebewesen in der Zeit orientieren und auf die kommenden natürlichen Bedingungen einstellen. Die Kopplung verschiedener Verhaltensweisen mit äußeren Zeitgebern war für das Überleben so wichtig, daß sie sich im Laufe der Evolution bis zu einem gewissen Grad in unserem Erbmaterial niedergeschlagen hat und auch heute noch von Generation zu Generation weitergegeben wird. Obwohl wir heute weitab der natürlichen Realität in der Zivilisation leben und diese Kopplungsphänomene kaum noch bewußt wahrnehmen, sind wir nach wie vor von ihnen betroffen. Was die Zeitgeber für unsere Vorfahren waren, das sind sie auch heute noch für uns. Die physiologischen Reaktionen, die sie in ihnen auslösten, lösen sie auch heute noch in uns aus.

Erinnern wir uns an die Fragen, die wir am Ende des letzten Kapitels gestellt haben. Hat der Rhythmus der Jahreszeiten überhaupt noch eine Bedeutung für uns? Sind wir immer noch ein Teil der Natur, obwohl wir den natürlichen Rhythmen scheinbar nicht mehr ausgesetzt sind? Hat unsere künstliche

Welt nicht eigene Gesetze, so daß wir ohne Rücksicht auf die Rhythmen der Natur unseren Alltag gestalten können? Die Phänomene, die in diesem Kapitel angesprochen wurden, lassen nur eine einzige Antwort zu. Der Rhythmus der Jahreszeiten ist nicht nur außen, in der Natur, zu finden, sondern auch innen, in uns selbst. Er ist einprogrammiert in unsere DNS und somit ein wichtiger Bestandteil unserer eigenen Identität. Wenn wir gegen den Rhythmus der Jahreszeiten verstoßen, verstoßen wir gegen unsere eigene Natur, gegen unsere eigenen Bedürfnisse. Jahrtausendelang waren wir ein Teil der Natur, und für weitere Jahrtausende werden wir ein Teil der Natur bleiben.

CHRONOBIOLOGIE UND GESUNDHEIT

Dank der chronobiologischen Forschung wissen wir heute, daß viele unserer physiologischen Vorgänge dem Rhythmus der Jahreszeiten folgen und teilweise im Lauf eines Jahres erheblichen Schwankungen unterliegen. Hier eine Auswahl der physiologischen Parameter, die davon betroffen sind.

Aus dieser Tabelle (siehe folgende Seite) geht hervor, daß der menschliche Organismus auf jede Jahreszeit mit einer entsprechenden physiologischen Konstellation reagiert. Wie wir im Kapitel «Die Jahreszeiten» noch sehen werden, sind diese Konstellationen die bestmögliche Antwort auf die äußeren Bedingungen. Sie haben sich über Jahrtausende hinweg entwickelt und wurden dabei von Generation zu Generation perfektioniert. Mit ihrer Hilfe kann der menschliche Organismus die äußeren Einflüsse optimal ausgleichen und trotz der äußeren Schwankungen seine lebenswichtigen Funktionen aufrechterhalten.

Vor diesem Hintergrund kann die Gesundheit des Menschen aus chronobiologischer Sicht folgendermaßen definiert werden. Gesundheit ist ein Synonym für die Fähigkeit des menschlichen Organismus, die äußeren Zeitgeber zu nutzen, um mit deren Hilfe die physiologischen Größen in Anlehnung an die Jahres-

Physiologischer Parameter	Maximum	Minimum
Fettproduktion der Haut	Sommer	Winter
Gehirndurchblutung	Winter	Sommer
Gewichtsabnahme	Frühling, Sommer	–
Gewichtszunahme	Herbst, Winter	–
Haarwachstum	Sommer	Winter
Harnausscheidung	Oktober-Februar	März-Juni
Herzfrequenz	Sommer	Winter
Immunabwehr	Winter	Sommer
Kaliumausscheidung	Frühjahr	–
Längenwachstum	Frühling	–
Magensäure	Winter	Sommer
Schlafdauer	Winter	Sommer
Stoffwechselaktivität	Winter	Sommer
Thyroxinproduktion (Schilddrüsenhormon)	Bei Kälte	–
Vitamin-D-Produktion	Sommer	Winter
Blutwerte		
Albumin	Winter	Sommer
Blutdruck, diastolischer	Winter	Sommer
Blutdruck, systolischer	November, Februar – März	–
Blutgerinnungszeit	verkürzt in warmen Perioden	verlängert in kalten Perioden
Blutsenkungsgeschwindigkeit	Sommer	Winter
Blutvolumen	Sommer	Winter
Gamma-Globuline	Winter	Sommer
Hämoglobingehalt	Winter	Sommer
Kalzium	Spätsommer	Dezember – März
Magnesium	Dezember	Februar
Phosphat	Sommer und Herbst	Februar
pH-Wert	Sommer	Winter
Plasmajod	Juli – August	Dezember – April
Prothrombin	–	Winter und Frühling
Thrombozytenzahl	März-April	August
Vitamin C	Sommer	Winter[6]

zeiten zu organisieren. Je mehr er sich dabei an die optimale Konstellation annähert, die sich über all die Jahrtausende herauskristallisiert hat, um so gesünder ist er.

CHRONOBIOLOGIE UND KRANKHEIT

Wie wir gesehen haben, standen unseren Vorfahren zahlreiche Zeitgeber zur Verfügung – das Leben an der frischen Luft, die Arbeiten auf dem Feld, die kulturellen Bräuche und Sitten, die Lieder und die Mythen, die damit verbunden waren, die Lebensweise der sie umgebenden Tiere, die Nahrungsmittel, sie alle wirkten auf die Menschen ein und signalisierten ihnen, welche Zeit es geschlagen hat. Dadurch regten sie deren Organismus auf vielen Ebenen an, sich in die Ordnung der Zeit einzufügen und sich auf die kommenden Bedingungen vorzubereiten.

Heute dagegen sind viele dieser Zeitgeber aus unserem Alltag verschwunden, so daß wir nur noch unvollständig synchronisiert werden. Das heißt, daß manche Stoffwechsel- und Organfunktionen nach wie vor angeregt werden sich umzustellen, andere dagegen nicht. Während die einen bereits den Herbst einleiten, arbeiten die anderen immer noch, als wenn es Sommer oder gar Frühling wäre. Dadurch wird die Harmonie mit der Umwelt aufgelöst und gleichzeitig auch die Harmonie zwischen den einzelnen physiologischen Funktionen. Krankheiten, chronobiologische Krankheiten, sind die Folge. Je nachdem welche physiologischen Parameter nicht mehr in der entsprechenden Art und Weise reguliert werden, kommt es zu Kopfschmerzen, Magenbeschwerden, Herzerkrankungen, Verdauungsproblemen oder anderen Krankheitssymptomen.

Krankheiten, die überwiegend in bestimmten Jahreszeiten auftreten, nennt man Saisonkrankheiten. Zu ihnen zählt man unter anderem die folgenden:

Krankheitsbild	Maximum	Minimum
Angina pectoris	November-April	–
Apoplex (Schlaganfall)	Winter	Frühling, Sommer und Herbst
Asthma bronchiale	Juni–November	Winter
Bronchitis	Winter	Frühling, Sommer
Ekzem	Frühling	–
Grippale Infekte	Dezember–Februar	Sommer
Grüner Star	November–Februar	Sommer
Herz- und Kreislauf-Störungen	November–März	–
Hirnschlag	Winter	Sommer, Übergangszeiten
Herzmuskelinfarkt	Januar-April	Juli–August
Krupp	Februar–Mai	–
Leberentzündung	September–November	–
Magen- und Zwölffingerdarmgeschwür	Frühling, Herbst	Sommer
Rachitis (Vitamin-D-Mangel)	Dezember–März	Juli-August
Rheumatische Erkrankungen	Oktober–Februar	–
Schilddrüsenüberfunktion	Winter–April	Sommer
Schuppenflechte (Psoriasis)	Februar–Mai	–
Thrombose der Herzkranzgefäße	Herbst, Winter	Frühling, Sommer
Verschluß des Magenausgangs	Februar–Mai	–
Wurzelreizsyndrom	Frühjahr, Herbst	–

Der Mensch und das Klima – die Bioklimatologie

Wie wir gesehen haben, bringt der Rhythmus der Jahreszeiten erhebliche Veränderungen mit sich. Die Wurzel all dieser Veränderungen, seien sie biologischer oder kultureller Natur, ist das Klima bzw. sind die meteorologischen Bedingungen. Das Klima, mit all seinen Faktoren, ist es letztendlich, auf was wir uns mit Hilfe der Zeitgeber einstellen müssen. Das Klima ist es, das auf unseren Stoffwechsel und unsere Organe, auf unsere Atmung und unseren Blutkreislauf direkt einwirkt und rhythmische physiologische Veränderungen erzwingt. Das Klima war es auch, das unseren Organismus im Laufe der Evolution dazu veranlaßt hat, Mechanismen zu entwickeln, um seine lebenswichtigen Funktionen, entgegen den äußeren Schwankungen, aufrechtzuerhalten. Ihm wollen wir uns nun zuwenden.

Die Bioklimatologie, auch Biometeorologie genannt, wurde bereits von Alexander von Humboldt zu Beginn des 19. Jahrhunderts definiert. Bis heute hat sich an dieser Definition kaum etwas geändert. Die Bioklimatologie untersucht die Wirkung von Klima und Wetter auf Tiere, Pflanzen und Menschen. Oder, wie die Wissenschaftler es formulieren: die Bioklimatologie ist die Lehre von den direkten und indirekten Wechselwirkungen zwischen geophysikalischer und geochemischer Umwelt, Atmosphäre und belebter Natur.

Klima und Wetter dürfen nicht miteinander verwechselt werden. Sie beschreiben zwar denselben Sachverhalt, aber unter verschiedenen zeitlichen Aspekten. Während das Wetter die meteorologischen Bedingungen zu einem bestimmten Zeitpunkt beschreibt, ist das Klima eine meteorologische Charakterisierung über mehrere Jahre, Jahrzehnte oder sogar Jahrhunderte.

HOMMAGE AN DAS KLIMA

Wie bereits im vorigen Kapitel beschrieben wurde, mußte sich der Mensch während seiner langen Entwicklung an die Bedingungen seiner natürlichen Umwelt anpassen, um sein Überleben zu sichern. Das Klima spielte dabei eine wichtige Rolle, vielleicht sogar die wichtigste überhaupt, denn es wirkte in zweifacher Hinsicht auf den Menschen ein – nämlich direkt und indirekt. Die direkte Wirkung war diejenige, die es im Inneren des menschlichen Organismus entfaltete. Je nachdem, wie lange die Sonne schien, welche Temperaturen herrschten, wie stark die UV-Strahlung war, wieviel Regen fiel, mußte der menschliche Organismus unterschiedliche Mechanismen entwickeln, um entgegen den meteorologischen Bedingungen seine Lebensfunktionen zu sichern. Die indirekten Wirkungen waren diejenigen, die das Klima auf die Umwelt des Menschen ausübte. Es gestaltete die geophysikalischen und geochemischen Bedingungen seiner Umgebung, die Tier- und Pflanzenwelt, und beeinflußte auf diesem Weg die anatomischen und physiologischen, aber auch die psychologischen Strukturen des Menschen.

Drehen wir für einen kurzen Augenblick das Rad der Zeit zurück und begeben wir uns zu den Anfängen der Menschheitsgeschichte, um uns dort die Auswirkungen des Klimas auf den menschlichen Organismus bewußt zu machen.

Vor ungefähr 65 Millionen Jahren wurde die Erde von einer gewaltigen Katastrophe heimgesucht. Der Auslöser war vermutlich ein riesiger Meteorit, der beim Eintritt in die Erdatmosphäre hell aufglühte und danach als riesiger Feuerball auf der Erdoberfläche einschlug. Das nachfolgende Szenario ist kaum auszumalen. Riesige Flutwellen rollten über die Meere und verwüsteten ganze Landstriche. Gewaltige Feuersbrünste breiteten sich über Tausende von Kilometern aus und vernichteten alles, was ihnen in die Quere kam. Tosende Stürme fegten über die Kontinente, wirbelten die Asche der riesigen Brände auf und trugen sie um den gesamten Erdball. Es wurde Nacht. Jahrelang drang kein Sonnenstrahl mehr auf die Erdoberfläche. Viele der Reptilien, allen voran die Dinosaurier, die bis dahin seit über 100 Millionen Jahren die Erde beherrschten, starben aus. Und auch die Nacktsamer, die seit langer Zeit das Pflanzenreich dominierten, konnten diesem plötzlichen Umschwung nicht standhalten. Viele von ihnen verschwanden für immer von der Erdoberfläche.

Mit diesen tragischen Bildern endete das Erdmittelalter (Mesozoikum), und es begann ein neuer Zeitabschnitt, das Tertiär. Die ersten Pflanzen, die sich nach den Verwüstungen wieder ausbreiteten, waren die Bedecktsamer, deren Samen die lebensfeindlichen Verhältnisse im Schutz einer Hülle (daher Bedecktsamer) jahrzehntelang überdauern konnten. Als die größten Schäden der Katastrophe überwunden waren und die geochemischen und geophysikalischen Bedingungen sich wieder einigermaßen normalisiert hatten, keimten sie auf und besiedelten das Land. Es waren Blütenpflanzen, die nun ganze Landschaften in herrliche Blütenteppiche verwandelten. Mit der Pflanzenwelt erholte sich auch die Tierwelt. Die ersten, die sich regenerierten, waren die Insekten, die nun wahrlich paradiesische Lebensverhältnisse vorfanden – Blüten, Blüten und nochmals Blüten. Das Nahrungsangebot, das ihnen zur Verfügung stand, war riesig, und die Raubtiere, die ihnen hätten gefährlich werden können, waren weitgehend verschwunden. So vermehrten sie sich nahezu ungehindert und bildeten zahlreiche Arten aus – bis heute ungefähr 780 000.

In diesem Zeitalter, im Eozän, traten die Säugetiere ihren Siegeszug über den gesamten Globus an. Das Wetter war feucht und warm, also geradezu ideal, und das Nahrungsangebot, in Form von Insekten, war gewaltig. Die kleinen Säuger, die sich bis dahin immer vor den riesigen Reptilien hatten verstecken müssen, konnten nun frei umherlaufen und sich fast ungehindert entfalten. Auch sie bildeten jetzt zahlreiche Arten aus. Als die bedecktsamigen Pflanzen in die Höhe wuchsen und weite Wälder die Erde bedeckten, folgten sie den Insekten in die Gipfel, bildeten Krallen aus und lernten klettern. Die Stunde der Primaten hatte geschlagen.

Soweit der erste Schritt der Menschwerdung. Das Klima spielte den Reptilien einen Streich, konfrontierte sie mit Bedingungen, denen sie nicht gewachsen waren, und gab damit den Säugetieren eine Chance. Hätten sich die klimatischen Umstände nicht geändert, wären die Reptilien wahrscheinlich bis auf den heutigen Tag dominierend geblieben, und viele der Säugetiere, mitsamt dem Menschen, hätten nie das Licht der Welt erblickt. Doch fahren wir fort.

Das Klima, das den Säugetieren so behilflich war, blieb Millionen von Jahren konstant. Die Blütenpflanzen und die Wälder breiteten sich immer weiter aus, und die Primaten paßten sich immer besser an die Bedingungen des Waldlebens an. Sie verbesserten ihre Kletterkünste und wurden bei der Jagd in den Bäumen immer erfolgreicher. Allerdings waren sie noch keine Affen im heutigen Sinne, noch keine ausschließlichen Baumbewohner. Immer wieder kehrten sie auf den Boden zurück, um dort nach Beeren, Pilzen, Kräutern und anderen Nahrungsmitteln zu suchen.

Doch dann setzten erneut starke Klimaveränderungen ein. Die Temperaturen fielen, und die Niederschläge gingen zurück. Die Wälder konnten diesen Bedingungen nicht standhalten, starben immer weiter ab und wurden durch eine Graslandschaft – die Savanne – ersetzt. Für die Waldbewohner begann eine schwere Zeit. Nach Jahrmillionen des Vermehrens und Ausbreitens begann für sie nun eine Zeit des Sterbens. Ihr Lebensraum wurde immer enger, und der Selektionsdruck wurde immer stärker. Viele Arten konnten diesen Anforderungen nicht standhalten und starben aus.

Die Primaten teilten sich in zwei Gruppen – und überlebten. Die einen, aus welchen später die Affen hervorgehen sollten, paßten sich nahezu perfekt an die Bedingungen des Waldes an und wurden im Lauf der folgenden Jahrmillionen zu wahren

Kletterkünstlern. Die anderen, aus welchen sich der heutige Mensch entwickeln sollte, wagten notgedrungen das große Risiko und verließen den sicheren Wald, um einen neuen Lebensraum zu erobern – die Savanne.

Als sie hinausgingen in die Graslandschaft, waren sie alles andere als gut angepaßt und eigentlich dem Tod näher als dem Leben. Warum sie dennoch überlebten, weiß man bis heute nicht. Es liegen zwar zahlreiche, mehr oder weniger fundierte Theorien vor, aber mit hundertprozentiger Sicherheit läßt sich darüber nichts aussagen. Einige Wissenschaftler vermuten, daß sie sich zusammenrotteten und in Horden loszogen, um Beute zu erlegen – sie sich also zu Raubaffen entwickelten. Andere vertreten die Meinung, daß jedes Tier besser an die Savanne angepaßt war als sie, und sie deshalb niemals in der Lage gewesen sein konnten, andere Tiere zu erlegen. Sie glauben, daß unsere direkten Vorfahren Aasfresser waren und sich fast ausschließlich von dem ernährten, was die großen Raubtiere übrigließen. Mit Geiern, Hyänen und Schakalen sollen sie sich um die letzten Überreste gestritten haben.

Wie dem auch sei. Für uns, die wir uns hier nicht zu sehr in die anthropologischen Fragestellungen vertiefen können, ist an dieser Stelle etwas ganz anderes von Bedeutung. Als die Primaten nämlich auf allen vieren in die Savanne trabten, sahen sie im hohen Gras nicht allzuviel von ihrer Umwelt. Ihr Kopf zeigte nach unten, und ihr Blick ging genau zwischen ihre Hände. Und selbst, wenn sie sich angestrengt und den Kopf angespannt nach oben gehalten hätten, was über Stunden hinweg bestimmt nicht einfach gewesen wäre, hätten sie nur bis zu den nächsten Grashalmen sehen können. Ob sie nun auf der Jagd waren oder auf der Suche nach toten Tieren, die sie mit Hilfe der kreisenden Geier hätten auffinden können, spielt keine wesentliche Rolle. Auf allen vieren konnten sie nicht genug sehen. Deshalb entwikkelten sie, angeregt durch ihre neue Umwelt, den aufrechten Gang – den ersten menschlichen Zug.

Die zweite Eigenschaft, die ebenfalls direkt mit dem Auszug aus dem Wald zusammenhängt und für die Entwicklung zum Menschen nicht weniger bedeutsam war, bildete sich parallel zum aufrechten Gang aus. Draußen, in der Savanne, war es heiß. Die Sonne stand im Zenit, und nirgends gab es Schatten. Und egal, ob unsere Vorfahren nun Aasfresser waren oder Raubaffen, sie mußten sich schnell bewegen, schneller als ihre Kontrahenten. Bei 40° Celsius, unter glühender Sonne, mußten sie teilweise mehrere Stunden lang rennen, um ihre Nahrung zu erreichen – und das mit einem dicken Fell, das sie im relativ kühlen, schattigen Wald ausgebildet hatten. Aber auch jetzt stand die Natur wieder auf ihrer Seite. Sie sorgte dafür, daß sich ihr Haarkleid im Lauf der Jahrtausende immer mehr zurückentwickelte und sie schließlich nur noch eine nackte Haut hatten, die es ihnen ermöglichte, die überschüssige Körperwärme nach außen hin abzugeben. Die Primaten wurden nackt.

Mit dem aufrechten Gang und der nackten Körperhaut nahm die Geschichte der Menschheit ihren Anfang. Und all die Verhaltensweisen und körperlichen Eigenschaften, die die Primaten von diesem Zeitpunkt an ausbildeten, sei es das riesige Gehirn, das ausgeprägte Sozialverhalten oder die Fähigkeit, das Feuer zu beherrschen, all diese Eigenschaften, die den damaligen Primaten zum Menschen machten, sind mehr oder weniger auf die klimatischen Bedingungen zurückzuführen. Nur weil ein Meteorit vor 65 Millionen Jahren auf der Erde einschlug, die Erde verwüstete und die Vorherrschaft der Reptilien beendete, und nur, weil die Temperaturen und die Niederschläge während des Tertiärs zurückgingen, die Wälder starben und die Savanne sich ausbreitete, sind wir geworden, was wir heute sind. Das Klima war bestimmt nicht der einzige Faktor, der diese Entwicklung auslöste, aber bestimmt war es einer derjenigen, der sie maßgeblich beeinflußte. Das Klima hat also Teile unserer Physiologie und unserer Anatomie geprägt. Wir sollten uns über seine Bedeutung bewußt werden und ihm den nötigen Respekt entgegenbringen.

DIE BIOTROPEN FAKTOREN

Die klimatischen Faktoren, die einen Einfluß auf den menschlichen Organismus haben, nennt man biotrope oder meteorotrope Faktoren. Im Rahmen der Bioklimatologie unterscheidet man heute zahlreiche solcher Faktoren. Dazu gehören unter anderem:

Lufttemperatur	Sauerstoffgehalt der Luft
Luftfeuchtigkeit	Ionengehalt der Luft
Luftdruck	Elektrostatische Felder
Bewölkung	Elektromagnetische Felder
Sonnenscheindauer	Atmosphärische Aktivität
UV-Strahlung	Korpuskuläre Sonnenstrahlung
Windrichtung	Sonnenflecken
Windstärke	Kosmische Strahlungseffekte
Säuregrad des Regens	Gravitation

Im Lauf seiner Entwicklung wurde der menschliche Organismus mit zahlreichen Schwankungen der biotropen Faktoren konfrontiert. Zuerst im tropischen Regenwald mit hoher Luftfeuchtigkeit, dann, in der Savanne mit Trockenheit und glühender Hitze, und später, etwa vor 70 000 Jahren, als die Menschen Afrika verließen und nach Europa und Nordasien auswanderten, in den gemäßigten Breiten mit eiszeitlichen Verhältnissen. Das ganze Spektrum klimatischer Vielfalt wirkte auf ihn ein und jedesmal, ganz gleich wie extrem die Bedingungen auch waren, konnte er sich an die neuen Umstände anpassen und sein Leben erhalten. Wie der menschliche Organismus diese Anpassung physiologisch und anatomisch vollzog, welche Mechanismen er bis auf den heutigen Tag entwickelte, soll nun an den für den jahreszeitlichen Rhythmus auffälligsten biotropen Faktoren gezeigt werden.

DIE ANPASSUNG AN DIE WÄRME

Der Mensch gehört zu den Warmblütlern, das heißt, er hat das ganze Jahr hindurch, bei jeder äußeren Temperatur, annähernd die gleiche Körpertemperatur von 37° Celsius. Um diese aufrechterhalten zu können, muß sich unser Organismus an die äußeren Bedingungen anpassen und je nachdem, welche Temperaturen herrschen, Wärme abgeben bzw. vermehrt Wärme produzieren.

Wenn wir nackt sind und bewegungslos auf einem Liegestuhl liegen, empfinden wir eine Umgebungstemperatur von 33 bis 34° Celsius als behaglich. Unser Stoffwechsel liefert dann genau die Wärmemenge, die wir benötigen, um unsere Körpertemperatur konstant zu halten. Es muß weder Wärme abgegeben noch vermehrt Wärme produziert werden.

Wenn wir uns bewegen, steigt der Energieumsatz unseres Stoffwechsels, und unser Körper produziert mehr Wärme. Die Folge ist, daß die Temperatur, bei welcher wir uns wohl fühlen – die Behaglichkeitstemperatur –, sinkt. Je aktiver wir sind, desto geringer ist sie. Bei Wanderungen beispielsweise, je nachdem, wie schnell wir gehen und welche Steigung wir überwinden, beträgt sie etwa 20 bis 25° Celsius. Bei körperlichen Höchstleistungen, wie zum Beispiel beim Holzhacken oder beim Marathonlauf, kann sie noch weit darunter liegen – etwa bei 10 oder 12° Celsius.

Sobald die tatsächliche Temperatur höher als die Behaglichkeitstemperatur ist, müssen wir Wärme abgeben, und das geschieht in zwei Phasen. Die erste dieser beiden Phasen ist die sogenannte trockene Wärmeabgabe. Dabei erhöht der Organismus das Atemvolumen und die Herzfrequenz, weitet die Venen und Arterien der Haut und regt den Blutkreislauf an, damit die Haut besser durchblutet wird. Sobald diese Vorgänge eingeleitet sind, transportiert das Blut mehr Wärme aus dem Körperinneren an die -oberfläche und gibt sie dort, den Gesetzen der Physik gemäß, nach außen hin ab.

Bei niedrigen Temperaturen ist dieser Mechanismus vollkommen ausreichend, denn das Maß der trockenen Wärmeabgabe richtet sich nach der Differenz zwischen Körpertemperatur und äußerer Temperatur. Je größer diese Differenz ist, um so größer ist die Menge der abgegebenen Wärme. Mit steigenden Temperaturen wird die Differenz und damit die Wärmeabgabe jedoch immer geringer, so daß irgendwann der Punkt erreicht ist, an welchem die Wärmeabgabe geringer ist als die Wärmeproduktion. An diesem Punkt setzt die zweite Phase ein – die feuchte Wärmeabgabe.

Das Ziel, das der Organismus bei der feuchten Wärmeabgabe verfolgt, ist, die Körperoberfläche zu befeuchten und mit Hilfe der anschließend einsetzenden Verdunstung dem Körper Wärme, nämlich Verdunstungswärme, zu entziehen. Bis zu einer Temperatur von 29° Celsius erfolgt die Befeuchtung der Körperoberfläche, der Austritt von Körperflüssigkeit durch die Haut, aufgrund der Diffusion – sozusagen wie von alleine, ohne daß der Organismus etwas dafür tun muß. Bei Temperaturen über 29° Celsius reicht dieser Mechanismus allerdings nicht mehr aus, also ausgerechnet bei den Temperaturen, die der Mensch tagsüber, wenn er auf der Jagd bzw. auf der Suche nach Nahrung war, in der Savanne antraf. Aber auch dieses Problem löste er mit Bravour – er entwickelte die Schweißdrüsen, mit deren Hilfe er die Wasserverdunstung bis auf den dreißigfachen Wert steigern konnte.

Wie wichtig die feuchte Wärmeabgabe für den menschlichen Organismus war und immer noch ist, sieht man an der Anzahl der Schweißdrüsen – etwa 2,5 Millionen. Mit ihrer Hilfe kann der Körper, bei starker Muskelarbeit, fünf bis sechs Liter Schweiß produzieren, bei entsprechenden Temperaturen sogar bis zu zehn Liter. Ein einziger Liter Schweiß genügt bereits, um dem Körper eine Wärmemenge von 580 Kcal zu entziehen. Das entspricht der Wärmemenge, die der Körper während einem dreistündigen Spaziergang oder eines dreißigminütigen Waldlaufs produziert. Dank der trockenen und der feuchten Wärmeabgabe kann der Mensch Temperaturen bis nahezu 60° Celsius überleben. Damit ist er, wie man heute nach vielen physiologischen Untersuchungen an verschiedenen Spezies weiß, das am besten an Hitze angepaßte Lebewesen – ein deutlicher Hinweis darauf, daß der Mensch lange Zeit in den Tropen gelebt hat.

Der menschliche Organismus hat Jahrtausende, wahrscheinlich sogar Jahrmillionen benötigt, um die Wärmeabgabe zu entwickeln. Dank der Perfektion dieses Mechanismus und der Tatsache, daß er uns in die Wiege gelegt wurde, ist ein gesunder Mensch heute in der Lage, sich innerhalb weniger Tage an die Hitze zu gewöhnen. Schon nach sieben Tagen ist die Schweißsekretion erhöht und setzt bereits bei niedrigeren Temperaturen ein. Die Vorgänge der trockenen Wärmeabgabe – Herzfrequenz- und Atemfrequenzsteigerung, Anregung des Blutkreislaufs –, die das Herz-Kreislauf-System bei hohen Temperaturen sehr stark beanspruchen, werden dadurch entlastet, und Herz und Lungen werden geschont. Durch die vermehrte Schweißsekretion wirkt der Organismus Kreislaufstörungen, Herzschwächen und anderen Symptomen entgegen, die im Sommer, bei relativ hohen Temperaturen, leider recht häufig auftreten – zumindest bei den Menschen, die sich noch nicht an die sommerlichen Temperaturen angepaßt und ihren Stoffwechsel entsprechend umgestellt haben.

DIE ANPASSUNG AN DIE KÄLTE

Die Anpassung an die Kälte verläuft ebenfalls in mehreren Phasen, wobei die erste dieser Phasen im eigentlichen Sinn noch gar keine Anpassung ist, sondern lediglich eine Reaktion des unangepaßten Körpers auf die Kälte. Die tatsächliche Temperatur liegt unterhalb der Behaglichkeitstemperatur, und der Organismus ist aufgefordert, vermehrt Wärme zu produzieren, um die Körpertemperatur konstant zu halten. Da er sich aber noch nicht angepaßt hat, ist er nicht in der Lage, dieser Anforderung nachzukommen. Er kann noch nicht genügend Wärme produzieren und muß deshalb mit der zur Verfügung stehenden Wärme auskommen, das heißt, er muß haushalten. Dabei muß er zwei Dinge berücksichtigen. Zum einen muß die Temperatur im Körperinneren auf jeden Fall konstant bleiben, denn hier laufen sämtliche lebenswichtigen Funktionen ab, und eine Abkühlung, auch wenn sie noch so gering wäre, hätte schwerwiegende pathologische Folgen. Zum anderen muß er einkalkulieren, daß die Körperperipherie zwar auskühlen darf, aber nur bis zu einem gewissen Grad. Irgendwann ist auch hier die Schmerzgrenze erreicht, ab welcher die schwerwiegenden Konsequenzen in Form von Erfrierungen ihren Lauf nehmen.

Der Körper befindet sich im Alarmzustand. Das erste, was er unternimmt, ist der Schutz der lebenswichtigen Funktionen. Die Blutgefäße der Körperperipherie werden verengt, und die Durchblutung derselben wird vermindert. Die Körperschale kühlt aus, und die Wärme wird im Körperkern konzentriert. Gleichzeitig steigen die Herzfrequenz und der Blutdruck.

Die australischen Aborigines haben diesen Mechanismus so weit entwickelt, daß man bei ihnen von einer wirklichen Anpassung sprechen kann. In Fachkreisen nennt man sie die isolative Anpassung (insulative adaptation). Die Aborigines haben sich unter den Bedingungen der eisigen Nachttemperaturen im Outback so weit an die Abkühlung der Körperschale gewöhnt, daß sie selbst dann noch ruhig schlafen können, wenn die Temperatur ihrer Füße nur noch 12° Celsius beträgt.

Wir Europäer haben diesen Mechanismus nicht entwickelt. Bei uns setzt die Reaktion auf die Abkühlung der Körperschale viel früher ein. Unser Organismus erhöht, wenn die entsprechende Temperatur erreicht ist, den Stoffwechsel in der Skelettmuskulatur und leitet das Muskelzittern ein. Dadurch produziert er Wärme. Allerdings ist auch dieses Zittern noch kein Zeichen von wirklicher Anpassung an die Kälte. Es ist nur ein

Übergangsstadium und keinesfalls dazu geeignet, längere Frostperioden zu überbrücken. Denn die Wärme geht, da sie direkt an der Körperoberfläche produziert wird, größtenteils verloren, ohne daß sie im Körper selbst genutzt wird. Sie wird in die Umwelt abgestrahlt und somit verschwendet.

In der nächsten Phase, die dann wirklich eine Anpassung an die kalten Lebensbedingungen darstellt, wirkt der Organismus dieser Energieverschwendung entgegen. Er reduziert die Wärmeproduktion in der Körperperipherie und verlagert sie in das Körperzentrum, wo er den Stoffwechsel forciert und den Grundumsatz steigert. Man nennt diese Anpassung Stoffwechselanpassung (metabolic adaptation). Durch sie kann die Wärmeproduktion, ohne daß der Mensch sich bewegt, bis auf den vierfachen Wert erhöht werden. Die Folgen sind, daß sich die Blutgefäße in der Körperperipherie wieder weiten, ihre Durchblutung wieder steigt und sich die Temperatur der Körperschale wieder der 37°-Celsius-Marke annähert. Wir bekommen wieder warme Glieder, die bekannten roten Bäckchen, und fühlen uns trotz der niedrigen Temperaturen so richtig wohl.

Die Umstellung des Stoffwechsels ist ein komplexer Vorgang. Man geht heute davon aus, daß mindestens dreißig vegetative Funktionen daran beteiligt sind. Die Hypophyse, die Schilddrüse und die Nebennieren spielen dabei eine wichtige Rolle. Die Hypophyse ist verantwortlich für die Steuerung des gesamten Hormonhaushalts. Die Nebennieren produzieren Norepinephrin und andere Hormone, mit welchen sie die Verengung der peripheren Blutgefäße und das Muskelzittern einleiten. Und die Schilddrüse schließlich setzt das Hormon Thyroxin 3 frei, das die Erhöhung des gesamten Organstoffwechsels bewirkt. Die Veränderungen, die diese drei Hormondrüsen auslösen, machen sich im gesamten Stoffwechsel bemerkbar. Sie betreffen den Kohlenhydrat-, den Fett- und den Eiweißstoffwechsel. Es ist wohl nicht übertrieben, wenn man behauptet, daß unser Stoffwechsel, angefangen bei der Verdauung, bis hin zur

Ausscheidung, im Winter ein gänzlich anderer ist als im Sommer – und das alles aufgrund der meteorologischen Bedingungen.

Wie lange die Umstellung des Stoffwechsels dauert, wurde an norwegischen Studenten untersucht. Sie wurden aufgefordert, sich in sommerlicher Kleidung an Frosttemperaturen zu gewöhnen. Tag und Nacht blieben sie im Freien. Sie schliefen in Zelten und hatten auch nachts nur eine dünne Wolldecke, in welche sie sich einhüllen konnten. Nach bereits vier Wochen hatte sich ihr Organismus akklimatisiert. Das Kältezittern war verschwunden. Sie konnten ruhig schlafen und die Temperatur ihrer Füße betrug während der ganzen Nacht über 30° Celsius.

Forscher in Amerika gelangten zu demselben Ergebnis. Sie brachten ihre Versuchspersonen bei 12° Celsius in Kühlhäusern unter. Jeden Tag zwölf Stunden lang, und das in kurzen Hosen und einem leichten T-Shirt. Auch hier war die Umstellung des Stoffwechsels, die Akklimatisation, bereits nach vier Wochen vollzogen. Die Personen hatten trotz der leichten Bekleidung und einer relativ dünnen Wolldecke einen ruhigen Schlaf.

Menschen, die an Schilddrüsenunterfunktion leiden, haben Schwierigkeiten damit, ihren Stoffwechsel umzustellen. Ihre Nebennieren laufen auf Hochtouren, ihr Herzschlag wird schneller und schneller, und dennoch können sie nicht genügend Wärme produzieren. Ihr Stoffwechsel bleibt auf dem sommerlichen Niveau, weil nicht genügend Thyroxin 3 bereitgestellt wird. Sie frieren und zittern unentwegt. Aber auch diejenigen, die sich vor der Kälte verstecken und ihren Stoffwechsel nicht mit den winterlichen Bedingungen konfrontieren, erreichen das ersehnte Ziel der Akklimatisation nicht. Bei jeder noch so kleinen Kältebelastung frieren sie, und von Tag zu Tag müssen sie dickere Kleidung anziehen, um sich einigermaßen wohl zu fühlen. Diejenigen dagegen, die sich akklimatisiert haben, überspringen die erste Phase und stellen sofort Schilddrüsenhormone bereit, durch welche der Grundumsatz und die Wärmeproduktion augenblicklich erhöht werden. Die negativen Erscheinungen – Kältegefühl, Zittern, Blutdruckerhöhung, beschleunigter Herzschlag – bleiben ihnen erspart oder sind zumindest stark verkürzt.

DIE ANPASSUNG AN DIE UV-STRAHLUNG

UV-Strahlen sind elektromagnetische Strahlen. Ihr Spektrum reicht von 100 bis 380 Nanometer (milliardstel Meter). Im Vergleich dazu erstreckt sich das sichtbare Licht über einen Wellenlängenbereich von 380 bis 770 Nanometer, wobei 380 Nanometer den kalten, violetten, und 770 Nanometer den warmen, roten Pol darstellen. Die Röntgenstrahlen, die wir alle als sehr energiereiche Strahlen kennen, schließen sich direkt an den unteren Bereich der UV-Strahlung an und erstrecken sich über ein Spektrum von 0,1 bis 100 Nanometer.

In der Bioklimatologie unterteilt man das UV-Spektrum in drei Bereiche und unterscheidet demnach drei Arten von UV-Strahlen – UVA, UVB und UVC. Die UVA-Strahlen haben eine Wellenlänge von 380 bis 320 Nanometer, die UVB-Strahlen 320 bis 280 Nanometer und die UVC-Strahlen 280 bis 100 Nanometer.

Für die Gesundheit des Menschen sind lediglich die UVA- und die UVB-Strahlen von Bedeutung. Die UVC-Strahlen, die sehr energiereich sind und den menschlichen Organismus stark belasten, erreichen die Erdoberfläche normalerweise nicht, weil sie von der Erdatmosphäre, genauer gesagt von der Ozonschicht, herausgefiltert werden. Auch die anderen beiden UV-Strahlen werden, je nach Dicke der Ozonschicht, mehr oder weniger stark herausgefiltert, so daß nur ein Bruchteil von ihnen auf die Erde gelangt. Dieser Anteil der UV-Strahlung ist es, mit dem wir uns auseinandersetzen müssen.

Die UV-Strahlen sind energiereicher als das sichtbare Licht.

Sie dringen in die Haut ein und lösen dort chemische Prozesse aus. Unter anderem fördern sie die Bildung von Histamin, das die Blutgefäße der Haut erweitert und deren Durchblutung erhöht. Es kommt zur Rötung der Haut oder, wie die Mediziner sagen, zum *UV-Erythem*. Wenn die UV-Strahlung zu stark ist, oder die Haut zu lange dem Sonnenlicht ausgesetzt wird, kommt es zum Sonnenbrand.

Ein weiteres Krankheitsbild, das durch die UV-Strahlung ausgelöst werden kann, ist der Hautkrebs. Solange der Mensch nur einen einzigen Sonnenbrand in seinem Leben erleidet, hat er in der Regel keine langwierigen Folgeschäden zu befürchten. Sein Körper heilt die entstandenen Schäden aus, und bald ist wieder alles beim alten. Kommt es jedoch immer wieder zu einem Sonnenbrand oder zu einer Überbelastung der Haut durch zu hohe UV-Strahlung, erlahmen die Selbstheilungskräfte der Haut und die Gefahr von Krebs steigt.

Die Krebserkrankung geht auf eine pathologische Veränderung der Erbsubstanz in der Krebszelle zurück. Nun sind es aber unter anderem gerade die Träger der Erbinformation, die DNS und die RNS, die dafür zuständig sind, die eingedrungenen UV-Strahlen zu absorbieren und daran zu hindern, weiter in die Tiefe zu dringen. Bis zu einem gewissen Grad können sie diese Aufgabe erfüllen. Wenn jedoch die Energie der einfallenden UV-Strahlen zu hoch ist, können sie diese nicht mehr kompensieren und werden geschädigt. Es kann zu Stoffwechselstörungen kommen, zu Veränderungen der Zellfunktionen und schließlich auch zu einer krankhaften unkontrollierten Zellvermehrung – zu Hautkrebs.

Als die Primaten den Wald verließen und in die Savanne auswichen, waren sie gut gegen solche Schäden geschützt. Sie hatten ein dichtes Fell, und ihre Haut war den UV-Strahlen kaum ausgesetzt. Mit der Zeit ging dieser natürliche Schutz allerdings verloren. Das Haarkleid lichtete sich, und die Haut wurde nackt. Während dieser Vorgang hinsichtlich der Wärmeregulation wesentliche Vorteile mit sich brachte, war er in bezug auf die UV-Strahlen mit erheblichen Nachteilen verbunden. Der Organismus war gezwungen, diese Nachteile zu kompensieren und parallel zur Rückentwicklung des Haarkleides einen Mechanismus auszubilden, mit welchem er der UV-Strahlung entgegenwirken konnte.

Wie schon so oft, löste er auch dieses Problem. Er entwickelte die Pigmentierung. Mit Hilfe von Pigmentstoffen baute er sich direkt unter der oberen Hautschicht einen Schutzwall, der einen Teil der einfallenden UV-Strahlung herausfilterte. Je stärker die UV-Strahlung war, desto dicker wurde dieser Schutzwall ausgebildet. Unter dem Mikroskop erkennt man, daß die Verdickung dieses Walls mit einer Verdickung der Hornhaut einhergeht. Nach außen hin erscheint er als Veränderung der Hautfarbe. Je höher die UV-Konzentration ist, um so mehr Pigment (*Melanin*) sammelt sich an und um so dunkler wird die Haut.

Wenn dieser Schutzwall so wichtig ist, wenn er uns vor Verbrennungen und krebsartigen Veränderungen bewahrt, warum entwickelte er sich dann wieder zurück, als die Menschen Afrika verließen und Europa und Nordasien besiedelten? Und warum behalten wir diesen Schutz nicht auch im Winter bei? Warum wird unsere Haut dann wieder heller und somit anfälliger für die UV-Strahlen?

Die UV-Strahlung hat nicht nur negative Eigenschaften. Ganz im Gegenteil, ist sie uns, in Maßen genossen, eine belebende Kraft. Im Rahmen der Heliotherapie werden mit ihrer Unterstützung Haut- und Knochenkrankheiten therapiert. Darüber hinaus nutzt unser Organismus die Energie der UV-Strahlen, um mit ihrer Hilfe Vitamin D zu produzieren. Dabei nimmt das Provitamin D_3, das in den oberen Hautschichten liegt, die UV-Strahlen auf und verwandelt sich mit deren Energie in Prävitamin D_3. Aus diesem entsteht dann das endgültige Vitamin D_3, das über die Blutbahn zu den Erfolgsorganen transportiert wird, wo es den Phosphorspiegel des Blutes reguliert und auf die Mineralisation der Knochen und Zähne einwirkt. Würden wir uns zu sehr der UV-Strahlung entziehen, entweder dadurch, daß wir eine zu dunkle Haut ausbilden würden – eine dunkle Haut benötigt bis zu sechsmal mehr UV-Strahlung, um die nötige Menge Vitamin D zu produzieren –, oder aber dadurch, daß wir nicht mehr ins Sonnenlicht gingen, hätten wir bald einen Vitamin-D-Mangel zu beklagen. Rachitis oder Osteomalazie (Knochenerweichung), die mit Kalkarmut, Knochenverkrümmungen und einer Auflösung des Knochengewebes einhergeht, wäre die Folge.

Wie viele andere physiologische Abläufe folgt auch die Vitamin-D-Produktion dem jahreszeitlichen Rhythmus. Im Sommer, wenn die Intensität der UV-Strahlung ihren Höhepunkt erreicht, läuft sie auf vollen Touren. Im Winter dagegen ist sie nicht nur vermindert, wie durch die geringere UV-Strahlung zu erwarten wäre, sondern sie ruht fast gänzlich. Wir können hinausgehen an die frische Luft und unsere Haut dem Sonnenlicht aussetzen, und dennoch steigt unser Vitamin-D-Spiegel im Blut kaum an. Unser Organismus hat sich an den jahreszeitlichen Rhythmus der UV-Strahlung angepaßt und *weiß* mittlerweile, daß sich die Mühe im Winter nicht lohnt. Er bevorzugt es, die im Sommer reichlich vorhandene UV-Strahlung effektiv auszunutzen, einen Vitamin-D-Vorrat anzulegen und der Haut im Winter eine Ruhepause zu gönnen, in der sie sich regenerieren und auf die kommenden Anforderungen vorbereiten kann.

Die Anpassung an die UV-Strahlung ist eine Gratwanderung. Jahrtausendelang haben sich die physiologischen Prozesse an den Lauf der Sonne und den damit verbundenen Wechsel der UV-Intensität angepaßt, um den drohenden Gefahren – Sonnenbrand und Hautkrebs auf der einen Seite, Rachitis und Osteomalazie auf der anderen – entgegenzuwirken. Wir sollten dieses fein abgestimmte Wechselspiel nicht durch grob fahrlässige Unbesonnenheit zerstören – weder dadurch, daß wir uns im Herbst und im Winter der künstlichen UV-Strahlung in Form der Höhensonne aussetzen, noch dadurch, daß wir uns im Sommer unvorbereitet stundenlang in die Sonne legen. Wir sollten die Zeiten der natürlichen UV-Strahlung akzeptieren und nicht versuchen, sie mit aller Macht zu verlängern. Und wir sollten unserem Organismus die Zeit gewähren, die er benötigt, um sich an die UV-Strahlen anzupassen. Je nach Hauttyp sind dies etwa ein bis drei Wochen. Nur so können wir die heilenden Kräfte der Sonne in vollem Umfang genießen, ohne die drohenden Nachteile in Kauf nehmen zu müssen.

KLIMA UND GESUNDHEIT

Entscheidend an all diesen Zusammenhängen ist die Tatsache, daß der menschliche Organismus die Anpassung an die klimatischen bzw. meteorologischen Schwankungen aus sich selbst heraus vollbracht hat. Von Natur aus hatte er die Kraft und die Fähigkeit, die extremen Bedingungen selbst zu meistern. In den kälteren Regionen bediente sich der Mensch zwar natürlicher Hilfsmittel; er machte sich Feuer und trug warme Kleidung. Aber den größten Anteil am Überleben hatte die innere Adaptation, die Regulation der physiologischen Abläufe.

Aus bioklimatologischer Sicht ist ein Mensch dann gesund, wenn er sich an die meteorologischen Bedingungen anpassen kann und sich seine physiologischen Prozesse in der entsprechenden Art und Weise organisieren.

Hier ein Überblick über die wichtigsten wetterbedingten Veränderungen physiologischer Parameter.

Physiologischer Parameter	Maximum	Minimum
Albumine	Hohe Temperaturen	Kälte
Blutdruck, diastolischer	Zunahme bei Abkühlung	Abnahme bei Erwärmung
Blutgerinnungszeit	Warmfrontdurchzug	Kaltfrontdurchzug

Blutsenkungsgeschwindigkeit	Nach Erwärmung	Nach Kaltfront
Blutvolumen	Hitze	Kälte
Blutzuckerspiegel	–	Abnahme bei Schwüle
Chloridausscheidung	Nach Aufwärmung	Nach Abkühlung
Diurese	Kälte	Hitze
Gehirndurchblutung	Hohe Luftfeuchtigkeit, trübes Wetter	–
Fibringehalt	Hitze	Kälte
Gamma-Globuline	–	Abfall bei Temperaturzunahme
Glukosetoleranz	Nach Kälteakklimatisation	–
Hämoglobin	Kälte, starker Wind	Hitze
Harnstoff	–	Nach Abkühlung
Leber-Respirationsrate	Nach Kälteexposition	–
Leukozyten	Nach steilem Luftdruckabfall	Nach Föhn
Fettproduktion der Haut	Hitze	Kälte
Natrium	Nach Erwärmung	Nach Abkühlung
Pulsfrequenz	Nach Wetterumschlag	Vor Wetterumschlag
Thyroxinsekretion	Kälte	Hitze[8]

Das Wetter ist eine heilsame Herausforderung an unseren Organismus. Es kann verglichen werden mit sportlichen Aktivitäten oder mit der Kneippschen Reiztherapie. Dadurch, daß es uns immer wieder mit unterschiedlichen, teilweise sehr extremen Situationen konfrontiert, trainiert es unseren Organismus und hält uns gesund. Es aktiviert die Selbstheilungskräfte, stärkt das Immunsystem, kräftigt Herz und Kreislauf und regt sämtliche Drüsen, Organe und Stoffwechselfunktionen an.

Unser Organismus hat sich so weit an die meteorologischen Bedingungen angepaßt, daß er heute mehr oder weniger von ihnen abhängig ist. Bei Tieren sind uns diese Zusammenhänge bewußter als bei uns selbst. Ein Eisbär beispielsweise hat sich so weit an die Eismeerwüste angepaßt, daß er heute die arktischen Bedingungen benötigt, um sich richtig wohl zu fühlen. In subtropischen oder gar tropischen Regionen würde er zwar nicht gleich sterben, aber seine Gesundheit und sein Wohlbefinden würden unter den neuen Umständen sehr stark leiden.

Bei uns verhält es sich ähnlich, auch wenn wir es nicht bewußt wahrnehmen. Wie weit diese Abhängigkeit geht, bringt Herman Trenkle in seinem Buch «Klima und Krankheit» auf den Punkt. Er schreibt: «Die Thermoregulation, also die Steuerung des Wärmehaushalts des Körpers, aber auch die Steuerung und die Regulation des Nervensystems, des Kreislauf- und Hormonsystems wie auch des Stoffwechsels benötigen zu ihrer Stabilisierung Wetter und Klimareize.»[9]

Das heißt, der menschliche Organismus kann ohne die meteorologischen Impulse aus der Umwelt die Synchronisation seiner physiologischen Prozesse nicht aufrechterhalten. Er benötigt das Klima als Maßstab für die innere Ordnung, als Wegweiser zur Gesundheit.

Das Klima legte vor etlichen Jahrmillionen den Grundstein für die Menschwerdung, und heute legt es den Grundstein für unsere Gesundheit. Wir dürfen es nicht hintergehen, uns vor ihm verstecken oder gar versuchen es zu eliminieren. Wir sollten es respektieren und uns seinen Wert bewußt machen. In Regen und Schnee, Hagel und Nebel, in den eisigen Temperaturen des Winters und der glühenden Sonne des Hochsommers, selbst in der Schwüle wohnt die Kraft der Heilung. Wir sollten sie nutzen, alle miteinander und uns ihnen – mit Maß und Ziel – aussetzen, damit sie ihre heilenden Kräfte erneut in uns entfalten können.

KLIMA UND KRANKHEIT

Aus bioklimatologischer Sicht ist ein Mensch dann krank, wenn er sich nicht mehr an die meteorologischen Bedingungen seiner Umwelt anpassen kann, oder, wie es die Bioklimatologen sagen, wenn er nicht mehr in entsprechender Art und Weise auf das Wetter reagieren kann. Dabei werden zwei Kategorien unterschieden, zum einen die Wetterfühligkeit und zum anderen die Wetterempfindlichkeit.

Von Wetterfühligkeit spricht man, wenn sich ein Mensch durch das Wetter in seinem Wohlbefinden gestört fühlt. Er ist nicht mehr in der Lage, die meteorologischen Schwankungen zu kompensieren und leidet darunter. Den daraus resultierenden Krankheitssymptomen – den sogenannten *meteorogenen* Beschwerden – liegen zumeist funktionelle Störungen zugrunde.

Die meteorogenen Beschwerden, über die die Betroffenen am häufigsten klagen, sind Müdigkeit, schlechte Laune, Kopfdruck, unruhiger Schlaf, Konzentrationsschwierigkeiten, Kopfschmerz, Nervosität, vermehrte Fehlerneigung, Flimmern vor den Augen und Schwindelattacken. In selteneren Fällen kann es auch zu Angstzuständen, Übelkeit, Erbrechen, Schweißausbrüchen, Zuckungen im Gesicht, Schüttelfrost, Appetitlosigkeit, Durchfällen und rheumatischen Beschwerden kommen.

Die Wetterempfindlichkeit dagegen geht Hand in Hand mit anatomischen Schäden, wie sie beispielsweise nach Unfällen entstehen. Sie entwickelt sich nach Knochenbrüchen, Amputationen und Verletzungen, die eine Narbe hinterlassen. Der Phantomschmerz, der häufig vor Wetterumschlägen auftritt, Schmerzen nach Knochenbrüchen und an Operationsnarben sind bekannte Beispiele dafür. Es gibt aber auch Krankheiten, die durch das Wetter selbst ausgelöst werden können, die in diese Kategorie fallen. Man nennt sie *meteorotrope* Krankheiten. Unter anderem zählt man folgende Krankheiten zu ihnen:

Angina pectoris
Niedriger Blutdruck
Bronchitis
Ekzem
Fieberhafte Infekte
Grippale Infekte
Herzinfarkt
Krupp
Magenschleimhautentzündung
Multiple Sklerose
Psychosen
Schilddrüsenüberfunktion
Wechseljahrbeschwerden
Asthma bronchiale
Hoher Blutdruck
Diabetes mellitus
Embolie
Gallensteinkoliken
Grüner Star
Herz-Kreislauf-Störungen
Magengeschwür
Migräne
Nephrose
Rheumatische Beschwerden
Thrombosen
Wurzelreizsyndrom

An dieser Stelle möchte ich noch einmal betonen, daß sowohl die *meteorogenen* Beschwerden als auch die *meteorotropen* Krankheiten nicht durch das Wetter verursacht werden. Das Wetter ist lediglich der Auslöser. Ihre wirkliche Ursache liegt in der Unfähigkeit des Organismus, sich an das Wetter anzupassen und auch darin, daß wir unser alltägliches Leben heute nicht mehr in Anlehnung an das Wetter gestalten und, weitab der natürlichen Realität, in einer künstlichen Welt ohne Klimareize leben. Wir meiden das Wetter soweit es geht, führen einen verweichlichenden Lebenswandel und geben unserem Organismus kaum einmal eine Chance, sich abzuhärten. Mit der Folge, daß wir immer empfindlicher werden und bei den kleinsten Wetterumschwüngen unser Wohlbefinden gestört sehen.

Die *meteorogenen* Beschwerden und die *meteorotropen* Krankheiten sind zwar lästig und oft genug nur sehr schwer zu ertragen, aber dennoch kann man ihnen auch etwas Positives abgewinnen. Sie können mit dem Schmerz verglichen werden, der ja ebenfalls alles andere als erfreulich ist. Sowohl der Schmerz als auch die wetterabhängigen Krankheitsbilder erfüllen eine lebenswichtige Funktion. Sie sind Notsignale des Körpers. Sie zeigen uns, wo wir aus der Harmonie herausgefallen sind und was wir unternehmen müssen, um diese Harmonie wiederzufinden. Für die Diagnostik und für die Therapie sind sie von unschätzbarem Wert. Dabei sind gerade die *meteorogenen* Beschwerden und die *meteorotropen* Krankheiten, im Gegensatz zu anderen Krankheiten, in zweifacher Hinsicht bedeutungsvoll. Sie machen uns die innere und gleichzeitig auch die äußere Disharmonie bewußt. Zum einen zeigen sie uns, welche physiologischen Parameter, welche Organe und welche Stoffwechselfunktionen, welche Gefühle und welche Gedanken aus der inneren Harmonie herausgefallen sind. Und zum anderen signalisieren sie uns, mit welchen natürlichen Situationen, mit welchen klimatischen Bedingungen, mit welchen Jahreszeiten – die einhergehen mit entsprechenden körperlichen, geistigen und seelischen Konstellationen – wir nicht zurechtkommen. Sie liefern uns eine Fülle von Informationen, mit deren Hilfe wir den Heilungsprozeß einleiten können. Sie zu verstehen und zu nutzen, ist unsere Aufgabe.

In dem Kapitel «Die Jahreszeiten» und in dem sich daran anschließenden «Lexikon der psychosomatischen Saisonkrankheiten» werden diese Zusammenhänge näher erläutert.

Der Mensch und das Universum – die chinesische Medizin

MIKROKOSMOS UND MAKROKOSMOS

Die chinesische Medizin beruht auf einem holographischen Weltbild. Der Mensch als Mikrokosmos und das Universum als Makrokosmos sind eins. Sie durchdringen sich und bilden eine Einheit. Sie sind aus demselben Stoff geschaffen und funktionieren nach denselben Gesetzen. Jede Veränderung in dem einen hat unweigerlich eine Veränderung in dem anderen zur Folge. Der Mensch ist ein Teil des Universums, und gleichzeitig ist das Universum ein Teil des Menschen.

Im alten China wurde diese enge Verbundenheit von Mensch und Natur durch zahlreiche Analogien zum Ausdruck gebracht. Den Kopf des Menschen verglich man mit dem Firmament, die Haare mit den Sternen und den Sternbildern, die Augen mit der Sonne und die Ohren mit dem Mond. Im Wind sah man den menschlichen Atem, im Regen das Blut, in den Flüssen die Blutgefäße, in den Gebirgen das Knochengerüst und in den Tälern die Poren der Haut. In seinem Buch «Li Hai Chi» schreibt Wang Kui, daß der menschliche Körper Himmel und Erde in allen Bereichen nachahmt – er also ein Spiegelbild der kosmischen und natürlichen Gegebenheiten ist.

Diese Entsprechungen waren nicht nur theoretischer Natur. Sie waren nicht nur in weltabgehobener Philosophie zu finden, in Mythen und Legenden, sondern sie waren auch ein wichtiger Bestandteil des alltäglichen Lebens. Die chinesische Medizin der damaligen Zeit kannte drei Ursachen für Krankheiten – seelisch-geistige Unausgeglichenheit, falsches Handeln und klimatische Störungen. Die klimatischen Störungen wurden in fünf Kategorien unterteilt – Kälte, Hitze, Wind, Feuchtigkeit und Trockenheit. Es wurden keine Organkrankheiten unterschieden wie in der Medizin des Westens, sondern nur funktionelle. Patienten, die den Arzt aufsuchten, klagten über Kopfwind, Unterleibshitze, Kälte in der Nierengegend und ähnliches. Der Arzt behandelte daraufhin die genannten Symptome und nicht etwa Migräne, Magenschleimhautentzündung oder eine Nierenfunktionsstörung. Er verabreichte kühlende und wärmende Heilmittel. Die Chinesen sahen sich selbst als Teil des Universums. Deshalb konnten sie ihre Beschwerden mit klimatischen, kosmischen Größen beschreiben.

Bis in die Gegenwart hat sich diese Tradition fortgesetzt und ist heute in weiten Teilen Asiens immer noch gang und gäbe.

YIN UND YANG

Ein Grundelement der chinesischen Philosophie ist das Yin-Yang-Prinzip. Es wird in folgendem Symbol dargestellt:

Der Kreis, in welchem sich das eigentliche Symbol befindet, heißt *wu-ki*. Es ist ein leerer Kreis. Er steht für den Uranfang des Universums, für den Urgrund des Seins. Er repräsentiert einen Zustand, der ohne Zeit ist und ohne Wesen, ohne Leben und ohne Tod. Einen Zustand, der existiert und doch nicht existiert, weil alle Gegensatzpaare, die in ihm enthalten sind, sich gegenseitig neutralisieren und somit wirkungslos sind. Sie sind zwar da, aber sie treten nicht in Erscheinung. Es ist ein Zustand höchster Harmonie. Die Chinesen nennen ihn ‹*Tao*›. Man könnte ihn auch Gott, Allah, Nirvana, Buddha oder großer Geist nennen.

Er ist jenseits von unserer Welt und mit Worten unseres alltäglichen Sprachgebrauchs nicht zu beschreiben.

Aus diesem Uranfang entstand das Universum. Die Harmonie begann sich zu entfalten. Die Gegensätze brachen auseinander und traten in Erscheinung. *Yin* und *Yang*, das erste Gegensatzpaar, wurde geboren. Aus ihm entwickelten sich sämtliche Gegensätze, die wir heute kennen. Groß und klein, hoch und tief, schnell und langsam, vorwärts und rückwärts, Zukunft und Vergangenheit, Freude und Trauer, Krieg und Frieden, Leben und Tod, Materie und Antimaterie, sie alle sind auf das Ur-Prinzip Yin und Yang zurückzuführen.

In der chinesischen Philosophie gelten unter anderem folgende Entsprechungen:

Yin	**Yang**
Himmel	Erde
Sonne	Mond
Licht	Dunkelheit
Tag	Nacht
Wärme	Kälte
Extraversion	Introversion
Aktivität	Passivität
Anspannung	Entspannung
Logisches Denken	Intuition
Analyse	Synthese
Wissen	Weisheit
Mann	Frau

Yin und Yang sind zwar Gegensätze, die sich oberflächlich bekämpfen, aber in Wirklichkeit ergänzen sie sich zu einer übergeordneten Ganzheit. Gemeinsam formen sie die Harmonie, die sie benötigen, um zu existieren. Sie sind aufeinander angewiesen. Wenn es ihnen wirklich gelingen würde, ihren augenscheinlichen Widersacher auszuschalten, würde die Spannung zwischen den beiden Polen zusammenbrechen, die Lebensenergie würde erlöschen, und der scheinbare Gewinner würde selbst vernichtet werden.

Damit dieses Szenario des Untergangs nicht eintrifft, hat die Natur einen wirkungsvollen Mechanismus entwickelt, der die Harmonie immer wieder erneuert. In jedem Yin ist das Yang keimhaft angelegt und in jedem Yang das Yin. Das heißt, daß es in der Natur kein reines Yin gibt, genausowenig wie es ein reines Yang gibt. Man kann zwar jede Erscheinung diesen Prinzipien zuordnen, und nach außen hin trifft diese Charakterisierung auch tatsächlich zu, aber in ihrem Inneren wird jede Erscheinung aus Yin- und Yang-Energien gebildet – einmal dominiert das Yin und einmal das Yang.

Im Yin-Yang-Zeichen wird dies durch die beiden *Augen* symbolisiert. Wenn das Yin heranreift und zu wachsen beginnt, wächst gleichzeitig das in ihm angelegte Yang überproportional mit. Wenn das Yin an seinem Höhepunkt angelangt ist, wird das Yang aktiviert, das den Yin-Energien entgegenwirkt und sie daran hindert, über das verträgliche Maß hinauszuwachsen. Das Yin wird zurückgedrängt, und die Yang-Kräfte entfalten sich so lange, bis sie selbst ihren Höhepunkt erreichen, an welchem sie dann die Yin-Kräfte wieder auf den Plan rufen.

Mit Hilfe des Yin-Yang-Zeichens lassen sich diese Zusammenhänge leicht veranschaulichen. Drehen Sie das Rad im Uhrzeigersinn, und Sie werden sehen, daß Yin und Yang nur in den seltensten Fällen im Gleichgewicht sind. Zumeist ist eines der beiden dominierend. Erst am Ende einer ganzen Umdrehung neutralisieren sich die Überschüsse, so daß die Yin-Yang-Bilanz ausgeglichen ist. Yin und Yang befinden sich im fließenden Gleichgewicht.

Mathematisch lassen sich diese Zusammenhänge mit Hilfe der Sinuskurve darstellen.

Die Polarität der Gegensätze, die Spannung zwischen Yin und Yang, ist die Grundlage des Lebens. Aus ihr resultiert die Energie, die wir als Lebensenergie kennen. Im Organismus stehen

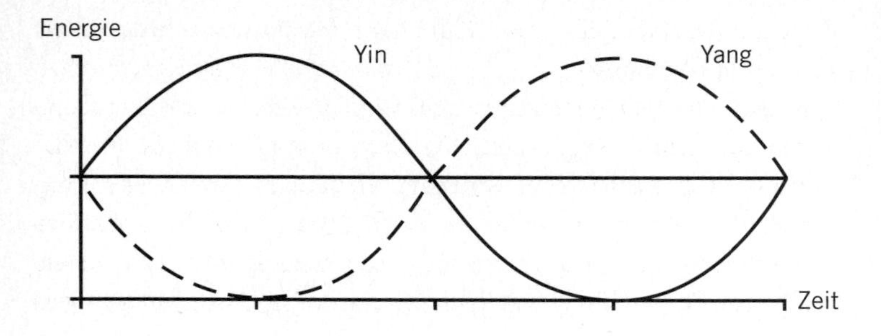

sich zahlreiche solcher Gegensätze gegenüber, so zum Beispiel die Einatmung und die Ausatmung. Oberflächlich betrachtet neutralisieren sie sich. Wenn wir diesen Vorgang allerdings genauer betrachten, sehen wir, daß sie sich nicht neutralisieren, sondern, ganz im Gegenteil, ergänzen. Nur gemeinsam können sie die Atmung gestalten. Ohne auszuatmen könnten wir nur so lange Luft in uns einsaugen, bis wir platzen würden. Und ohne einzuatmen könnten wir den lebenswichtigen Sauerstoff nicht in uns aufnehmen. Yin steht in diesem Fall für die Einatmung und Yang für die Ausatmung.

Der ganze Körper ist durchdrungen von Gegensatzpaaren. Jeder physiologische Vorgang funktioniert nur dann gesundheitsdienlich, wenn ihm ein Gegensatzpaar zugrunde liegt, das sich gegenseitig kontrolliert und eine einseitige Ausdehnung verhindert.

So hat zum Beispiel jeder Muskel einen Gegenspieler, der seine Bewegung kontrolliert und anschließend wieder rückgängig macht. Hätten wir beispielsweise nur einen Bizeps und keinen Trizeps, könnten wir unseren Arm nur ein einziges Mal beugen. Für das Strecken ist der Trizeps zuständig, und der ist der Gegenspieler des Bizeps.

Der Herzmuskel muß sich anspannen und entspannen, der Blutdruck darf nicht zu hoch sein und auch nicht zu niedrig, die Nieren dürfen nicht zuviel Wasser ausscheiden und auch nicht zuwenig, und der Magensaft darf nicht zu sauer sein und auch nicht zu alkalisch. Überall im Körper treffen wir auf Gegensatzpaare und überall können wir erkennen, daß die gegensätzlichen Funktionen zwar gegeneinander wirken, aber dennoch aufeinander angewiesen sind, um die Gesundheit aufrechtzuerhalten.

In der chinesischen Medizin führten diese Erkenntnisse schon vor Jahrtausenden zu einer dynamischen, rhythmischen Betrachtungsweise des menschlichen Organismus. Während wir es gewohnt sind, die Gesundheit mit festen, konstanten Größen zu umschreiben – man denke nur an die Werte von Blutdruck, Herzfrequenz und Blutzucker –, ist es in China die Bewegung, das harmonische, fließende Ineinanderübergehen, das die Gesundheit charakterisiert. Leben heißt Bewegung, heißt Wachstum und Veränderungen, heißt Fließen im Strom der Zeit. Yin und Yang, und mit ihnen die gegensätzlichen physiologischen Funktionen, sind ebenfalls in Bewegung. Einmal ist Yin dominierend und einmal Yang, einmal die Aktivität und einmal die Passivität, einmal die Anspannung und einmal die Entspannung.

Die Chinesen erkannten, daß dieses innere Wechselspiel mit dem äußeren Wechselspiel der Natur gekoppelt ist, und daß es ebenso einem bestimmten Rhythmus folgt wie die äußeren Gegebenheiten. Sie untersuchten diese Zusammenhänge und entdeckten dabei den inneren Tag-Nacht-Rhythmus, oder, wie man es heute nennt, die Organuhr, genauer gesagt, die Tag-Nacht-Organuhr.

DIE TAG-NACHT-ORGANUHR

Im Zentrum der chinesischen Medizin steht die Energie, oder, wie die Chinesen es nennen, *Chi*. Diese Energie durchströmt den Körper und hält die lebenswichtigen Funktionen in Gang. Damit es zu keinem energetischen Chaos kommt, fließt sie in eigens dafür vorgesehenen Kanälen, den sogenannten *Meridianen*. Man unterscheidet zwölf solcher Meridiane, die sich jeweils in der linken und der rechten Körperhälfte befinden. Die Meridiane, in welchen die Energie größtenteils von den Händen zum Kopf oder vom Kopf zu den Füßen fließt, sind Yang-Meridiane. Die anderen, in welchen die Energie überwiegend in die entgegengesetzte Richtung fließt, sind Yin-Meridiane. Die Energie, die von oben nach unten strömt – parallel zu den Sonnenstrahlen –, ist Yang-Energie, die andere Yin-Energie.

Die Meridiane werden nach den Organen benannt, mit welchen sie verbunden sind und deren Funktionen sie aufrechterhalten. Es gelten folgende Zuordnungen:

Yin-Meridiane	**Yang-Meridiane**
Lungenmeridian	Dickdarmmeridian
Milz-Pankreas-Meridian	Magenmeridian
Herzmeridian	Dünndarmmeridian
Nierenmeridian	Blasenmeridian
Kreislauf-Sexus-Meridian	Dreifacher-Erwärmer-Meridian
Lebermeridian	Gallenblasenmeridian

Mit Hilfe der Pulsdiagnose stellten die chinesischen Ärzte fest, daß die Energieverteilung über diese zwölf Meridiane innerhalb von 24 Stunden starken Schwankungen unterliegt. Jeder Meridian durchläuft vier verschiedene Phasen, die jeweils sechs Stunden andauern. Mit Hilfe der Sinuskurve kann man diese Zusammenhänge veranschaulichen.

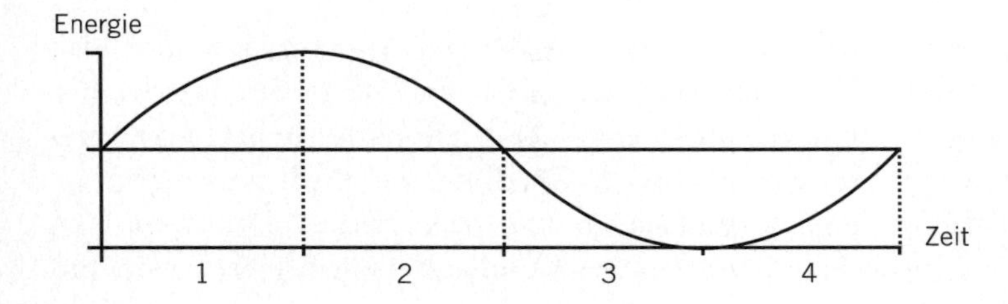

In der ersten Phase nimmt der Meridian Energie auf und strebt seinem energetischen Höhepunkt entgegen. Die Funktionen, die er unterstützt – seien sie körperlicher, geistiger oder seelischer Natur –, laufen in dieser Zeit auf vollen Touren. In der zweiten Phase ist er zwar immer noch stark aktiv, aber seine Energien lassen merklich nach. In der dritten Phase geht der Meridian seiner Ruhepause entgegen. Nach vollbrachter Arbeit zieht er sich zurück und erholt sich. Die Organe, die mit ihm verbunden sind, sind zwar nach wie vor aktiv, aber bei weitem nicht mehr so stark wie in der ersten Phase. Es ist die Zeit der Regeneration. In der vierten Phase schließlich nimmt der Meridian wieder vermehrt Energie auf und bereitet sich auf seinen nächsten Arbeitseinsatz vor.

Die Organuhr gibt die Organmaximalzeiten an, also die Zeiten, in welchen der jeweilige Meridian mit der größten Energiemenge versorgt wird. Zwölf Stunden später durchläuft er seinen energetischen Tiefpunkt.
Wir wollen uns hier nicht zu sehr auf den Tag-Nacht-Rhythmus konzentrieren. Da er in der Schulmedizin wesentlich besser erforscht ist als der jahreszeitliche Rhythmus, sollten wir uns an ihm aber wenigstens die Auswirkungen der energetischen Schwankungen bewußt machen.

In der Chronopharmakologie konnte gezeigt werden, daß die Wirkung einer chemischen Substanz nicht nur von der Dosis abhängt, sondern auch von der Tageszeit, in welcher sie verabreicht wird. Ganz extreme Unterschiede in der Wirkung konnten für die Substanz Phenobarbital nachgewiesen werden. Je nachdem, um welche Uhrzeit den Versuchstieren eine Dosis von 190 mg/kg verabreicht wurde, starben alle Tiere oder kein einziges. Ähnliche, wenn auch nicht ganz so dramatische Unterschiede, fanden sich für zahlreiche andere Substanzen, darunter Nikotin, E 600 und verschiedene Zytostatika, die in der Krebstherapie Verwendung finden.

Lange Zeit hatte man in der Schulmedizin die dynamischen

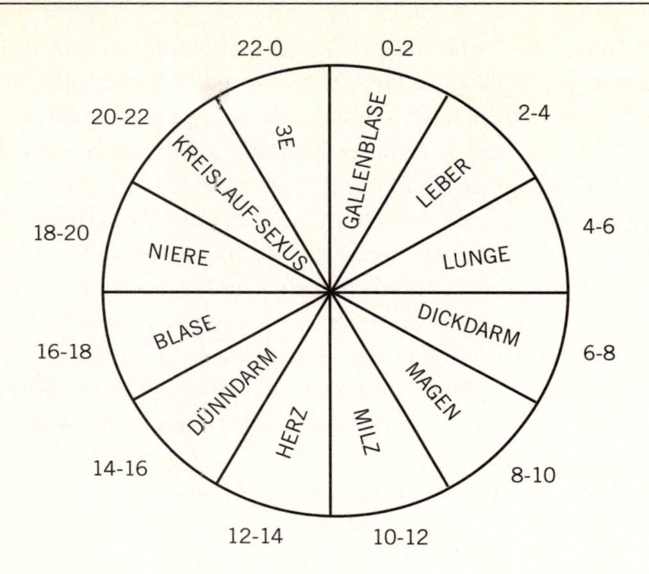

Die Tag-Nacht-Organuhr
Angegeben sind die Organmaximalzeiten (OMZ)

Aspekte des Lebens nicht berücksichtigt. Die Ergebnisse aus den Tierversuchen wurden so interpretiert, als ob sie konstante Größen seien. Man applizierte beispielsweise 190 mg/kg Phenobarbital, stellte fest, daß 50 Prozent der Versuchstiere gestorben waren und verwendete diesen Wert zur Bestimmung der Toxizität. Da die Versuche in der Regel tagsüber laufen, oftmals sogar aufgrund der arbeitstechnischen Gegebenheiten zur selben Uhrzeit, wurde das Ergebnis immer wieder bestätigt. Mit ihm als Fundament wurden dann die Menschenversuche eingeleitet, die aus den erwähnten Gründen ebenfalls nur ungenaue Ergebnisse liefern konnten. Am Schluß dieser Reihe stand das fertige Medikament, das nach der allgemeingültigen Formel ‹dreimal täglich› verabreicht wurde. Jeder der beteiligten Wissenschaftler konnte seine Hände in Unschuld waschen. Er hatte sein Bestes gegeben und die Grundsätze der Wissenschaft befolgt. Aber dennoch waren seine Ergebnisse nicht exakt, und man hätte besser daran getan, sich schon viel früher auf die Weisheiten der alten Chinesen zu besinnen.

Heute hat man diese Fehler weitgehend ausgebügelt und zahlreiche Medikamente hinsichtlich ihrer tageszeitabhängigen Wirkung untersucht. Aber die Schwankungen im jahreszeitlichen Rhythmus, die nicht minder dramatisch sind, werden nach wie vor kaum berücksichtigt. Bei den pharmakologischen Untersuchungen beachtet man zwar die Tageszeit, aber noch immer nicht die Jahreszeit.

Die chinesische Medizin hat neben dem Tag-Nacht-Rhythmus auch den jahreszeitlichen Rhythmus erkannt und in ihr Behandlungskonzept eingearbeitet. Die Grundlage hierzu bildet die *Lehre von den fünf Elementen*.

DIE FÜNF ELEMENTE

In der chinesischen Philosophie gibt es keine konstanten Größen, sondern nur Bewegung und fließendes Ineinanderübergehen. Jede Erscheinung des Universums, ob belebt oder unbelebt, ist eingebunden in den Kreislauf von Werden und Vergehen und dem Gesetz der Wandlung unterworfen. Die fünf Elemente – Holz, Feuer, Erde, Metall und Wasser – stehen für die fünf Phasen der Wandlung.

In der ersten Phase dominiert das Element Holz. Es steht für den Neubeginn, für die Entstehung und für die Geburt. Die zweite Phase, die Zeit des Wachsens, ist mit dem Element Feuer assoziiert. Nachdem das Wachstum beendet ist, kommt das Element Erde zum Vorschein, das die Phase des Erwachsenseins repräsentiert. In der vierten Phase, in welcher das Element Metall die Oberhand gewinnt, setzen die ersten Zersetzungsprozesse ein. Der Organismus löst sich auf, bis er schließlich in der fünften und letzten Phase stirbt. Die Todesphase wird dargestellt durch das Element Wasser. Nachdem dieser Zyklus durchlaufen ist, geht die Energie in einen neuen Zustand über, und ein neuer Zyklus beginnt. Das Rad des Lebens dreht sich weiter.

Die Chinesen erkannten, daß sämtliche Qualitäten des Universums diesen fünf Elementen zugeordnet werden können. Sie kamen unter anderem zu folgenden Entsprechungen:

Holz	Feuer	Erde	Metall	Wasser
Geburt	Wachstum	Erwachsensein	Zerfall	Tod
Frühling	Sommer	Spätsommer	Herbst	Winter
Wind	Hitze	Feuchtigkeit	Trockenheit	Kälte
Galle	Dünndarm Dreifacher Erwärmer	Magen	Dickdarm	Blase
Leber	Herz Kreislauf-Sexus	Milz	Lunge	Nieren
Zorn	Freude	Zuversicht	Kummer	Angst
Schreien	Lachen	Singen	Weinen	Stöhnen
grün	rot	gelb	weiß	schwarz
sauer	bitter	süß	scharf	salzig

Über diese Zuordnungen erkannten die Chinesen, daß diese Qualitäten in einer bestimmten Beziehung zueinander stehen. Die eine Art der Beziehung ist die unterstützende. In China ist sie als *Sheng*-Zyklus bekannt. Jedes Element verwandelt sich in das nächstfolgende und gibt seine Energien an dieses ab. Dadurch unterstützt es dessen Wachstum.

In China behält man sich diese Zusammenhänge mit folgenden Bildern im Gedächtnis. Am Anfang eines jeden Zyklus steht die Geburt, also das Element Holz. Wenn das Holz mit Feuer in Verbindung kommt, verbrennt es und nährt die Flammen. Wenn die Flammen erlöschen, bleibt Asche übrig. Asche ist gleichbedeutend mit Erde. In der Erde befinden sich Metalle, die während der Todesphase schmelzen und auf diese Weise das Element

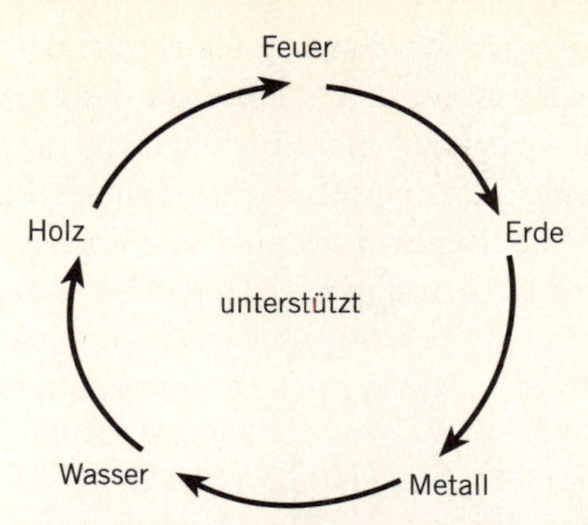

Wasser fördern. Das Wasser schließlich fließt den Bäumen zu, die es in sich aufnehmen und heranwachsen. Das Element Holz dehnt sich erneut aus.

Die zweite Art der Beziehung zwischen den fünf Elementen ist die kontrollierende bzw. hemmende. Jedes Element wirkt der übermäßigen Ausdehnung eines anderen Elementes entgegen und trägt so zum Erhalt der Harmonie bei. In China werden diese Zusammenhänge im Ko-Zyklus dargestellt.

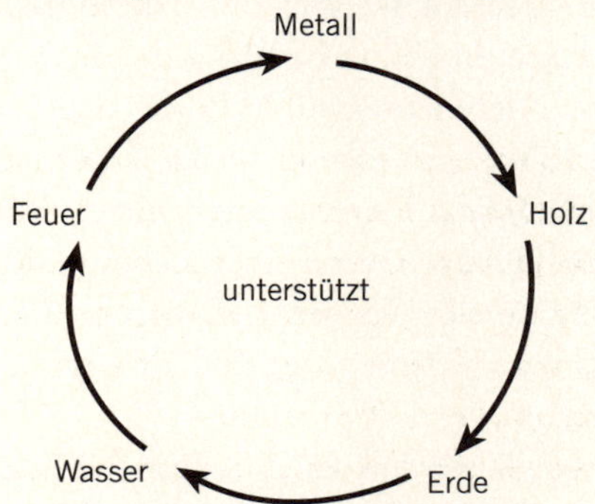

Auch zu diesem Zyklus gibt es Analogien, die das Wesen der Beziehung veranschaulichen. Das Holz kontrolliert die Erde, indem es sie mit Wurzeln durchsetzt. Die Erde speichert das Wasser und hemmt dadurch die übermäßige Verdunstung. Das Wasser wirkt dem Feuer entgegen, indem es dieses löscht. Das Feuer wiederum bringt Metall zum Schmelzen und das Metall, das zu einer Axt verarbeitet werden kann, hackt das Holz.

Mit der Lehre der fünf Elemente hat die chinesische Philosophie die Grundlage für ein wirklich ganzheitliches Weltbild geschaffen. Der Mensch und das Universum sind eins. Die Gesetze, die im Großen gelten, finden im Kleinen ihre Entsprechung. Wir alle sind aus demselben Stoff geschaffen und funktionieren nach denselben Gesetzen. Was in anderen Systemen spekulative Theorie bleibt, wird hier zu einem Instrument für die Praxis.

Ein chinesischer Arzt kann mit Hilfe dieser Theorie den Verlauf einer Krankheit vorherbestimmen, zum Beispiel eine schwere Nierenerkrankung (Element Wasser). Nach der Lehre der fünf Elemente wirkt sie sich negativ auf das Herz (Element Feuer) aus, denn Wasser zerstört Feuer. Feuer wiederum zerstört Metall. Das bedeutet, daß die Herzerkrankung einen negativen Einfluß auf die Lunge ausübt. Als Folge hiervon könnte sich eine Leberstörung entwickeln (Element Holz), die dann in eine Milzerkrankung (Element Erde) mündet und schließlich durch Nierenversagen (Element Wasser) zum Tod führt.

Die westliche Schulmedizin bestätigt diese Zusammenhänge. Eine chronische Nierenentzündung kann zu einem schweren Bluthochdruck führen. Dieser kann das Herz überlasten und über das anschließende Herzversagen einen Blutstau in der Lunge bewirken. Es kommt zu einer Leber- und Milzschwellung und zu Beinödemen. Wasser wird nicht mehr abgebaut und staut sich im ganzen Körper. Der Patient stirbt an Herz- und Nierenversagen.

In diesem Schema werden auch diätetische Maßnahmen berücksichtigt. Allerdings muß man dabei beachten, daß eine Erkrankung sowohl auf einer energetischen Überversorgung als auch auf einer energetischen Unterversorgung beruhen kann. Wenn Sie beispielsweise an einer Lebererkrankung leiden und wissen, daß dies darauf zurückzuführen ist, daß Ihr Lebermeridian zuwenig Energie bekommt, dann sollten Sie salzige Speisen essen, denn das Element Wasser (Salz) fördert das Element Holz (Leber). Dagegen sollten Sie bei einer Herzerkrankung auf salzige Speisen verzichten, denn Wasser löscht Feuer.

Nach demselben Prinzip kann man auch die Farbtherapie anwenden. Die Farbe Grün beispielsweise fördert den Zustrom von Energie im Dünndarm und im Herz. Dagegen hemmt es die Energieversorgung in den erdverbundenen Meridianen, die mit Magen und Milz-Pankreas verbunden sind.

Eine der größten Leistungen aber, die die Chinesen mit dieser Lehre vollbracht haben, ist die, daß sie schon damals die Gefühle und die Gedanken mit körperlichen Krankheitserscheinungen in Verbindung brachten und damit schon vor Jahrtausenden den Grundstein zur Psychosomatik legten.

DIE JAHRESZEITEN-ORGANUHR

Für uns ist vor allem die Zuordnung zu den einzelnen Jahreszeiten von Bedeutung. Aus ihnen läßt sich die Jahreszeiten-Organuhr ableiten. Da bei uns nur vier Jahreszeiten unterschieden werden, habe ich das System der fünf Jahreszeiten auf unsere vier Jahreszeiten übertragen. Dabei habe ich lediglich den Spätsommer und den Herbst zusammengefaßt und eine erste Herbsthälfte von einer zweiten unterschieden. Es mag zwar dadurch zu einer Differenz von zwei oder drei Wochen kommen, aber dies erscheint mir verträglicher als das Einführen einer fünften Jahreszeit.

Hier nun die Jahreszeiten-Organuhr. Sie zeigt an, in welcher Jahreszeit die Meridiane ihren energetischen Höhepunkt durchlaufen.

Wenn wir zusätzlich noch den dynamischen energetischen Verlauf der einzelnen Meridiane berücksichtigen, der sich wie eine Sinuskurve durch das Jahr zieht, dann sehen wir, daß jede Jahreszeit mit einer ganz speziellen energetischen Konstellation einhergeht. Nehmen wir als Beispiel den Frühling.

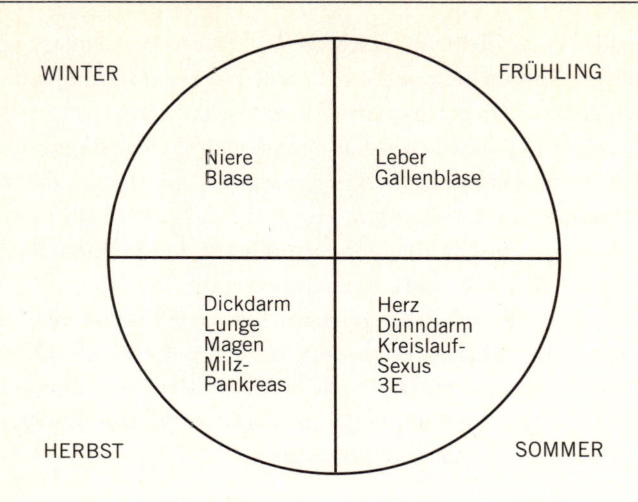

Energiemaximum:	Lebermeridian
	Gallenblasenmeridian
Energieaufnehmend:	Herzmeridian
	Kreislauf-Sexus-Meridian
	Dreifacher-Erwärmer-Meridian
	Dünndarmmeridian
Energieminimum:	Milz-Pankreas-Meridian
	Magenmeridian
	Lungenmeridian
	Dickdarmmeridian
Energieabgebend:	Nierenmeridian
	Blasenmeridian

Diese energetische Konstellation ergibt sich, wenn sich der Mensch optimal an die Bedingungen des Frühlings anpaßt. Warum das so ist, welche Vorteile sich daraus für den menschlichen Organismus ergeben und welches seelisch-geistige Gestimmtsein damit einhergeht, soll im nächsten Kapitel «Die Jahreszeiten» besprochen werden.

CHINESISCHE MEDIZIN UND GESUNDHEIT

In der chinesischen Medizin ist die Gesundheit ein einfaches und gleichzeitig sehr komplexes Phänomen. Einfach insofern, als sie einzig und allein auf die energetische Konstellation zurückgeführt werden kann. Solange die Energie den äußeren Umständen entsprechend über die zwölf Meridiane verteilt ist, befindet sich der Mensch in Harmonie mit dem Universum und ist gesund. Zu einem komplexen, vielschichtigen Phänomen wird sie dann, wenn man bei ihrer Definition die Dynamik berücksichtigt.

Die Grundlagen der Dynamik sind die Tag-Nacht-Organuhr und die Jahreszeiten-Organuhr, die sich graphisch wie folgt darstellen lassen:

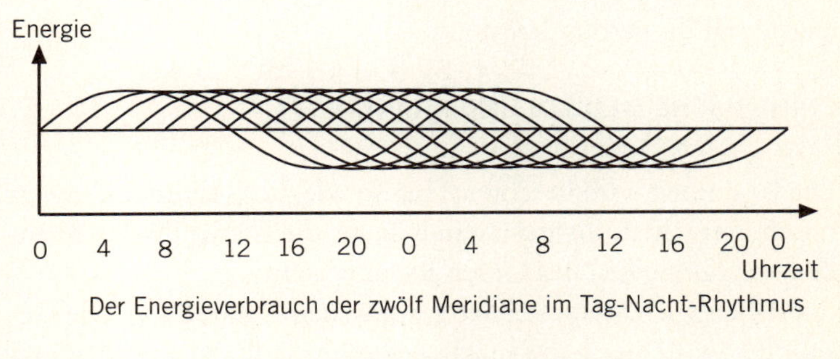

Der Energieverbrauch der zwölf Meridiane im Tag-Nacht-Rhythmus

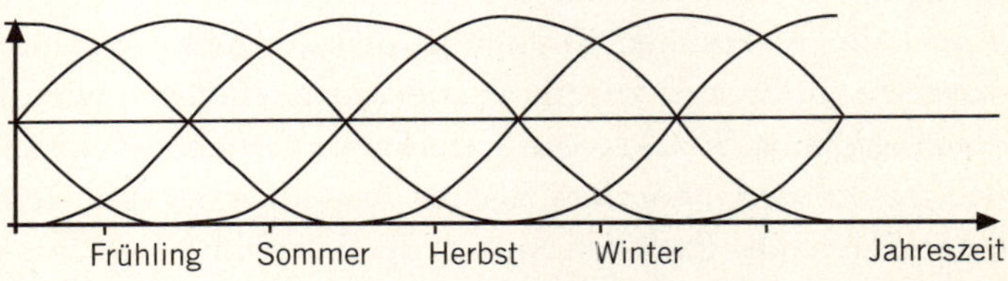

Der Energieverlauf der vier Meridiangruppen im Rhythmus der Jahreszeiten

Wenn man diese beiden Organuhren miteinander verbindet, erkennt man das ganze Ausmaß der Dynamik. Jeder Tag und jede Stunde des Jahres geht einher mit einer eigenen, ganz speziellen energetischen Konstellation. Die Unterschiede sind zwar nur graduell, und die einzelnen Konstellationen gehen langsam ineinander über, so daß der Organismus nicht allzu stark belastet wird, aber sie sind nicht zu übersehen. Wie die Sonne und der Mond, die Planeten und die Sterne, wie das Tag-Nacht-Verhältnis und das Wetter, so sind auch wir das ganze Jahr hindurch in steter Veränderung. Erst nach einem Jahr wiederholt sich die Konstellation, aber dann sind wir ein Jahr älter geworden, und die Bedingungen sind erneut ganz andere, als noch im Jahr zuvor. Das ganze Leben hindurch sind wir in Bewegung und dem Gesetz der Wandlung unterworfen. Kein Tag, keine Stunde, nicht einmal eine einzige Sekunde ist wie eine andere.

Die Gesundheit ist gleichbedeutend mit der Fähigkeit, im Strom der Zeit zu fließen. Offenheit und Flexibilität, Wandlungsfähigkeit und Geschmeidigkeit sind Begriffe, die auf das engste mit ihr verbunden sind.

CHINESISCHE MEDIZIN UND KRANKHEIT

Die Krankheit wird in China, ebenso wie die Gesundheit, dynamisch betrachtet, insofern nämlich, als die Dynamik des Kranken von derjenigen des Gesunden abweicht.

Bleiben wir vorerst bei der graphischen Darstellung. Die Gesundheit wird durch die Sinuskurve dargestellt. Solange den Meridianen im 24-Stunden-Rhythmus, den äußeren Umständen entsprechend, Energie zugeführt und wieder entzogen wird, ist alles in Ordnung. Sobald dieser harmonisch fließende Zyklus jedoch gestört wird, kommt es zu einer Krankheit. Es kann zu einem steileren oder flacheren Anstieg der Kurve kommen, was zu einer Verkürzung bzw. Verlängerung des gesamten Zyklus führt. Oder es kann zu einer Verschiebung der Grenzwerte nach oben bzw. unten kommen. Die Länge des Zyklus bleibt konstant, aber der Meridian hat über einen längeren Zeitraum hinweg zuviel bzw. zuwenig Energie. In der Regel gehen Krankheiten mit einer Mischform beider Möglichkeiten einher.

Graphisch könnten diese Zusammenhänge wie folgt aussehen. Es sind aber auch unendlich viel andere Verschiebungen denkbar.

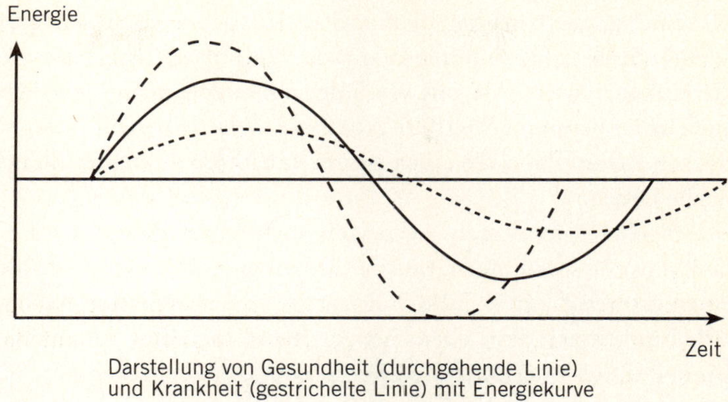

Darstellung von Gesundheit (durchgehende Linie)
und Krankheit (gestrichelte Linie) mit Energiekurve

Da dem Menschen nur eine bestimmte Menge an Energie zur Verfügung steht, macht es sich im gesamten Organismus bemerkbar, wenn irgendwo zuviel bzw. zuwenig Energie vorhanden ist. Wenn beispielsweise in einem Meridian zuviel Energie ist, dann muß diese Energie zwangsläufig in einem anderen Meridian fehlen. Wenn dagegen zuwenig Energie in einem Meridian ist, dann muß in einem anderen Meridian zuviel Energie sein.

Die Auswirkungen dieser energetischen Verschiebungen sind sehr komplex. Der Vorteil, den die chinesische Medizin vielen anderen medizinischen Systemen gegenüber hat, ist der, daß sie den Krankheitsprozeß nicht isoliert betrachtet, sondern im Zusammenhang mit dem ganzen Universum. Dies führt aber leider auch dazu, daß die Theorie, die ihr zugrunde liegt, sehr umfassend und vielschichtig ist. Die drei großen Bereiche, die sie in ihrer Ganzheit berücksichtigt, sind der Mensch, der Raum und die Zeit.

Wenden wir uns zuerst dem Menschen zu. Die Energie ist die Grundlage einer jeden Lebensfunktion. Sie ist es, die Körper, Geist und Seele zu einer Einheit verbindet. Die Meridiane haben nicht nur eine körperliche, materielle Dimension, sondern auch eine seelische und eine geistige. So wie sie bestimmte Organfunktionen unterstützen, so unterstützen sie auch bestimmte Gefühle und Gedanken. Die Auswirkungen der energetischen Verschiebungen betreffen demnach auch unser seelisch-geistiges Wohlbefinden. Sie verändern unsere Gefühlswelt und unsere Gedanken, unsere Art mit Gefühlen umzugehen und letztlich auch unser gesamtes Weltbild. Auf diese Weise haben die energetischen Konstellationen einen enormen Einfluß auf unser alltägliches Leben.

Umgekehrt muß man sagen, daß auch unser alltägliches Leben, unsere Handlungen, unsere Gedanken und unsere Gefühle einen großen Einfluß auf die energetische Konstellation haben. Alle Funktionen des Lebens hängen zusammen und bilden eine Einheit. Die chinesische Medizin ist eine Ganzheitsmedizin. Sie hält es für möglich, daß jeder Bestandteil des Menschen aus der Harmonie herausfallen und eine Krankheit verursachen kann. Der chinesische Arzt balanciert den Patienten aus und bringt ihn mit Hilfe der Akupunktur oder der Akupressur in das energetische Gleichgewicht zurück. Gleichzeitig weist er ihn darauf hin, daß irgend etwas in seinem alltäglichen Leben nicht stimmt und daß ein Teil von ihm aus der großen Harmonie herausgefallen ist. Ihre gemeinsame Aufgabe ist es, diesen Teil ausfindig zu machen und wieder in die Harmonie zu integrieren. Da dieser Teil sowohl im körperlichen als auch im seelisch-geistigen Bereich liegen kann, muß man sagen, daß der chinesische Arzt nicht nur Mediziner ist. Er ist darüber hinaus Psychologe und Philosoph, Geistlicher und Pädagoge.

Der zweite Bereich, der in das therapeutische Geschehen mit einfließt, ist die Zeit. Es stellt sich die Frage, wann die Krankheit angefangen hat und welchen Verlauf sie nimmt. Bleiben wir beim jahreszeitlichen Rhythmus, und machen wir uns an ihm die zeitlichen Zusammenhänge bewußt. Nehmen wir als Beispiel den Herzmeridian. Sein Maximum sollte er im Sommer durchlaufen, sein Minimum im Winter. Wenn es nun zu einer Herzschwäche im Sommer kommt, also dem Herzmeridian im Sommer zuwenig Energie zufließt, dann muß die Ursache hierfür nicht unbedingt im Sommer selbst liegen. Sie kann auch im Frühling zu finden sein, weil dort eventuell der Herzmeridian nicht entsprechend mit Energie versorgt wurde und demnach im Sommer nicht an seinem energetischen Maximum anlangen konnte. Aber auch im Winter könnte die Ursache zu suchen sein. Denn es ist möglich, daß die Energie im Herzmeridian zu sehr abgesackt ist und demnach die Energieversorgung im Frühling nicht ausreichen konnte, um das Herz auf die Anstrengungen des Sommers vorzubereiten. Schließlich sollte man die Ursache auch im Herbst vermuten, in dem die Energie aus dem Herzmeridian abgezogen wurde. Wurde hier vielleicht zuviel Energie abgezapft?

Mit Hilfe des Ko-Zyklus kann der Arzt auch herausfinden, welche Jahreszeit den kranken Menschen besonders stark belastet. Nierenkranke beispielsweise, deren Krankheit dem Element Wasser zugeordnet ist, werden durch das Element Erde angegriffen – und dieses herrscht in der ersten Herbsthälfte. Herzkranke dagegen, die im Element Feuer aus dem Gleichgewicht geraten sind, werden im Winter vor schwierige Aufgaben gestellt, denn Wasser zerstört bzw. löscht Feuer.

Wer die zeitlichen Aspekte einer Krankheit kennt, der kann jahreszeitlich und tageszeitlich bedingten Verschlechterungen entgegenwirken. Gleichzeitig kann er beispielsweise im Herbst und im Winter einer im Sommer auftretenden Herzschwäche vorbeugen.

Der dritte Bereich, der in das therapeutische Konzept der chinesischen Medizin mit einfließt, und der gar nicht so strikt von den beiden anderen Bereichen zu trennen ist, ist der Raum – das Universum der Gegenwart, mit all seinen Bestandteilen. Der Einfachheit halber kann man diesen Bereich in drei Unterbereiche unterteilen – in die soziologische, die natürliche und die kosmische Umwelt.

Wir wollen uns hier nicht zu sehr im Detail verlieren. Die Zusammenhänge sind viel zu komplex, als daß sie hier nur kurz angesprochen werden können. In meinem Buch «Das Krebszeitalter» bin ich ausführlich auf sie eingegangen. Es sei nur darauf hingewiesen, daß der Mensch in direkter Abhängigkeit von seiner Umwelt gesehen werden muß. Er ist eingebettet in seine Familie und seinen Freundeskreis, in sein Volk und seine Kultur, in die ihn umgebende Natur, in Flora und Fauna, in die geochemischen und geophysikalischen Bedingungen seiner Umwelt, in Klima und Wetter und auch in die Konstellation der Himmelskörper. Sie alle bilden eine Einheit, und sie alle haben einen energetischen Einfluß auf den menschlichen Organismus. Bei der Entstehung einer Krankheit können sie alle beteiligt sein, auch dann, wenn sie nur das Krankheitsgeschehen auslösen und nicht wirklich ursächlich dafür verantwortlich sind. Aber alle sollten sie Berücksichtigung finden, denn sie liefern wertvolle Informationen über den Patienten.

Der chinesische Arzt, der den ganzheitlichen Gedanken wirklich ernst nimmt, wird hier zum Universalwissenschaftler. Er wird zum Astronomen und zum Astrologen, zum Zoologen und Botaniker, zum Ökologen und Meteorologen, zum Ethnologen und Anthropologen, zum Geschichtswissenschaftler und Soziologen und noch zu vielem anderen mehr. Der chinesische Arzt ist sich der Ganzheit des Lebens bewußt und versucht der Ganzheit des Patienten gerecht zu werden. Er versucht, das Wechselspiel zwischen Mensch und Umwelt, zwischen Mensch und Kosmos, in seiner ganzen Tiefe zu verstehen, um mit seiner Hilfe den Menschen erneut in die große Harmonie der kosmischen Erscheinungen einzubinden. Denn nur so kann der Mensch seine Gesundheit, seine ganzheitliche Gesundheit, die ihm von der Natur zugedacht wurde, wiederfinden und erhalten. Und nur das ist Heilung – wirkliche Heilung aus ganzheitlicher Sicht.

Zwei
Gesund leben im Rhythmus der Jahreszeiten

Der Frühling
1. März – 31. Mai *

Der Frühling

Liebe, wunderschönes Leben,
Willst du wieder mich verführen,
Soll ich wieder Abschied geben
Fleißig ruhigem Studieren?

Offen stehen Fenster, Türen,
Draußen Frühlingsboten schweben,
Lerchen schwirrend sich erheben,
Echo will im Wald sich rühren.

Wohl, da hilft kein Widerstreben,
Tief im Herzen muß ich's spüren:
Liebe, wunderschönes Leben,
Wieder wirst du mich verführen!

Joseph von Eichendorff

* Der Körper benötigt einige Wochen, um sich umzustellen. Aus diesem Grund beginnen die biologischen Jahreszeiten früher als die astronomischen.

DIE NATUR

Der Winter war die Zeit der Zurückgezogenheit, die Zeit der Introversion und der Besinnung. Die Laubbäume hatten ihre Blätter abgeworfen und die Lebenssäfte auf ihre Wurzeln konzentriert. Die Winterschläfer verharrten in ihren Höhlen, und die wenigen Tiere, die den eisigen Temperaturen trotzten, versteckten sich hinter einem dicken Fell und einer ebenso dicken Speckschicht. Die Frostriesen, die Dämonen der Finsternis, hatten die Macht an sich gerissen und herrschten erbarmungslos über die Natur. Um ihnen nicht zu erliegen, mußte sich das Leben zurückziehen und sich auf seine eigenen Wurzeln, die ihm innewohnenden Kräfte besinnen.

Der Frühling dagegen ist die Zeit des Erwachens und des Nach-außen-Gehens. Die Sonne, die sich im Winter ebenfalls zurückgezogen hatte, kehrt nun zurück in den Norden – die Tage werden länger und die Nächte kürzer. Am 21. März, dem Tag der Frühlings-Tagundnachtgleiche, gewinnt sie den Kampf gegen die Finsternis. Die Frostriesen werden besiegt und das Leben erscheint erneut an der Erdoberfläche. Oder, wie es ein nordamerikanischer Indianerstamm ausdrückt – das Heilige zieht sich zurück in die Unterwelt und das Profane erscheint an der Oberfläche. Die Natur erwacht zu neuem Leben. Sie wird wiedergeboren. Die Lebenssäfte der Pflanzen strömen nach oben in die Äste, wo sie die Blattbildung einleiten. Die ersten Sprößlinge durchstoßen die Erdoberfläche, die Winterschläfer verlassen ihre Höhlen und die Zugvögel kehren aus ihren Winterquartieren zurück.

Im April, dessen Name auf das lateinische *aperire* zurückgeht, was *sich öffnen* bedeutet, setzt sich diese Hinwendung zum Profanen, die Entwicklung der Fruchtbarkeit fort. Die Tiere und Pflanzen öffnen sich dem Leben. Die Blätter treiben aus, der Wald beginnt zu grünen, und die Luft ist erfüllt vom Frühlingsgezwitscher der Vögel. Der Mai schließlich ist der Monat der ungetrübten Lebensfreude, der Liebe und der Hoffnung. Das Leben ist herangewachsen und erwartet freudig die im Sommer stattfindende Befruchtung.

MYTHEN UND BRÄUCHE

■ Lätare

Ein Brauch, der sich in manchen Regionen bis auf den heutigen Tag erhalten hat, und der am vierten Sonntag in der Fastenzeit (*Lätare*) begangen wird, ist das Todaustragen bzw. Winterverbrennen. Eine große Puppe, die den Winter darstellt, oder ein Schneemann wird durchs Dorf getragen und anschließend verbrannt. Dabei schreien die Menschen so laut wie möglich, um die finsteren Gesellen der Unterwelt, die immer noch in allen Winkeln und Ecken lauern, zu vertreiben. Der Winter war die Zeit der Stille. Der Frühling ist die Zeit des Schreiens.

Teilweise wird der Kampf zwischen Winter und Sommer auch nachgespielt. Die Dorfbevölkerung zieht auf die Festwiese und die jungen Leute teilen sich in zwei Gruppen – eine Winter- und eine Sommergruppe. Die Wintergruppe ist mit Stroh umhüllt. Ihr König trägt eine Krone aus Stroh und ein Holzschwert. Die Sommergruppe ist mit grünem Laub bekleidet. Ihr König trägt einen Blumenkranz. Wenn der Kampf beginnt, wirft die Sommergruppe mit Moos und Blumen, die Wintergruppe mit Häcksel und Asche. Der Winter unterliegt und das Stroh wird im Feuer verbrannt.

■ Ostern

Am Tag der Frühlings-Tagundnachtgleiche feierten die Germanen ihr Osterfest, das der Fruchtbarkeitsgöttin Ostara geweiht war. Am Vorabend des Ostertages entfachten sie das Osterfeuer, das die zurückkehrende Sonne und das damit verbundene Wiedererwachen der Natur symbolisierte. Während es brannte, führten die jungen Männer den Schwerttanz auf, mit welchem sie den Winter besiegten und in die Gemeinschaft der Krieger aufgenommen wurden. Danach zogen sie mit Fackeln, die am Osterfeuer entzündet wurden, und geweihten Kräutern auf die Felder und zelebrierten die altüberlieferte Ackerkrönung, um die Fruchtbarkeit der Erde zu erwirken. Als Opfer wurde ein Widder oder ein Stier dargebracht.

Am nächsten Morgen rief man Ostara an und opferte ihr, als Zeichen der Fruchtbarkeit, Ostereier. Auch aß man auf nüchternen Magen einen Apfel – im Gedenken an Idun, die Göttin der Lebenskraft und der ewigen Jugend, deren Namen *die Verjüngende* bedeutet.

Auch die christliche Kirche hat ihr Osterfest nach dem natürlichen Jahreslauf ausgerichtet. Im Frühling, wenn die Natur den Tod überwindet und zu neuem Leben erwacht, feiert sie das Fest der Auferstehung. Jesus, der das Licht der Welt – die Sonne – symbolisiert, wird am Karfreitag gekreuzigt – eine letzte Reminiszenz an den todbringenden Winter – und steht am Ostersonntag von den Toten auf. Wichtig daran ist, daß Jesus nicht geboren, sondern wiedergeboren wird – ebenso wie die Natur.

Die Bräuche, die bis auf den heutigen Tag begangen werden, sind aufs engste mit der Fruchtbarkeit verbunden. Der Hase, der in Verbindung mit dem Osterfest zum Osterhasen wird, ist aufgrund seiner biologischen Fruchtbarkeit seit je ein Symbol für die Fruchtbarkeit. In Griechenland wurde er der Liebesgöttin Aphrodite geopfert. Bonifatius und Papst Zacharias verboten den gläubigen Christen den Genuß von Hasenfleisch, mit dem Hinweis, das dieses die Liebesglut steigere.

Das Ei, das an Ostern zum Osterei wird, ist ebenfalls ein Symbol für die Fruchtbarkeit. Es gilt als die Quelle des Lebens, als Ursprung des gesamten Universums. An Ostern wurden vor allem den Gründonnerstags- und Karfreitagseiern magische Kräfte zugesprochen. Sie sollen die finsteren Mächte vertreiben und die Lebenskraft steigern. Wenn die Kinder die Ostereier suchen, suchen sie nicht nur die Eier, sondern hauptsächlich die Lebenskraft, die in ihnen jetzt ebenso erwacht wie in der Natur.

■ 1. Mai

Der Mai war bei den Griechen Aphrodite geweiht, bei den Römern Venus und bei den Germanen Freya. In der germanischen Mythologie befruchtet Odin, der Schöpfergott des Himmels und des Lichts, die Erdgöttin Frigg im Mai und schenkt ihr die Fruchtbarkeit. Die Germanen begingen deshalb im Mai das *Hohe Maienfest*, oder, wie es direkt übersetzt heißt, das *Opferfest im Anfang des Sommers*. Die jungen Frauen zogen auf die Blocksberge, die meist der Liebesgöttin geweiht waren, entzündeten ein Feuer und riefen Freya, die Liebesgöttin, an. Nachdem die Opfer dargebracht waren, kamen auch die Burschen auf den Berg und es wurden der Maikönig und die Maikönigin gewählt. Wenn sich die Pärchen zusammengefunden hatten, feierten und tanzten sie die ganze Nacht hindurch. Am nächsten Morgen badeten sie dann im Morgentau, um die Fruchtbarkeit der Erde auf sich selbst zu übertragen.

Im Mai fand auch die Umfahrt zu Ehren der Fruchtbarkeitsgöttin Nerthus statt. Dabei wurde ein Bild dieser Göttin durch die Felder und Wiesen gefahren, um so die Fruchtbarkeit des Bodens zu fördern.

Die Römer feierten in den ersten Maitagen die Floralien, einen erotisch-orgiastischen Fruchtbarkeitsritus zu Ehren der Flora, der Göttin der Blüte. Ein Phallus wurde von vier halbnackten Frauen durch die ganze Stadt getragen und das Volk tanzte und feierte und gab sich zügelloser Sinnenlust hin.

Bis auf den heutigen Tag errichtet man am 1. Mai den Maibaum, der die wiedererwachten Lebensgeister der Natur symbolisiert. In früheren Zeiten gingen die Menschen am 1. Mai in den Wald, um das Maienglück zu suchen. Sie schnitten Zweige und kleine Äste von den Bäumen und nahmen sie mit nach

Hause. Damit sicherten sie sich die Maienkraft, die geballte Lebenslust.

Auch die Astrologie fügt sich nahtlos in diese energetische Konstellation ein. Das Sternzeichen dieser Tage ist der Stier, der wie kaum ein anderes Geschöpf die ungezügelte, wollüstige Fruchtbarkeit symbolisiert. Er ist die fleischgewordene Maienkraft.

■ Pfingsten

Fünfzig Tage nach Ostern ist Pfingsten, das Fest der Ausgießung des Heiligen Geistes über die zwölf Apostel und damit sinnbildlich über die gesamte Menschheit und über die ganze Natur. Wenn man vom natürlichen Osterfesttermin (Frühlings-Tagundnachtgleiche) aus rechnet, dann fällt Pfingsten in die Zeit der drei Eisheiligen, also in die Zeit, in welcher die Frostriesen noch ein letztes Mal aufbegehren und sich gegen die Übermacht des Sommers zur Wehr setzen. Jedoch vergeblich. Die Fruchtbarkeit siegt und strebt unaufhaltsam ihrer orgiastischen Entfaltung entgegen.

Die Menschen der damaligen Zeit freuten sich über diesen endgültigen Sieg und feierten ein Fest der Ausgelassenheit – nämlich Pfingsten. Das Pfingstbier wurde gezapft, und der Pfingstochse wurde geschlachtet. Man tanzte und sang den ganzen Tag und die halbe Nacht, und erst am nächsten Tag, am Pfingstmontag, leitete man das Ende des Festes ein – mit einem Umzug durchs Dorf, mit viel Musik, mit guten Gerichten, mit Freibier und natürlich mit ausgelassenem Tanz.

Der Tanz war nicht nur Ausdruck der Lebensfreude und des Vergnügens. Er hatte auch eine tiefergehende, magische Bedeutung. Man schrieb ihm die Kraft zu, böse Geister zu vertreiben und Unheil abzuwehren. Man tanzte um die Felder, um eine gute Ernte zu erwirken, und um Brunnen, um deren Wasser klar und rein zu erhalten. Auch Häuser, in denen kranke Menschen wohnten, wurden umtanzt. Im Christentum wurde aus den heidnischen Tänzen die Prozession.

DER MENSCH

Den Winter hindurch hielten wir uns die meiste Zeit über in der warmen Stube auf und bewegten uns nur relativ wenig. Der Stoffwechsel lief auf vollen Touren (Anpassung an die Kälte). Herz und Kreislauf dagegen waren an ihrem energetischen Minimum angekommen und verrichteten nur die nötigsten Arbeiten. Als Folge davon vermehrten sich die Stoffwechselendprodukte, die sogenannten Schlackenstoffe, im Organismus und lagerten sich in den Blut- und Lymphgefäßen, in den Sehnenansatzstellen, im Muskel- und Fettgewebe an. Die Gelenke und Muskeln wurden steif, und der Säuregehalt im Blut und in den Geweben stieg an.

Im Frühling wird diesen inneren Zuständen entgegengewirkt. Er ist die Zeit der Reinigung, die Zeit des Fastens und Entschlackens. Magen, Milz, Bauchspeicheldrüse und Dickdarm sind an ihrem energetischen Minimum angelangt und durchlaufen ihre Regenerationsphase. Die Stoffwechselendprodukte, die sich in den Geweben angesammelt haben, werden ausgeschieden. Wie im Kosmos findet auch im Körper der Kampf zwischen den lichten und finsteren Mächten statt.

■ Die Energieverteilung

Energiemaximum:	Leber-Meridian
	Gallenblasen-Meridian
Energie aufnehmend:	Herz-Meridian
	Kreislauf-Sexus-Meridian
	Dünndarm-Meridian
	Dreifacher-Erwärmer-Meridian
Energieminimum:	Milz-Pankreas-Meridian
	Magen-Meridian
	Lungen-Meridian

Energie abgebend:	Dickdarm-Meridian Nieren-Meridian Blasen-Meridian

Die Organe am Energiemaximum

Die Leber

Die Leber ist eine natürliche Chemiefabrik. Sie synthetisiert etwa vierhundert chemische Substanzen, die im ganzen Körper benötigt werden. Es versteht sich von selbst, daß diese Funktionen nicht im einzelnen besprochen werden können, auch deshalb nicht, weil man über viele chemische Vorgänge, die in der Leber ablaufen, noch keine genaue Kenntnis besitzt. Hier werden nur die Funktionen aufgeführt, die in direktem Zusammenhang mit unserem Thema stehen.

Die Leber ist ein wichtiges Organ für den Zucker- und Eiweißstoffwechsel. Sie speichert Zucker in Form von Glykogen und gibt ihn bei Bedarf an das Blut ab. So kann sie in Notzeiten als Energiespender fungieren.

Die Aminosäuren, die Bausteine der Eiweiße, die im Darm aus dem tierischen bzw. pflanzlichen Eiweiß gewonnen werden, setzt die Leber zu menschlichem Eiweiß zusammen. Eiweiße sind wichtige Bausteine des Körpers. Im Blut übernehmen sie Transportfunktionen und als Enzyme steuern sie den gesamten Stoffwechsel. Für die Frühjahrsreinigung sind sie von zentraler Bedeutung – alte, verbrauchte Stoffe müssen ausgeschieden und neue aufgebaut werden.

Die Leber spielt auch für den Blutkreislauf eine entscheidende Rolle. Sie zerstört die überalterten roten Blutkörperchen, die ihre Aufgabe als Sauerstofftransporter nicht mehr verrichten können, und speichert den zentralen Baustein des Blutfarbstoffes – das Eisen. Darüber hinaus ist sie ein Blutspeicher. Bei Bedarf kann sie große Mengen Blut in die Blutbahn abgeben.

Ihre wichtigste Funktion jedoch, zumindest im Rahmen der Frühjahrsreinigung, ist ihre entgiftende Wirkung. Giftstoffe, die dem Organismus von außen zugeführt wurden – wie zum Beispiel Medikamente und Genußmittel – oder solche, die sich im Körper durch den Stoffwechsel gebildet haben, werden in der Leber unschädlich gemacht und den Ausscheidungsorganen zugeführt. Sämtliche Schlackenstoffe, die sich den Winter über in den Geweben angelagert haben, werden in der Leber entsorgt. So ist es verständlich, daß die Leber im Frühling an ihrem energetischen Maximum ist.

Die Gallenblase

Die Leber produziert am Tag etwa einen Liter Galle. Diese wird in der Gallenblase gesammelt und bei Bedarf an den Dünndarm weitergeleitet. Die Aufgabe der Gallenflüssigkeit ist es, die Fettverdauung einzuleiten bzw. zu verbessern. Darüber hinaus bildet sie mit Monoglyzeriden, Fettsäuren und fettlöslichen Vitaminen chemische Verbindungen und ermöglicht dadurch die Resorption der Vitamine A, D, E und K.

Vitamin A erhöht die Widerstandskraft gegen Infektionen (Grippegefahr!) und begünstigt Wachstum und Entwicklung. Vitamin-D reguliert die Mineralisation in Knochen und Zähnen. Die Vitamin-D-Produktion ruhte den Winter über und läuft jetzt langsam wieder an.

Vitamin E wirkt schützend auf die Keimdrüsen, die jetzt wieder Energie aufnehmen, und fördert das Wachstum der glatten und quergestreiften Muskulatur. Vitamin K schließlich regt die Leber zur Produktion des Gerinnungsfermentes Prothrombin an.

Nahrungsmittel, in denen diese Vitamine in größeren Mengen vorkommen, sind Milch, Eier und Getreidekeimlinge. Gerade sie stehen jetzt auf dem natürlichen Speiseplan. Vögel legen ihre Eier überwiegend im Frühling, und auch die Getreidekeimlinge stoßen in dieser Jahreszeit durch die Erdoberfläche. Wir sollten dieses natürliche Nahrungsmittelangebot nutzen und mit seiner Hilfe die geleerten Vitamindepots füllen. So erklärt es sich, daß die Gallenblase im Frühling ihr energetisches Maximum durchläuft.

■ Die Gefühle

Früher glaubte man, die Leber sei der Sitz der Seele. Das Gefühl, das die chinesische Medizin mit ihr und dem Frühling assoziiert, ist der Zorn. Die seelische Artikulation, die deshalb im Frühling ihren integrativsten Charakter hat, ist das Schreien. Dies lehrt uns auch der deutsche Volksmund. Wenn jemandem etwas über die Leber gelaufen ist, oder wenn ihm gar die Galle überläuft, bedeutet dies, daß Ärger im Anzug ist und man demnächst mit einem Schrei rechnen muß.

Der März ist nach dem römischen Kriegsgott Mars benannt. Er ist der Monat des Krieges. Die Schlacht, die in ihm geschlagen wird, findet im Kosmos, in der Tier- und Pflanzenwelt und im menschlichen Organismus statt. Sonne und Mond, Tag und Nacht, Depression und aufbegehrende Lebenslust stehen sich gegenüber.

In früheren Zeiten fand im März eine Heeresversammlung statt – sowohl bei den Germanen (erstes Thing des Jahres) als auch bei den Merowingern (Märzfeld). Die Karolinger verlegten sie in den Mai (Maifeld). Die Waffen, die den Winter über unbenutzt auf dem Speicher oder im Stall lagen, wurden mit auf die Versammlung genommen und in Kriegsspielen erprobt. Die leicht aggressive, gereizte Stimmung, die im Frühling aktiviert wird, wurde so abreagiert und in positive Bahnen gelenkt.

Der Schrei soll den Gegner erschrecken und den eigenen Mut stärken. Schlachten, die geschlagen werden, laufen niemals ohne Kriegsgeschrei ab. Aber auch für die Kämpfe, die man im Inneren ausfechten muß, kann man sich mit einem Schrei stärken. Der Schrei reinigt die Seele und mobilisiert ungeahnte Kräfte. Er ist ein Ablaßventil für angestaute Aggressionen und Angst (Winterängste). Ein Urschrei kann Berge versetzen.

Schreien Sie also im Frühling, was das Zeug hält. Vertreiben

Sie Ihre Aggressionen und Ängste und machen Sie sich Mut. Erobern Sie sich ein ausgeprägtes Selbstwertgefühl und ein starkes Selbstvertrauen. Der Frühling ist eine wichtige Zeit. Visualisieren Sie die finsteren Mächte und sehen Sie, wie Sie sie in die Flucht schlagen. Wachsen Sie über sich hinaus.

■ Der Blutkreislauf

Im Winter mußte der Körper sparsam mit der Lebensenergie umgehen. Er verlangsamte die Blutzirkulation, verengte die in der Peripherie gelegenen Blutgefäße und senkte die Temperatur der Körperschale auf etwa 33 bis 34° Celsius ab. Hierdurch wurde zwar der Blutdruck etwas erhöht, und teilweise kam es zu fröstelnden Füßen und Händen – nicht zuletzt dadurch, daß sich Schlackenstoffe in den Gefäßen ansammelten, die die Durchblutung behinderten –, aber das Ziel dieser Maßnahmen, das Einsparen von Energie, das Schützen des Körperinneren vor Unterkühlung und die Aufrechterhaltung der lebensnotwendigen vegetativen Funktionen, wurde erreicht.

Im Frühling wird dieser zentripetalen Blutverlagerung entgegengewirkt. Kaum zeigen sich die ersten wärmenden Sonnenstrahlen, zieht es uns nach draußen in die Natur. Wir gehen spazieren, arbeiten im Garten und bringen den Blutkreislauf in Schwung. Das Herz schlägt kräftiger, die Blutgefäße weiten sich, und das Blut wird in die Peripherie gepumpt. Dort reißt es die angelagerten Schlackenstoffe mit sich, führt sie der Leber zu und unterstützt so die allgemeinen Reinigungstendenzen der Natur. Auch die Haut wird durch die gesteigerte Durchblutung gereinigt. Als Folge davon können sich Pickel, Mitesser, eitrige Geschwüre und andere Verunreinigungen bilden. Werden Sie nicht gleich unruhig, wenn sich solche Symptome im Frühling zeigen. Sie sind ein Zeichen dafür, daß sich Ihr Körper reinigt. Freuen Sie sich, daß Ihre Reinigungskräfte noch intakt sind und jetzt arbeiten. Unterbinden Sie diesen Vorgang nicht. Unterstützen Sie ihn mit den aufgeführten Reinigungsübungen.

■ **Die Atmung**

Auch die Atmung zeigt im Frühling den allgemeinen Drang nach außen, hin zur Oberfläche. Im Winter war unser Organismus aufgefordert, Energie einzusparen. Er mußte nicht nur die Bewegung einschränken, um unnötige Energieverluste zu vermeiden, sondern auch die Atmung. Er bevorzugte die Flankenatmung, bei der das Atemvolumen wesentlich geringer ist als bei der Vollatmung. Durch die ruhige Atmung wurde der Wärmeverlust über die Lunge vermindert. Im Frühling dagegen steigen die Temperaturen wieder. Wir bewegen uns, die vegetativen Funktionen werden angeregt und erwärmen den Körper. Der Sauerstoffbedarf steigt, und die Flankenatmung wandelt sich zur Vollatmung. Aus den Tiefen der Eingeweide wandert sie nun hoch in den Brustkorb, wo sie Herz und Kreislauf anregt, die jetzt Energie aufnehmen müssen, um im Sommer an ihren Höhepunkt zu gelangen.

SO BLEIBEN SIE IM FRÜHLING GESUND

Der Frühling stellt mit die größten Anforderungen an unseren Organismus. Beginnen Sie deshalb langsam mit den Übungen, und überfordern Sie sich nicht. Ihr Organismus ist nach wie vor auf Introversion eingestellt. Er muß sich jetzt um nahezu 180 Grad umorganisieren. Machen Sie nicht gleich einen Marathonlauf. Gehen Sie zuerst einmal spazieren, öffnen Sie sich dem natürlichen Erwachen und steigern Sie dann vorsichtig Ihre körperlichen Aktivitäten. Es hat seinen Grund, warum Sie jetzt frühjahrsmüde sind. Sie sollten zwar gegen diese Müdigkeit ankämpfen und sie überwinden, aber nicht mit der Brechstange. Spüren Sie in sich hinein und hören Sie auf Ihren Körper.

Die klimatischen Schwankungen im Monat April sind sprichwörtlich geworden: «April, April, der weiß nicht, was er will.» An einem Tag lockt er uns mit strahlendem Sonnenschein und sommerlichen Temperaturen nach draußen, und einen Tag später schneit es. Orientieren Sie sich an diesen Gegebenheiten. Üben Sie nicht nur die extravertierenden Übungen. Legen Sie immer wieder einen Tag ein, an welchem Sie überwiegend die introvertierenden Übungen praktizieren. Auch uns kann es so gehen wie den Pflanzen, daß wir unsere Knospen zu früh öffnen und vom Frost überrascht werden.

Das Gesundheitstraining, das nun empfohlen wird, orientiert sich an den geschilderten natürlichen Vorgängen. Es

- unterstützt die Aktivitäten von Leber und Gallenblase
- unterstützt den Organismus beim Frühjahrsputz
- regt den Kreislauf an
- fördert die Vollatmung
- unterstützt die Durchblutung der Körperperipherie.

Bei der Auswahl der integrativen Übungen wurden lediglich die Organe berücksichtigt, die momentan an ihrem Energiemaximum angelangt sind oder gerade Energie aufnehmen. Es werden keine Meridiane bzw. Organe geschwächt.

KÖRPERÜBUNGEN

■ Fasten

Eine der wichtigsten Übungen im Frühling ist das Fasten. Der Magenmeridian, der Milz-Pankreas-Meridian und der Dickdarmmeridian befinden sich an ihrem energetischen Minimum und durchlaufen ihre Ruhephase. Sie nutzen die Energie, die ihnen zuströmt, um sich zu regenerieren. Mit einer Fastenkur können wir diese natürliche Selbstheilung unterstützen.

Darüber hinaus ist eine Fastenkur auch eine Reinigungskur. Sie regt den Organismus an, sich zu entgiften. Die Schlackenstoffe, die sich den Winter über in den Blutgefäßen und Gelenken angesammelt haben, aber auch die Giftstoffe, die sich im Fettgewebe und im Dickdarm eingelagert haben, werden beim Fasten herausgelöst und der Leber zugeführt.

■ Reinigungsübungen

Der Frühjahrsputz sollte im Frühling in Angriff genommen werden. Die meisten Reinigungsübungen haben jetzt integrativen Charakter. Nehmen Sie sich viel Zeit für sie.

Darmreinigung mit Wasser

Ausführung: Für die Darmreinigung mit Wasser benötigen Sie einen Irrigator – ein Gefäß mit einem Gummischlauch und einem Endstück aus Porzellan, das Sie in den After einführen. An diesem Endstück ist ein Hahn, mit welchem Sie die Flüssigkeitszufuhr regulieren können. Füllen Sie das Gefäß mit lauwarmem Wasser und hängen Sie es etwa einen Meter hoch an der Wand auf. Legen Sie sich auf den Rücken, die Beine nach oben und führen Sie sich das Endstück, das Sie eingecremt haben, in den After ein. Öffnen Sie den Hahn und lassen Sie einen halben bis einen Liter Flüssigkeit einlaufen. Schließen Sie den Hahn und stehen Sie wieder auf. Nach fünf bis zehn Minuten meldet sich der Darm, und Sie können jetzt alles wieder ablassen.

Häufigkeit: Während der Fastenzeit zwei- bis dreimal pro Woche.

Wirkung: Der Darm wird als die Wiege vieler Krankheiten angesehen. Man sagt sogar: «Der Tod sitzt im Darm.» Wenn die Verdauung nicht mehr optimal funktioniert, die Ausscheidung sich verzögert oder der Stoffwechsel gestört ist, lagern sich im Dickdarm bzw. im Enddarm zahlreiche giftige Abfallprodukte an. Von hier aus werden sie entweder erneut dem Körper zugeführt (innere Vergiftung), oder aber sie entfalten im Dickdarm selbst ihre pathologische Wirkung, was zu massiven Störungen der Dickdarmfunktionen führen kann.

Durch die Dickdarmreinigung werden die Abfallprodukte aus dem Darm gespült. Der Körper wird daraufhin mit weniger Giftstoffen belastet, und der Dickdarm findet zu seiner natürlichen gesunden Tätigkeit zurück.

Salinische Darmberieselung

Die salinische Darmberieselung ist eine Ergänzung zur «Darmreinigung mit Wasser». Trinken Sie etwa zehn bis zwanzig Minuten vor der Darmreinigung einen Viertelliter Wasser, in welchem ein Teelöffel Karlsbader Salz gelöst ist. Diese salinische Lösung entgiftet Magen, Leber und Gallenblase und reinigt auch die oberen Darmbereiche, die bei der «Darmreinigung mit Wasser» nicht erreicht werden.

Ganzkörperwaschung

Ausführung: Duschen Sie sich zuerst mit warmem Wasser und massieren Sie dabei Ihren ganzen Körper mit einem rauhen Handschuh (z. B. Sisalhandschuh, im Reformhaus erhältlich). Reiben Sie sich den Schweiß und andere Unreinheiten ab. Benutzen Sie Seife nur unter den Achseln, im Genitalbereich und an den Füßen, und auch hier nur in geringen Mengen.

Nachdem Sie die Reinigungsmassage beendet haben, duschen Sie sich zum Abschluß kalt ab. Spüren Sie dabei, wie die Haut durchblutet wird und das Herz kräftiger zu schlagen beginnt. Visualisieren Sie, wie Sie durchlässig werden und neu zum Leben erwachen.

Häufigkeit: Im Frühling täglich, ansonsten drei- bis viermal pro Woche.

Wirkung: Wenn Sie den Körper mit warmem Wasser abduschen, öffnen sich die Poren. In diesem Zustand können Sie ungehindert die Unreinheiten abreiben. Die kalte Dusche am Schluß der Waschung schließt die Poren wieder und kräftigt die Haut. Falten wird so frühzeitig entgegengewirkt. Darüber hinaus werden das Herz gekräftigt und der Kreislauf angeregt. Die Blutgefäße und die Haut werden besser durchblutet und Ablagerungen fortgespült.

Eine wichtige Aufgabe der Haut ist der Stofftransport. Sie nimmt lebensnotwendige Stoffe wie Sauerstoff auf und scheidet

Stoffwechselendprodukte wie Schweiß, Talg und Fett aus. Wenn die Haut rein und durchlässig ist, kann sie diese Funktionen wesentlich besser erfüllen.

Die Durchlässigkeit bezieht sich nicht nur auf den Körper. Über die Haut sind wir mit unserer Umwelt verbunden. Auch der seelisch-geistige Austausch erfolgt unweigerlich über die Haut. Jedes Gefühl, das sich körperlich manifestiert, wird mit Hilfe der Haut übermittelt. Feinfühligkeit ist nicht zuletzt ein Attribut sanfter, durchlässiger Haut.

Nasenreinigung mit Wasser (Jala Neti)

Ausführung: Füllen Sie warmes Salzwasser (etwa 1 g Salz auf 100 g Wasser) in ein Nasenkännchen oder eine kleine Teekanne. Beugen Sie den Körper im Stehen vornüber, und drehen Sie den Kopf leicht zur Seite. Nehmen Sie das Nasenkännchen und lassen Sie das Wasser in das obere Nasenloch hineinlaufen. Halten Sie den Mund geöffnet, dann wird das Wasser zum unteren Nasenloch wieder austreten. Wenden Sie den Kopf auf die andere Seite und wiederholen Sie die Übung. Nehmen Sie nun kaltes Salzwasser und wiederholen Sie den gesamten Vorgang.

Nachdem die Spülung beendet ist, müssen die Nasengänge getrocknet werden. Atmen Sie etwa ein bis zwei Minuten lang kräftig durch die Nase aus und wieder ein.

Dauer: wenige Minuten

Häufigkeit: täglich ein- bis zweimal

Wirkung: Warmes Wasser öffnet die Poren und löst Schleim und andere Verunreinigungen. Kaltes Wasser erhöht die Blutzirkulation in den Nasenschleimhäuten und damit die Widerstandskraft gegen Erkältungen und Schnupfen. Die Nase ist ein wichtiges Organ für die Aufnahme von feinstofflicher Energie (Prana). Nicht zuletzt aus diesem Grund hat Jala Neti eine allgemein belebende Wirkung.

Zahnwurzelreinigung

Ausführung: Nehmen Sie einen Teelöffel voll Heilerde (die feinste) und mischen Sie etwas Wasser darunter. Geben Sie diesen relativ dickflüssigen Brei auf die Zahnbürste und massieren Sie sich damit das Zahnfleisch.

Dauer: wenige Minuten

Häufigkeit: täglich einmal

Wirkung: Zu beachten ist, daß diese Übung Zahnwurzelreinigung und nicht Zahnfleischreinigung heißt. Durch die Massage des Zahnfleisches wird dieses besser durchblutet und dadurch auch von innen her gereinigt. Darüber hinaus hat die Heilerde eine aufsaugende Wirkung, die bis hin zu den Zahnwurzeln reicht. Giftstoffe aller Art, die sich trotz bester Zahnpflege mit Zahnpasta im Mundraum ansammeln, werden so auf natürliche Weise ohne jede Nebenwirkung entsorgt.

Eine moderne Variante der Zahnwurzelreinigung ist die Mundspülung mit Sonnenblumenöl. Ähnlich wie die Heilerde hat auch das Sonnenblumenöl eine aufsaugende Wirkung, die bis zu den Zahnwurzeln reicht. Nehmen Sie hierfür einen kräftigen Schluck Sonnenblumenöl und behalten Sie ihn etwa fünf Minuten lang im Mund, während Sie kräftig den Mund damit ausspülen. Wenn der Geschmack bitter oder sonstwie unangenehm wird, sollten Sie das Öl ausspucken – seine Farbe wird dann weiß sein. Auf keinen Fall dürfen Sie das Öl hinunterschlucken, denn dann belasten Sie Ihren Organismus erneut mit all den Giftstoffen, die aus dem Gewebe herausgelöst wurden.

Zungenreinigung

Ausführung: Stellen Sie sich vor einen Spiegel, strecken Sie die Zunge so weit wie möglich heraus und betrachten Sie sie. Ist sie zartrosa, frisch und lebendig oder ist sie belegt mit gelblich weißem Schleim? In der Regel werden Sie feststellen, daß sich ein mehr oder weniger dicker Belag auf Ihrer Zunge gebildet hat. Nehmen Sie den Zeige-, den Mittel- und den Ringfinger und massieren Sie die Zunge. Je häufiger Sie diese Reinigung ausführen, desto näher werden Sie der Zungenwurzel kommen, ohne dabei einen Brechreiz auszulösen. Waschen Sie sich während dieser Übung die Finger unter fließendem Wasser immer wieder ab und spülen Sie sich hin und wieder den Mund aus.

Wichtig: Diese Übung darf nur mit leerem Magen ausgeführt werden.

Dauer: ein bis zwei Minuten

Häufigkeit: täglich

Wirkung: Die Selbstheilungs- und die Selbstreinigungskräfte unseres Organismus werden durch die zivilisierte Lebensweise stark in Mitleidenschaft gezogen. Auch die Zunge leidet darunter. Über Jahre hinweg kann sich so auf der Zunge Schleim ansammeln und zu einem harten Belag werden. Schlechter Atem, Mundgeruch und mangelhafte Funktionsfähigkeit der Geschmacksknospen sind unliebsame Folgen davon. Die Zungenreinigung wirkt ihnen entgegen.

Die Zunge ist ein wichtiges Organ für die Aufnahme der feinstofflichen Energie (Prana) aus der Nahrung. Über Energiekanäle und über reflektorische Prozesse ist sie mit dem gesamten Organismus verbunden. Ein reine, durchlässige Zunge hat auf diesem Wege einen belebenden Einfluß auf den gesamten Organismus.

■ Dynamisches Ausdauertraining (Herz-Kreislauf-Training)

Die Zeit, in der alle Kreislaufübungen ihren integrativsten Charakter haben, ist der Morgen. Wenn wir aus dem Schlaf erwachen und unser Bewußtsein noch in den Tiefen des Traumes schlummert, sollten wir sie praktizieren, um unsere Lebenskräfte zu wecken und den neuen Tag zu begrüßen.

Der Morgen eines jeden Jahres ist der Frühling. Am Ende des Winterschlafs, wenn die Sonne sich erneut den Weg in den Norden bahnt und die Frostriesen zurückdrängt, sollten wir unsere Lebensenergien in die Körperperipherie – Extremitäten, Skelettmuskulatur, Haut – lenken, wo sie das Bewußtsein animieren, sich den Freuden der irdischen Lebenslust zu öffnen.

Den Höhepunkt der Integration können wir erfahren, wenn wir die Übungen in der freien Natur machen. Dort, wo die Sonnenstrahlen den Tau benetzen, die Bäume ihre Poren öffnen und die Vögel ihre Morgenmelodien zwitschern, dort, wo wir spüren, daß wir ein Teil der Natur, ein Teil der kosmischen Harmonie sind.

Waldlauf (Jogging)

Ausführung: Der Waldlauf ist bei uns so populär, daß man über ihn nicht mehr viele Worte verlieren muß. Ziehen Sie sich bequeme Kleidung an, vor allem Schuhe, die für das Laufen im Freien geeignet sind, wärmen Sie sich mit gymnastischen Übungen auf und rennen Sie los. Bereiten Sie sich mit dem Laufen eine langersehnte Freude. Öffnen Sie sich der Natur Schauen. Sie auf Pflanzen und Tiere, auf grüne Blätter und bunte Knospen, die sich eben gerade entfalten, auf Bienen, die vor wenigen Tagen erst ihren Winterbau verlassen haben, oder hören Sie auf den Kukkuck, dessen Ruf durch die klare Morgenluft schallt. Erleben Sie, wie sich die Natur an der oberflächlichen Leichtigkeit des Seins erfreut. Spüren Sie das natürliche energetische Grundmuster, den Drang zum Leben, die Lust sich zu entfalten und nach außen zu dringen. Gehen Sie auf in dieser lebensfrohen, schillernden Vielfalt des Waldlebens und werden Sie eins mit ihr. Laufen Sie, atmen Sie tiefer und tiefer und saugen Sie mit jedem Atemzug den Atem Gottes, die Seele der Natur in sich ein. Werden Sie ein Teil des Waldes, werden Sie sich Ihrer eigenen Natürlichkeit bewußt, Ihrem Eingebundensein in die Harmonie des natürlichen Lebens.

Wirkungen: (Sie gelten auch für andere dynamische Ausdauertrainingsarten wie beispielsweise Zirkeltraining oder intensive Gymnastik.)

– *Herz und Kreislauf werden gestärkt.*
  Wer den ganzen Frühling hindurch drei- bis viermal wöchentlich trainiert, steigert die Leistungsfähigkeit seines Herzens um bis zu zehn Prozent.
– *Die Zahl der roten Blutkörperchen steigt an.*
  Der Körper wird effektiver mit Sauerstoff versorgt und dadurch leistungsfähiger
– *Das Blutvolumen nimmt zu.*
  Bei gleicher Beanspruchung wird der gesamte Organismus besser durchblutet. Die Fähigkeit zur Wärmeregulation wird optimiert.
– *Die Kapillaren in der Skelettmuskulatur werden geöffnet.*
  Durch die anhaltende Belastung (Arbeitsbluthochdruck) werden immer mehr Kapillaren (kleinste Blutgefäße) geöffnet, um den Muskel ausreichend mit Sauerstoff und Nährstoffen zu versorgen. In Ruhe beträgt die Anzahl der geöffneten Kapillaren 50/mm^3; während des Ausdauertrainings steigt sie bis auf 2400/mm^3 an. Mit der starken Durchblutung kommt es auch zu einer intensiven Reinigung der ansonsten geschlossenen Blutgefäße.
– *Die Anzahl der Kapillaren nimmt zu.*
  Wenn das Ausdauertraining länger als 30 Minuten praktiziert wird, kommt es zu einer Vermehrung der Kapillaren. Bereits nach acht Trainingseinheiten läßt sich ein Anstieg um bis zu zwanzig Prozent feststellen.

- *Die Muskulatur wird leistungsfähiger.*
  In der Skelettmuskulatur finden zahlreiche zelluläre und enzymatische Veränderungen statt. Unter anderem nehmen die Anzahl und die Größe der Mitochondrien (die Kraftwerke der Zellen) bereits nach einem sechswöchigen Training deutlich zu.
- *Das Immunsystem wird aktiviert.*
  Durch regelmäßiges Ausdauertraining werden die Abwehrkräfte gestärkt und die Fähigkeit zur Wärmeregulation optimiert. Allerdings treten diese positiven Veränderungen nicht sofort auf. Durch die hohe Belastung kommt es kurzfristig zu einer Schwächung des Immunsystems, die etwa ein bis drei Tage anhält.
  Aufgrund dieser Immunsuppression sollte man die Saison im Frühling mit leichtem Training eröffnen und die Anforderungen langsam forcieren. Erst, wenn die klimatischen Bedingungen angenehm mild sind, und unsere Abwehrkräfte an ihr natürliches Minimum gelangen, können wir unbekümmert an die Grenzen unserer Leistungsfähigkeit gehen.
- *Die Pufferkapazität des Blutes nimmt zu.*
  Die Säure wird neutralisiert, und der pH-Wert des Blutes steigt an (natürliches Sommermaximum des ph-Wertes!).
- *Die Stimmung hellt sich auf.*
  Bereits nach vier Wochen intensiven Laufens kommt es zu einer Senkung des Sympathikotonus. Das heißt, daß bei gleicher Belastung weniger Streßhormone freigesetzt werden. Die winterliche Melancholie wird abgelöst von einer heiteren, zuversichtlichen Stimmungslage, das Selbstbewußtsein steigt.

■ Dynamisches Krafttraining

Für unsere Vorfahren, die noch ein relativ naturverbundenes Leben führten, war der Frühling die Zeit des Pflügens und Säens. Der Bauernwinter neigte sich im Februar dem Ende zu und es begann die Zeit der harten Arbeit. Wie wir gesehen haben, ist der bäuerliche Arbeitsrhythmus in uns einprogrammiert. Unsere Muskeln warten jetzt geradezu darauf, aktiv zu werden. Nach Monaten der Entspannung brauchen sie jetzt wieder die Anspannung. Tun Sie Ihren Muskeln den Gefallen. Arbeiten Sie, strengen Sie sich an und kommen Sie ins Schwitzen. Da heute viele Menschen keinen eigenen Garten mehr haben, ist es sinnvoll, mit Hanteln und Gewichten zu trainieren. Sie müssen ja nicht gleich «Mister Universum» werden und die ganze Sache übertreiben. Aber mit Maß und Ziel praktiziert, können Sie mit einem solchen Training erhebliche Vorteile auf Ihrem Gesundheitskonto verbuchen.

Wie die Gymnastik und der Waldlauf hat auch das Krafttraining eine extravertierende Wirkung. Es lenkt das Blut aus dem Inneren des Körpers in die Peripherie zu den Muskeln.

Für die Integration in den Frühling eignet sich vor allem das dynamische Krafttraining, wie es im Bodybuilding praktiziert wird. Durch das Bewegen der Gewichte kommt es in der Arbeitsmuskulatur zu einem rhythmischen Wechsel von Anspannung und Entspannung. Während der Anspannung wird das Blut aus dem Muskel hinausgepreßt. Während der Entspannung wird es regelrecht in den Muskel gepumpt. Aufgrund dieser Pumpwirkung wirkt das dynamische Krafttraining (im Gegensatz zum statischen Krafttraining) anregend und kräftigend auf Herz und Kreislauf (vgl. Krafttraining im Herbst).

■ Dynamisches Beweglichkeitstraining (Gymnastik)

Das Krafttraining hat nicht nur Vorteile für unsere Gesundheit, es birgt auch Risiken. Bereits eine einzige Übungseinheit genügt, um die Beweglichkeit bzw. Dehnfähigkeit der trainierten Muskulatur um bis zu dreizehn Prozent zu vermindern. Diese Bewegungseinschränkung hält bis zu 48 Stunden an. Wer regelmäßig Krafttraining betreibt, läuft deshalb Gefahr, daß seine Muskeln verkürzen und er über kurz oder lang einen Haltungsschaden erleidet.

Das Beweglichkeitstraining wirkt dieser Gefahr entgegen. Es dehnt die Muskulatur und erhält deren natürliche Länge. Es sollte deshalb regelmäßig zum Aufwärmen und im Anschluß an das Krafttraining praktiziert werden.

Für die Integration in den Frühling eignen sich besonders die aktiven dynamischen Formen wie Aerobic oder die Ling-Gymnastik. Sie

- stärken Herz und Kreislauf
- fördern die Durchblutung der Körperperipherie
- erhöhen die Grundspannung (Muskeltonus) der Skelettmuskulatur.

ATEMÜBUNGEN

■ Bewußte Aufnahme der Lebensenergie

Ausgangshaltung: halber Lotossitz, Diamantensitz, Schneidersitz, Stuhlsitz oder Rückenlage

Ausführung: Schließen Sie die Augen und lauschen Sie dem Atem. Visualisieren Sie bei der Einatmung, wie die Lebensenergie – Chi, Prana oder die kosmische Urenergie – durch die Nase in Sie einströmt. Halten Sie die Luft ein wenig an, und nehmen Sie wahr, wie sich die Energie in Ihrer Mitte, etwa drei Finger breit unter dem Nabel, ansammelt. Spüren Sie dann, wie sich bei der Ausatmung die Energie von hier aus über den gesamten Organismus verteilt. Öffnen Sie sich dieser Energie, und saugen Sie sie in sich ein.

Wenn Sie an einer Krankheit leiden, an Verletzungen, Wunden oder Schmerzen, können Sie die Energie gezielt zu den betroffenen Körperregionen leiten. Visualisieren Sie dabei, wie die Zellen die Energie in sich aufnehmen und den Heilungsprozeß einleiten.

Dauer: zwei bis 20 Minuten

Wirkung: Das Gefühl der Verbundenheit mit den kosmischen Urkräften wird gefördert und die Aufnahme der Lebensenergie gesteigert. Zufriedenheit und Ausgeglichenheit, Lebensmut und innere Stärke sind Charaktereigenschaften, die aufgrund dieser Übung heranreifen. Darüber hinaus werden die Selbstheilungskräfte des Organismus positiv beeinflußt. Im Fall einer Krankheit kommt es zu einem schnelleren Abklingen der Krankheitssymptome.

■ Vollatmung

Die Vollatmung setzt sich zusammen aus Becken-, Bauch-, Flanken-, Rücken-, Brust- und Schlüsselbeinatmung.

Ausgangshaltung: halber Lotossitz, Diamantensitz, Schneidersitz, Stuhlsitz oder Rückenlage

Ausführung: Schließen Sie die Augen, atmen Sie ein und konzentrieren Sie sich auf die einströmende Luft. Füllen Sie zuerst den Bauchraum bis hinab in das Becken – spüren Sie dabei den Druck an der kontrollierten Bauchwand, in den Flanken und im unteren Rücken. Weiten Sie danach den Brustkorb und lassen Sie die Luft auch hier einströmen – so lange, bis die oberen Lungenspitzen mit Luft gefüllt sind und sich das Schlüsselbein nach oben hebt. Halten Sie kurz den Atem an und atmen Sie langsam aus.

Dauer: fünf bis 20 Zyklen

Konzentrationspunkt: Bewegungen der an der Atmung beteiligten Muskulatur

Wirkung: Wohltuende Dehnung des gesamten Atemapparates. Das Blut wird mit Sauerstoff angereichert und gereinigt. Die Funktionen der Körperzellen werden angeregt. Die natürliche Leistungsfähigkeit kehrt zurück.

■ Reinigungsatmung

Ausgangshaltung: halber Lotossitz, Diamantensitz, Schneidersitz oder Stuhlsitz.

Ausführung: Winkeln Sie den Zeige- und den Mittelfinger an und legen Sie sie an die Daumenwurzel. Der kleine Finger bleibt gestreckt und steht seitwärts ab. Führen Sie die Reinigungsübung in folgender Reihenfolge aus.

- Halten Sie das rechte Nasenloch mit dem Daumen zu und atmen Sie durch das linke Nasenloch aus.
- Atmen Sie durch das linke Nasenloch ein in den Bauchraum, das rechte Nasenloch bleibt weiterhin verschlossen.
- Halten Sie das linke Nasenloch mit dem Ringfinger zu und atmen Sie durch das rechte Nasenloch aus.
- Atmen Sie durch das rechte Nasenloch ein in den Bauchraum, das linke Nasenloch bleibt weiterhin verschlossen.

Wechseln Sie nach der Hälfte der Übungen die Hände. Einseitigkeit sollte auch hier vermieden werden.

Vor dem Üben der Reinigungsatmung ist die Nasenspülung zu praktizieren. Die Nasengänge werden dadurch frei, und die Übung kann ungehindert ausgeführt werden.

Dauer: So lange es Ihnen angenehm ist.

Konzentrationspunkt: Nasenwurzel

Wirkung: Die Hauptwirkung dieser Übung ist die Reinigung der feinen Energiekanälchen, die die aufgenommene Energie (Prana) von der Nase in das Hara, die Mitte des Menschen (drei Finger breit unterhalb des Nabels) leiten. Energieblockaden werden aufgelöst, und der Organismus wird vermehrt mit Lebensenergie versorgt. Darüber hinaus findet eine energetische Harmonisierung statt, indem sowohl die yinisierenden (linkes Nasenloch) als auch die yangisierenden Kräfte (rechtes Nasenloch) aktiviert werden.

ÜBUNGEN FÜR DEN GEIST

Durch die erhöhte Durchblutung der Peripherie kommt es zu einer verminderten Durchblutung des Gehirns. Dies ist ein deutlicher Hinweis der Natur darauf, daß Sie sich jetzt nicht mehr so viel mit geistigen (aber auch geistlichen) Dingen auseinandersetzen sollten. Verlagern Sie Ihre Aktivitäten nach außen. Strengen Sie sich vor allem körperlich an. Arbeiten Sie im Garten oder auf dem Feld, machen Sie Krafttraining oder gehen Sie in die Natur, saugen Sie die Wachstumskräfte in sich ein, vertreiben Sie die winterliche Melancholie und machen Sie sich nicht allzu viele Gedanken dabei. Werden Sie lebendig.

■ Das Öffnen der Pforten

In Indien hat man erkannt, daß das Bewußtsein und die Energie nicht nur über die Sinnesorgane mit der Umwelt in Verbindung stehen, sondern auch noch über andere Punkte, die sogenannten *Pforten der Wahrnehmung* (sanskrit: *Adharas*). Den Winter über waren diese Pforten geschlossen. Nun, im Frühling, sollten wir sie öffnen, damit wir uns um so intensiver unserer Umwelt zuwenden können.

Die Pforten der Wahrnehmung sind:

Scheitel	Stirn	Drittes Auge
Augen	Nasenwurzel	Zungenwurzel
Halsgrube	Herz	Nabel
Körpermitte (5 cm unter dem Nabel)	Penis / Vagina	After
Oberschenkelmitte	Knie	Unter dem Knie
Unterschenkel	Knöchel	Große Zehe

Ausgangshaltung: halber Lotossitz, Diamantensitz, Rückenlage oder aufrechter Stand. Kann auch im Gehen ausgeführt werden.

Ausführung: Konzentrieren Sie sich der Reihe nach, von oben nach unten, auf die sechzehn Adharas. Visualisieren Sie, wie sich die Pforten öffnen und die Energie der Umwelt in Ihr Inneres fließt.

Dauer: fünf bis 20 Minuten

Wirkung: Die Pforten der Wahrnehmung öffnen sich. Der Organismus saugt die natürlichen und die kosmischen Wachstumskräfte in sich auf und erwacht zu neuem Leben. Sie werden Teil der Natur, Teil des Kosmos.

■ Konzentrationsübungen

Konzentrieren Sie sich auf einen natürlichen oder einen kulturellen Zeitgeber und spüren Sie, wie dieser sein energetisches Grundmuster in Ihnen entfaltet. Synchronisieren Sie sich mit diesem Gegenstand und werden Sie eins mit ihm.

Während Sie im Winter bei der Konzentration die Augen geschlossen halten sollten, um sich auf Ihr Inneres zu konzentrieren, sollten Sie sie nun öffnen, um wirklich Kontakt mit der Umwelt aufzunehmen. Sie können Gegenstände auch tasten oder sich auf deren Geruch konzentrieren. Besonders geeignete Konzentrationsobjekte sind im Frühling:

- Sonne oder Licht
- grünender Zweig

- geschlossene Blütenknospe
- Frühlingsblume
- Frühlingsgezwitscher der Vögel
- Stier
- Osterei oder Osterhase
- Jesus am Kreuz

■ Musik

Alle Übungen können mit Musik untermalt werden. Für die Integration in den Frühling eignen sich unter anderem folgende Stücke:

Bach, Johann Sebastian: Italienisches Konzert
Berlioz, Hector: Sinfonie Fantastique, «Songe d'une nuit du Sabbat» Gershwin, George: Rhapsody in Blue
Grieg, Edvard: Holbergsuite, «Präludium»; Peer Gynt, «Morgendämmerung»
Mahler, Gustav: Erste Sinfonie, «Neubeginn»
Mussorgsky, Modest: Sonnenaufgang über der Moskwa
Prokofjew, Sergej: Die drei Orangen, «Les Riddicules»
Ravel, Maurice: Daphnis und Chloe, «Morgengrauen»
Schubert, Franz: Frühlingsglaube
Schumann, Robert: Frühlingssinfonie
Tschaikowsky, Pjotr Iljitsch: Sinfonie Nr. 6 h-moll, «Pathétique»; Der Nußknacker, «Marsch» und «Blumenwalzer»

Der Sommer
1. Juni – 31. August *

Die Zeit geht nicht

Die Zeit geht nicht, sie stehet still,
Wir ziehen durch sie hin;
Sie ist ein Karavanserai
Wir sind die Pilger drin

Ein Etwas, form- und farbenlos,
Das nur Gestalt gewinnt,
Wo ihr drin auf und nieder taucht,
Bis wieder ihr zerrinnt.

Es blitzt ein Tropfen Morgentau
Im Strahl des Sonnenlichts;
Ein Tag kann eine Perle sein
Und ein Jahrhundert nichts.

Es ist ein weißes Pergament
Die Zeit und jeder schreibt
Mit seinem roten Blut darauf,
Bis ihn der Strom vertreibt.

An dich, du wunderbare Welt,
Du Schönheit ohne End,
Auch ich schreib meinen Liebesbrief
Auf dieses Pergament.

Froh bin ich, daß ich aufgeblüht
In deinem runden Kranz;
Zum Dank trüb ich die Quelle nicht
Und lobe deinen Glanz.

Gottfried Keller

---

* Der Körper benötigt einige Wochen, um sich umzustellen. Aus diesem Grund beginnen die biologischen Jahreszeiten früher als die astronomischen.

DIE NATUR

Der Frühling war die Zeit des aggressiven Aufbegehrens, die Zeit des Aufkeimens und Heranwachsens. Die Lebenskräfte drangen aus dem Inneren der Erde an die Oberfläche, aus der Depression in das Hochgefühl. Die Sonne wanderte von Süd nach Nord, drängte die Mächte der Finsternis zurück, und die Sonnenenergie, die sich über die Erde ergoß, vermehrte sich von Tag zu Tag. Die Natur nahm diese kosmische Energie in sich auf und transformierte sie in irdisches Leben – in Farben, Blüten und ungebändigte Lebenslust.

Die Sommersonnenwende, die am 21. Juni den Sommer einleitet, markiert den Höhepunkt der kosmischen Energie. Die Sonne erreicht an diesem Tag ihren nördlichsten Punkt und wandert von nun an wieder in den Süden. Obwohl die Tage kürzer werden und die Nächte länger, steigen die Temperaturen weiterhin an. Die Erde, das Festland und die Meere haben sich erwärmt und strahlen die Wärme ab. Die hohen sommerlichen Temperaturen sind keine kosmische Strahlungswärme mehr, sondern irdische. Selbst die Nächte sind angenehm warm. Die Passivität des Erdenlebens schlägt um in Aktivität. War es im Frühling der Kosmos, der die Erde befruchtete (Odin und Frigg), so herrscht im Sommer die irdische Befruchtung vor. Die Natur empfängt das Leben nicht mehr vom Himmel, sondern aus sich selbst heraus. Jetzt trägt sie es in ihrem eigenen Schoß. Die Phase der Reinigung ist beendet, ebenso die Phase des Aufkeimens und Heranwachsens. Das irdische Leben ist an seinem energetischen Maximum angelangt. Aktivität und Extraversion sind die Größen, die das energetische Grundmuster des Sommers charakterisieren. Es ist die Zeit der Befruchtung und des Reifens.

Im Juni treten bei vielen Pflanzen die Geschlechter in Erscheinung. Die Knospen platzen auf, und die Blüten, die blühende Geschlechtlichkeit, tritt hervor. Die Natur, die bisher eine in sich geschlossene Einheit bildete, teilt sich in zwei Gruppen – eine weibliche und eine männliche, in weibliche Samenanlagen und männliche Pollenkörner. Der Juli ist der Monat der Befruchtung. Die Energien, die sich im Juni durch die Ausbildung der Polarität ansammelten, brechen explosionsartig hervor. Es ist die Zeit der natürlichen Orgasmen. Die männlichen Pflanzen suchen die weiblichen, um den Akt der Fortpflanzung zu vollziehen. Millionenfach senden sie ihre Pollenkörner aus. Die weiblichen Blüten öffnen sich und strecken ihnen ihre Blütenblätter entgegen, um das zukünftige Leben zu empfangen.

Im August löst sich die Harmonie zwischen den männlichen und weiblichen Energien auf, die noch im Juni und Juli die Fortpflanzung ermöglichte. Die weiblichen Kräfte – die Chinesen würden sagen die yinisierenden – weichen unter der Dominanz der männlichen, yangisierenden Energien zurück. Die Phase der Hingabe und des *In-sich-Aufnehmens* ist zu Ende. Das männliche Prinzip, die Sonne, die strahlende Aktivität, gewinnt die Oberhand. Das saftige Grün, das noch im Frühling die Aufnahme der kosmischen Energien symbolisierte und auf das vorherrschende Yin-Element Wasser hinwies, wandelt sich in Gelb und Gold, die Farben der Trockenheit, der Hitze, des Reichtums und der Macht. Viele Pflanzen wenden sich ab von der Umwelt und reduzieren die Aufnahme der lebensnotwendigen Stoffe auf ein Minimum. Sie bündeln ihre Lebensenergie und richten sie auf die in ihrem Inneren heranreifenden Samenanlagen, wo sie zu neuem Leben erwachen.

MYTHEN UND BRÄUCHE

■ Juni

Der Juni ist nach der altitalischen Göttin Juno, der Gemahlin Jupiters, benannt. Sie ist die Göttin der Frauen und die Beschützerin der Ehe. Sie bringt Heil über das Zusammenwirken von Mann und Frau.

Die Natur, die bisher eine in sich geschlossene Einheit bildete, teilt sich im Juni in zwei Gruppen, genauer gesagt in zwei gegensätzliche Gruppen – in eine männliche und eine weibliche, in Yin und Yang. Die Knospen platzen auf, und die Blüten treten hervor – die blühende Geschlechtlichkeit. Wie bereits im Kapitel über die chinesische Medizin ausgeführt wurde, sind diese Gegensätze aufeinander angewiesen. Sie bekämpfen sich zwar oberflächlich, aber letztendlich benötigen sie ihr Gegenüber, um selbst existieren zu können. Auf der mythologischen Ebene spiegelt sich diese Erscheinung im Bild der Zwillinge wider, die ja auch das Sternzeichen des Juni sind. In der griechischen Mythologie sind es Castor und Pollux und in der germanischen Balder und Hödur.

«Balder ist der beste unter den Göttern. Er ist der Urheber alles Schönen und Guten. Er selbst ist so anmutig und schön, daß ihn stets Licht umstrahlt. Er ist der Gott des Lichts und der Sonne. Hödur dagegen ist der Gott der Dunkelheit. Er selbst ist blind, so daß ihn stets die Nacht umhüllt.

Es trug sich zu, daß Balder von schweren Träumen heimgesucht wurde, die ihn um sein Leben fürchten ließen. Als er die Träume den anderen Göttern erzählte, waren diese sehr besorgt um ihn. Frigg, die Erdgöttin, machte sich auf, allen existierenden Wesen – dem Feuer und dem Wasser, den Steinen und dem Eisen, den Pflanzen und den Tieren, den Krankheiten und den Giften – einen Schwur abzuverlangen, ihrem geliebten Balder nicht zu schaden. Der ganzen Erde wurde dieser Eid abverlangt, mit Ausnahme eines kleinen Mistelzweiges am Eingang zu Walhalla, der noch zu jung war, einen Schwur abzulegen.

Die Götter atmeten auf. Sie feierten ein Fest, ein Thing, bei welchem sie sich aus Übermut um Balder scharten, mit Pfeilen auf ihn schossen und mit Schwertern auf ihn einschlugen. Nichts konnte ihrem Freund Balder einen Schaden zufügen oder ihn gar töten. Ihre Freude stieg ins Unermeßliche, und die Träume schienen sich nicht zu bewahrheiten.

Loki, der germanische Luzifer, der sich vor allem durch List und Schlauheit, aber auch durch Schadenfreude und Boshaftigkeit auszeichnet, konnte an diesem Treiben keine Freude finden. Er ging vor das Tor, nahm den Mistelzweig und brachte ihn dem blinden Hödur, der bislang noch nicht auf Balder geschossen hatte. ‹Willst du nicht auch auf deinen Bruder schießen, um ihm die Ehre zu erweisen?› Hödur nahm den dargereichten Mistelzweig und schoß ihn ab. Balder wurde vom Pfeil durchbohrt und sank tot zur Erde.»[10]

Balder, der die Sonne symbolisiert, stirbt am 21. Juni, am Tag der Sommersonnenwende. Ihm zu Ehren feierten die Germanen das Mittsommerfest, an welchem sie das Sommersonnenwendfeuer – Balders Scheiterhaufen – entzündeten. Sie ließen brennende Räder ins Tal rollen und schlugen glühende Holzscheiben durch die Luft, die die niedergehende Sonne symbolisierten. Die Paare, die kürzlich erst ihre Verlobung gefeiert hatten, bekräftigten ihren Bund mit einem Sprung durchs Feuer. Es herrschte der Glaube, daß das Feuer die Aura reinige und Fruchtbarkeit verleihe.

Die Christen brandmarkten die Sonnenverehrung als Götzendienst und stellten sie unter Strafe. Die Bräuche jedoch – das Entzünden des Feuers, das Scheibenschlagen, das rollende Feuerrad und die Feuertänze – nahmen sie in das Johannisfest, das am 24. Juni stattfindet, auf.

■ Juli

Im Juli zieht sich die Sonne weiter in den Süden zurück. Dennoch steigen die Temperaturen weiterhin an und werden von Tag zu Tag unangenehmer, bis schließlich am 23. Juli die Hundstage beginnen, die heißeste und neben dem Februar auch die bedrohlichste Zeit des Jahres. Bereits die Griechen und Römer waren sich der Gefahr, die von den Hundstagen für Menschen, Tiere und Pflanzen ausgeht, bewußt. Hippokrates stellte fest, daß vor allem in diesen Tagen starke Gallenkrankheiten auftreten.

In der Astrologie ist dem Juli das Sternzeichen Krebs zugeordnet. Der Krebs ist ein Krustentier, das sich bei Gefahr in seine Kalkschale zurückzieht. Dieser Aspekt ist es wohl auch, der uns Menschen die Hundstage am ehesten überstehen läßt – sich in den Schatten seiner eigenen vier Wände zurückziehen, Siesta halten und warten, bis die bedrohlichen hochsommerlichen Temperaturen vorüber sind.

Der Juli ist der Monat der Befruchtung. Es ist die Zeit der natürlichen Orgasmen. Das Heilige hat sich zurückgezogen, und das Profane hat sich nun vollends entfaltet. Die Lebenslust, die aktive Zuwendung zum irdischen Leben, hat ihren Höhepunkt erreicht. So erklärt es sich, daß im Sommer, speziell im Juli, keine wichtigen Feste und Gedenktage zelebriert werden. Denn früher hatten die Feste immer einen religiösen Hintergrund, und jetzt, im Sommer, hatten die Menschen wegen der harten Feldarbeit keine Zeit und vielleicht auch keine allzu große Lust, sich mit geistlichen Dingen auseinanderzusetzen. Die Sonne schien, die bösen Mächte der Finsternis waren vertrieben, und es bestand kein Anlaß, sich zu fürchten und deshalb die Götter bzw. Gott um Hilfe anzuflehen. Außerdem waren die Menschen aufgrund der psychophysiologischen Wechselwirkung mit den sommerlichen Bedingungen am Höhepunkt ihres Selbstwertgefühls und ihrer Selbstsicherheit angelangt.

■ August

Der August ist der Monat der Macht. Er erhielt seinen Namen nach Kaiser Augustus, der im August viele seiner Schlachten siegreich beendete. Für die Griechen war er der Monat des Sieges. Er war Zeus geweiht, dem höchsten und mächtigsten unter den Göttern, dessen Tier der Adler – der König der Vögel – und dessen Baum die Eiche – die Königin der Bäume – ist.

Bei den Römern war der August dem Jupiter geweiht, dem Herrn des Himmels und des Lichts, und bei den Germanen war es Thor, der im August verehrt wurde. In der Astrologie sind es ebenfalls die Mächtigsten, die mit dem August, dem Höhepunkt des Sommers, assoziiert werden – sein Tierkreiszeichen ist der Löwe, der König der Tiere, und sein Regent die Sonne.

Das Metall, das seit jeher mit Macht, Ruhm und Reichtum assoziiert wird, ist Gold. Seine Farbe finden wir im August fast überall – im Fell des Löwen, im Thron der herrschenden Götter, im gleißenden Licht der Sonne und in den heranreifenden Kornfeldern. So weit das Auge reicht, ist die Natur im August von Gold erfüllt.

Die Christen feiern am 15. August *Mariä Himmelfahrt*. Maria ist die Mutter Gottes. Als solche ist sie die Personifikation des weiblichen Prinzips. Auf der energetischen Ebene kann sie mit dem chinesischen Yin gleichgesetzt werden. Im Hochsommer, wenn die Sonne, und mit ihr die irdischen, yangisierenden, männlichen Energien zu stark werden, weicht sie unter deren Dominanz zurück und fährt in den Himmel. Am 8. September. wenn die Sonne ihre bedrohliche Übermacht verloren hat, kehrt sie zurück auf die Erde – dann wird der Gedenktag *Mariä Geburt* begangen.

DER MENSCH

Der Frühling war die Zeit der Reinigung. Die Schlackenstoffe, die sich den Winter über in den Geweben des menschlichen Organismus angesammelt hatten, wurden ausgespült, und die Lebenskräfte wurden geweckt. Wir lebten auf, saugten die neu entstehenden Energien in uns ein und wuchsen aus den Tiefen der winterlichen Depression in das Hochgefühl der Maienlust.

Im Sommer gelangen wir an unser energetisches Maximum. Wie die Natur, müssen auch wir jetzt keine Wachstumsenergien mehr aufnehmen. Die Frühjahrsmüdigkeit, die hauptsächlich durch die inneren Reinigungsarbeiten hervorgerufen wurde, ist überwunden. Schaffenskraft und Tatendrang sind die Größen, die uns jetzt maßgeblich charakterisieren. Wir streben nach außen, in die Welt, wo wir uns und unsere wiederentdeckte Kreativität ausleben, nach außen leben können – in den Wald, in die Berge oder ans Meer. Wir gehen spazieren oder fahren mit dem Fahrrad, nehmen uns ein Kajak, um neue Landschaften zu entdecken, oder besteigen Berge, um die Welt aus einem anderen Blickwinkel zu sehen. Wir öffnen uns dem Leben und nehmen aktiv daran teil. Es ist die Zeit, in der wir zu uns selbst finden, in welcher wir langgehegte Ideen und Wünsche in die Tat umsetzen. Es ist die Zeit der Individuation – die Zeit der Selbstwerdung.

Auch die Sexualität erreicht in dieser Jahreszeit ihren Höhepunkt. Wie kaum ein anderer physiologischer Vorgang repräsentiert gerade sie die aktive Lebensfreude des Menschen, die aktive Bejahung des Lebens.

■ Die Energieverteilung

Energiemaximum:	Herz-Meridian
	Kreislauf-Sexus-Meridian
	Dreifacher-Erwärmer-Meridian
	Dünndarm-Meridian
Energie aufnehmend:	Milz-Pankreas-Meridian
	Magen-Meridian
	Lungen-Meridian
	Dickdarm-Meridian
Energieminimum:	Nieren-Meridian
	Blasen-Meridian
Energie abgebend:	Leber-Meridian
	Gallenblasen-Meridian

■ Die Organe am Energiemaximum

Das Herz

Im Sommer produziert der menschliche Organismus, ebenso wie die restliche Natur, so viel Energie, daß er sie nach außen abgeben muß, um nicht daran zu erkranken. Im Körper zeigt sich diese Energie in Form von Wärme. Da der Mensch im Körperinneren eine konstante Temperatur von 37° Celsius braucht, um die vegetativen Funktionen aufrechtzuerhalten, muß er sich im Sommer vor Überhitzung schützen und die überschüssige Wärme nach außen hin abgeben. Das bedeutet, daß er die im Inneren produzierte Wärme an die Körperoberfläche transportieren muß, um sie dort abgeben zu können – und das geschieht mit Hilfe des Herz-Kreislauf-Systems. Im Körperinneren nimmt das Blut die Wärme von den Organen auf und transportiert sie zur Haut, wo sie auf physikalischem Weg in die Umwelt geleitet wird. Je größer die Differenz zwischen Körpertemperatur und Lufttemperatur, desto höher ist die Wärmeabgabe.

Bei hohen Außentemperaturen und körperlicher Tätigkeit reicht die trockene Wärmeabgabe alleine nicht aus. Unter diesen Umständen kommt es zur feuchten Wärmeregulation. Dabei produziert der Körper Schweiß, der an der Hautoberfläche verdunstet und dem Organismus Wärme entzieht.

Die Extraversion ist also auch im physiologischen Bereich von zentraler Bedeutung. Je weiter die Blutgefäße der Körperoberfläche geöffnet sind, und je mehr Blut durch sie hindurchgepumpt wird, um so größer ist die Wärmeabgabe. Das Organ, das dabei besonders beansprucht wird, ist das Herz – das jetzt an seinem energetischen Maximum ist. Menschen, die ein gesundes Herz haben und deren Kreislauf richtig funktioniert, haben mit sommerlichen Temperaturen keinerlei Schwierigkeiten. Sie müssen sich zwar auch vor ihnen schützen und die allgemeinen Vorsichtsregeln befolgen, aber Kreislaufzusammenbrüche, Herzrhythmusstörungen, nervöse Atmung, Schwindelgefühle und allgemeine Schwäche, die im Sommer häufig auftreten, sind bei ihnen nur in den extremsten Fällen anzutreffen.

Einmal mehr erkennt man an diesen Zusammenhängen das komplexe Ineinandergreifen natürlicher Vorgänge. Durch die Reinigungskur, die im Frühling stattfand, wurde der Körper gereinigt und somit durchlässig gemacht. Die Blutgefäße, die Poren der Haut und die Skelettmuskulatur wurden stärker durchblutet und von Schlackenstoffen aller Art befreit. Dabei wurden sie nicht nur gereinigt und um ihrer selbst willen gestärkt, sondern gleichzeitig auf ihre Aufgabe im Sommer, die Wärmeabgabe, vorbereitet.

Die Sexualität (Kreislauf-Sexus-Meridian)

Sexualität und allgemeine Vitalität stehen in direktem Zusammenhang. In einer indischen Weisheitslehre, dem sogenannten Shaktismus (Tantrismus), sind sie sogar identisch. Shakti, die göttliche Schöpfungskraft, die am Anfang der Zeit das All erschuf, ist dieselbe Kraft, die noch heute in uns Menschen wirkt. Die sexuelle Energie ist die Energie des Lebens, die Kreativität und Phantasie in uns hervorruft und uns die Kraft gibt, unsere Ideen und unsere innere Identität nach außen hin zu leben. Sie ist die Wurzel unseres Lebens.

Im Sommer, wenn unser Tatendrang erwacht und wir uns aufmachen, neue Welten, neue Lebensgefühle, neue Seinszustände zu entdecken, ist auch unsere Sexualität, unsere Schöpfungskraft, an ihrem Höhepunkt angelangt.

In der chinesischen Medizin heißt der Meridian, der die Geschlechtsorgane mit Energie versorgt, *Kreislauf-Sexus-Meridian. Kreislauf* ist dabei eine Abkürzung für *Energiekreislauf.* Auch hier zeigt sich, daß Sexualität und allgemeine Vitalität synonym verwendet werden können.

Der Dreifache-Erwärmer-Meridian

Der Dreifache-Erwärmer-Meridian ist mit keinem bestimmten Organ verbunden. Seine Aufgabe ist die Kontrolle der Wasserorgane Niere und Blase, die jetzt an ihrem energetischen Minimum angelangt sind. Im Nei Jing, dem ältesten chinesischen Lehrbuch der Medizin, wird er *der Beamte des brechenden Wasserdamms* genannt. Er schützt die Wasserorgane vor übermäßiger Energiezufuhr und bewahrt sie dadurch vor frühzeitigem Erwachen. Dank seiner Hilfe können die Nieren und die Blase ihre Selbstheilungskräfte voll entfalten.

Darüber hinaus ist der Dreifache-Erwärmer-Meridian der energetische Gegenpol zum Herzmeridian. Er steht in direkter Beziehung mit dem peripheren Kreislauf und vermutlich ist er auch mitverantwortlich für die Zusammensetzung des Blutes.

Der Dünndarm

Die Nahrung, die im Magen mit Magensaft versetzt und vorverdaut wurde, wird im Dünndarm in ihre kleinsten Bestandteile zerlegt und durch die Darmwand hindurch in die Blutbahn aufgenommen. Bevor es jedoch zu dieser Resorption kommt, wird der saure Speisebrei durch die Verdauungssäfte der Bauchspeicheldrüse und des Dünndarms alkalisiert. Im Gegensatz zum Magen herrscht im Dünndarm ein annähernd neutrales Milieu vor. Der pH-Wert beträgt etwa 6,5.

Meines Wissens gibt es keine physiologischen Ursachen dafür, daß der Dünndarm ausgerechnet im Sommer sein energetisches Maximum erreicht, wohl aber eine emotionale.

■ Die Gefühle

Die Gefühle, die in der chinesischen Medizin mit dem Sommer assoziiert werden, sind Freude und Traurigkeit. Die seelische Artikulation, die mit dem Sommer einhergeht, ist das Lachen.

Der Sommer ist die Zeit des Glücklichseins. Wie die Sonne, so sollte auch die Seele in unserem Herzen lachen und sich an der oberflächlichen Leichtigkeit des Seins erfreuen. Wir haben die Reinigung vollzogen, unseren höchsten energetischen Gipfel erklommen und dürfen uns nun an unserem eigenen Dasein erfreuen – an unserem Tun und Lassen, an unseren Taten, Gedanken und Gefühlen, an unseren Abenteuern und neuen Lebenseindrücken. Das Lachen ist die natürliche Regung, die mit einem solchen seelisch-geistigen Gestimmtsein einhergeht.

Aber auch hier, auf der seelisch-geistigen Ebene, wird die Notwendigkeit der sommerlichen Extraversion deutlich. Denn wenn es uns nicht gelingt, das Gefühl der Freude und der inneren Leichtigkeit zu entwickeln und nach außen hin auszuleben, tritt das zweite Gefühl in den Vordergrund unseres Bewußtseins, das mit dem Sommer verbunden ist – die Traurigkeit. Dann ersticken wir an unserem Frohsinn, an unserem Glücklichsein, und verwandeln dieses herrliche Geschenk der Natur, die geballte Lebenslust, in ihr Gegenteil – in Traurigkeit, Kummer und Sorge.

In der psychosomatischen Medizin geht man davon aus, daß Dünndarmerkrankungen, vor allem das so häufige Zwölffingerdarmgeschwür, mit einer solchen seelischen Konstellation einhergehen. Aber auch Herz und Kreislauf können davon negativ beeinflußt werden.

Lachen ist die beste Medizin, sagten schon die Ärzte des frühen Mittelalters. Vor allem im Sommer sollten wir uns dessen Heilwirkungen zunutze machen. Stärken Sie sich. Lachen Sie nach Herzenslust.

■ Der Blutkreislauf

Die Besonderheiten des Blutkreislaufs im Sommer sind im Abschnitt «Das Herz» auf Seite 149 f beschrieben.

■ Die Atmung

Bei der Atmung lassen sich ähnliche Prinzipien erkennen wie beim Blutkreislauf. Im Winter herrschte eine Atemsituation vor, die alles andere als reinheitsdienlich war. Weil der Organismus den Wärmeverlust über die Lunge so gering wie möglich halten mußte, atmete er so flach er nur konnte. Wann immer es möglich war, benutzte er die ruhige Flankenatmung, die durch geringes Atemvolumen und geringe Durchblutung der Lunge gekennzeichnet ist. Die Reinigungstendenzen der Lunge schrumpften auf das Minimum. Darüber hinaus war die Atemluft abgestandene, warme, staubige Wohnzimmerluft. Aufgrund der flachen Atmung und der geringen Tätigkeit der Lunge sammelten sich Staubpartikel in der Lunge an, vor allem im Flimmerepithel, ohne ausgeatmet oder in den Magen abtransportiert zu werden.

Im Frühling wandelte sich, aufgrund der körperlichen Anstrengungen, die Flankenatmung zur Vollatmung. Die Atembewegungen verlagerten sich aus den Tiefen der Eingeweide hoch in den Brustraum, wo sie die Funktionen von Herz und Lunge anregten. Es kam zu einer verbesserten Durchblutung des Lungengewebes und so zu dessen Reinigung. Die Staubpartikel wurden ausgeschieden und die Effektivität des Sauerstoffaustausches erhöht. Die Lunge wurde rein.

Im Sommer kommt die Reinheit des Lungengewebes dem gesamten Organismus zugute. Ein nicht unerheblicher Teil der Wärmeabgabe erfolgt über die Atmung. Je größer das Atemvolumen und je schneller die Atmung, desto größer ist die Wärmeabgabe.

SO BLEIBEN SIE IM SOMMER GESUND

Das Gesundheitstraining bereitet den Organismus auf die sommerlichen Temperaturen vor. Es sollte jedoch nicht in der sommerlichen Mittagshitze ausgeführt werden, da dann die Gefahren der Überhitzung, des Kreislaufzusammenbruchs und des Hitzschlags viel zu groß sind. In der Mittagszeit sollten Sie, wie in südlichen Ländern üblich, Siesta halten und Ihren Körper nicht unnötig strapazieren. Sie härten Ihren Körper mit dem Training in der Hitze nicht ab, sondern verbrauchen ihn. Auch die Ozonwerte sind mittlerweile so weit angestiegen, daß man auf das Unterlassen jeglicher sportlichen Anstrengung bei hochsommerlichen Temperaturen hinweisen muß.

Das Gesundheitstraining, das im folgenden empfohlen wird, orientiert sich an den geschilderten natürlichen Größen. Es
- stärkt Herz und Kreislauf
- unterstützt die Extraversion
- fördert die Vollatmung.

Bei der Auswahl der integrativen Übungen wurden lediglich die Organe berücksichtigt, die momentan an ihrem Energiemaximum sind oder gerade Energie aufnehmen. Es werden keine Meridiane bzw. Organe geschwächt.

KÖRPERÜBUNGEN

■ Reinigungsübungen

Die Reinigung des Organismus ist nach wie vor von großer Bedeutung. Allerdings haben die Reinigungsübungen jetzt nicht mehr den Stellenwert, der ihnen noch während der reinigenden Frühjahrskur zukam. Sie müssen sie jetzt nicht mehr gar so oft ausführen, um die Harmonie mit der Umwelt aufrechtzuerhalten.

Für die sommerliche Reinigung sind folgende Übungen, die bereits im Kapitel «So bleiben Sie im Frühling gesund» beschrieben wurden, empfehlenswert:
- Ganzkörperwaschung (s. S. 127 f)
- Nasenreinigung mit Wasser(s. S. 128)
- Zahnwurzelreinigung (s. S. 129)
- Zungenreinigung (s. S. 130)

■ Herz-Kreislauf-Training

Gehen Sie spazieren oder fahren Sie mit dem Fahrrad durch die Natur, besteigen Sie Berge oder machen Sie eine Flußwanderung mit dem Kajak. Regen Sie Ihren Kreislauf an und spüren Sie, wie Ihre Haut und Ihre Muskeln durchblutet werden und wie Sie die überschüssige Wärme nach außen abgeben. Öffnen Sie sich, visualisieren Sie die Blutgefäße und die Poren der Haut, wie sie sich weiten, und lassen Sie alles Überschüssige nach außen strömen.

Üben Sie in diesem Bewußtsein auch die schon im Frühling empfohlenen kreislaufstärkenden Übungen
- Waldlauf (s. S. 131 ff)
- dynamisches Krafttraining (s. S. 134)
- dynamisches Beweglichkeitstraining (Gymnastik) (s. S. 135)

ATEMÜBUNGEN

Während wir im Frühling mit Hilfe der Atemübungen die Ausdehnung und das Hochwandern der Atmung in den Brustraum entwickelten, sind wir im Sommer am Ziel dieser Bemühungen angelangt. Die flache Flankenatmung hat sich in die sommerliche Brust- bzw. Vollatmung gewandelt. Der Brustkorb ist elastisch und weitet sich bei jedem Atemzug.

Die Atemübungen, die jetzt im Sommer praktiziert werden sollen, haben zum Ziel, diese Atemsituation zu stabilisieren. Nach wie vor sollten auf dem Übungsprogramm stehen:

- Reinigungsatmung (s. S. 137f)
- Vollatmung (s. S. 136f)

Neu hinzu kommen folgende Übungen:

■ Bewußte Abgabe der Lebensenergie

Ausgangshaltung: halber Lotossitz, Diamantensitz, Schneidersitz, Stuhlsitz oder Rückenlage.

Ausführung: Schließen Sie die Augen und lauschen Sie eine Zeitlang dem Atem. Konzentrieren Sie sich dann auf Ihre Körpermitte etwa drei Finger breit unterhalb des Nabels. Spüren Sie, wie sich während der Einatmung die Lebensenergie an diesem Punkt sammelt – die Chinesen nennen ihn *das Meer des Atems*. Visualisieren Sie dann, während der Ausatmung, wie von diesem Punkt aus die Energie über Ihren ganzen Körper und anschließend nach außen in die Umwelt strömt.

Dauer: zwei bis 20 Minuten

Wirkung: Der Sommer ist die Zeit der Extraversion. Der Mensch öffnet sich und gibt die Energie, die sich während des Frühlings in ihm angesammelt hat, nach außen hin ab. Auf der körperlichen Ebene zeigt sich diese Energie in Form von Wärme und Schweiß. Auf der seelisch-geistigen Ebene manifestiert sie sich als Virtuosität und Kreativität. Der Mensch wird sich seiner selbst bewußt, seiner Ideen, Hoffnungen und Wünsche, und versucht sie nach außen hin auszuleben, sich selbst also darzustellen.

Mit Hilfe dieser Übung gelangt der Übende an die Quelle seiner Kreativität. Sie fördert seine Phantasie und seine künstlerischen Fähigkeiten, räumt Ängste und Verkrampfungen aus dem Weg, die ihn bei seiner Entfaltung behindern könnten, und schenkt ihm den Glauben an sich selbst.

■ Kühlungsatmung

Ausgangshaltung: halber Lotossitz, Diamantensitz, Schneidersitz, Stuhlsitz oder aufrechter Stand.

Ausführung: Rollen Sie die Zunge zu einem Röhrchen, indem Sie die äußeren Ränder nach oben biegen, und strecken Sie sie heraus. Atmen Sie langsam durch die Zunge ein, halten Sie den Atem ein wenig an, und atmen Sie durch die Nase wieder aus.

Dauer: fünf bis 20 Zyklen

Konzentrationspunkt: Zunge

Wirkung: In erster Linie schützt uns die Kühlungsatmung, wie der Name schon sagt, vor Überhitzung und Überenergetisierung. Sie wirkt beruhigend. Magen-, Milz- und Gallekrankheiten, vor allem Entzündungen, können mit ihrer Hilfe positiv beeinflußt werden.

Diese Übung sollte nur im Sommer praktiziert werden, wenn wir wirklich der Kühlung bedürfen. Ansonsten kann sie Angina und Bronchitis verursachen.

ÜBUNGEN FÜR DEN GEIST

Die Durchblutung des Gehirns hat ihren tiefsten Wert erreicht. Beschäftigen Sie sich nicht allzusehr mit geistigen (geistlichen) Themen. Vermeiden Sie auf jeden Fall geistige Höchstleistungen. Sie haben Energien und Ideen in sich, die darauf warten, ausgelebt zu werden. Setzen Sie sie in die Tat um. Bevor Sie großartige Theorien entwerfen, gehen Sie lieber baden oder Fahrrad fahren. Erkunden Sie die äußere Welt. Suchen Sie Abenteuer und neue Lebenseindrücke.

■ Das Öffnen der Pforten

Konzentrieren Sie sich auf die Pforten der Wahrnehmung, die Sie im Frühling geöffnet haben (siehe «So bleiben Sie im Frühling gesund»), und spüren Sie, wie Ihre Energie nach außen, in die Umwelt strömt.

■ Konzentrationsübungen

Konzentrieren Sie sich auf einen natürlichen oder kulturellen Zeitgeber und spüren Sie, wie sich dessen energetisches Grundmuster in Ihnen entfaltet. Synchronisieren Sie sich mit diesem Gegenstand – werden Sie eins mit ihm. Halten Sie dabei die Augen geöffnet.

Besonders geeignete Konzentrationsobjekte sind im Sommer unter anderem:

- Heublumenstrauß
- goldene Ähren
- Eichenlaub
- Lorbeerkranz
- Löwe
- erotisches Bild

■ Musik

Alle Übungen können mit Musik untermalt werden. Für die Integration in den Sommer eignen sich unter anderem folgende Stücke:

Bach, Johann Sebastian: Brandenburgische Konzerte
Debussy, Claude: La mer
Gershwin, George: Porgy and Bess, Summertime
Messiaen, Olivier: Turangalila-Sinfonie

Herbst
1. September – 30. November*

Herbstlied

Rote Beeren am Rosenhage,
Rote Blätter an Baum und Gesträuch, –
Ihr schönen Herbstestage,
Ihr klaren, wie grüß ich euch!

Es fallen die letzten Schleier
Von eurer Sonne Schein,
Und wir blicken tiefer und freier
In Gottes Welt hinein.

Ihr klaren, ihr mahnt mich immer
An das Auge treuer Fraun:
Verloren ging der Schimmer,
Doch die Seele kann ich schaun.

Theodor Fontane

---

* Der Körper benötigt einige Wochen, um sich umzustellen. Aus diesem Grund beginnen die biologischen Jahreszeiten früher als die astronomischen.

DIE NATUR

Die Sonne, die noch im August alles niederbrannte, hat sich in den Süden zurückgezogen. Die Tage werden kürzer und die Nächte länger. Noch im September erreichen sie wieder ihren Gleichstand. Mit der Sonne verlieren auch Trockenheit und Hitze ihre bedrohliche Übermacht. Die Temperaturen werden angenehm und die Luftfeuchtigkeit wieder erträglich. Die Gefahren des Sommers sind überstanden.

In der Pflanzenwelt war der Sommer die Zeit des Reifens. Viele der einheimischen Pflanzen, vor allem die Gräser, zu welchen auch die Getreidepflanzen gehören, wandten sich von der Außenwelt ab, reduzierten die Wasser- und die Nährstoffaufnahme und konzentrierten all ihre Energien, die sie den Frühling über in sich aufgenommen hatten, auf die in ihrem Inneren heranreifenden Samenanlagen. Im Herbst ist die Reifung abgeschlossen. Die Früchte und Samen haben die Wachstumsenergien ihrer Mutterpflanze in sich eingesaugt und sind nun bereit, ein eigenes selbständiges Leben zu entfalten.

Für die Tiere ist die Zeit des Erntens und des Fressens gekommen. Jetzt können sie aus dem vollen schöpfen. Das Nahrungsmittelangebot ist selten so reichhaltig. Körner, Nüsse und reife Früchte, in denen sich die Samen befinden, warten geradezu darauf, geerntet und gefressen zu werden. Es ist ein Fest des Schlemmens und Genießens. Dabei fressen die Tiere mehr, als sie im Moment benötigen, denn der Winter steht vor der Tür, und dafür müssen sie gerüstet sein. Sie fressen sich den Winterspeck an, der sie vor den kalten Temperaturen und gleichzeitig vor dem Verhungern schützt. Auch Speisekammern werden angelegt, die in puncto Ernährung eine ähnliche Funktion erfüllen.

Die Pflanzen profitieren von dem natürlichen Herbstfest, das sie selbst inszenieren, ebenso wie die Tiere. Ihre Samen sind resistent gegen die Verdauungssäfte. Sie werden gefressen und mit dem Kot wieder ausgeschieden und dabei in alle Himmelsrichtungen verteilt. Der Wind, der im Herbst normalerweise vermehrt auftritt, trägt seinen Teil dazu bei. Samen, die nicht dazu bestimmt sind, über den Darm der Tiere verbreitet zu werden, hängen oftmals an kleinen Fallschirmen und werden dank dieser Konstruktion kilometerweit durch die Lüfte getragen.

Nach etwa vier bis sechs Wochen, wenn viele der Samenkörner den Platz gefunden haben, an dem sie später gedeihen können, und wenn der Großteil der Tiere seinen Wintervorrat eingeheimst hat, ist die Zeit der natürlichen Festlichkeiten vorüber. Das Chlorophyll der Blätter, das die Sonnenenergie aufnahm und in chemische Energie transformierte, zersetzt sich, und die Blätter erscheinen in leuchtenden, schillernden Farben, in Gelb und Grün, Rot und Braun, in allen nur denkbaren Nuancen. Ein Grande Finale, bei dem die Natur im euphorischen, ekstatischen Goldrausch den Abschied vom oberflächlichen Leben feiert, um danach in den finsteren Tiefen des Erdbodens zu versinken. Die Blätter fallen von den Bäumen, die Poren schließen sich, und die Lebenssäfte konzentrieren sich auf die Wurzeln. Im November, dem letzten Herbstmonat, verläßt das irdische, natürliche Leben die Oberfläche und zieht ein in die Unterwelt, in das Reich der Finsternis. Auch die Tiere ziehen sich zurück. Die Zugvögel sind bereits in ihren südlichen Revieren eingetroffen, die Winterschläfer suchen ihre Höhlen auf, und die anderen Tiere, die den kalten Temperaturen und dem Schnee trotzen, verstecken sich hinter einem dicken Fell und einer beachtlichen Speckschicht. Es ist die Zeit des Rückzugs, die Zeit des Sterbens. Die Blätter, die Zeugen des Lebens, sind verschwunden, und die Bäume sehen aus wie Skelette, wie Knochen ohne Fleisch und Blut. Der Wald, der im Frühling noch pulsierte und vor Leben strotzte, gleicht nun einem riesigen, schwarzen, nebelverhangenen Friedhof, in dem Kälte und Feuchtigkeit regieren. Das Leben hat sich aus ihm zurückgezogen, und die finsteren Dämonen der Unterwelt, die Heerschar Odins, die Seelen längst verstorbener Ahnen, haben sich seiner bemächtigt.

MYTHEN UND BRÄUCHE

■ Erste Herbsthälfte

In früheren Zeiten nannte man den September auch Füllemonat oder Vollmonat – ein deutlicher Hinweis darauf, daß der Herbst auch für die Menschen eine Zeit des Genießens und Schlemmens war. Der Lambertustag, der am 17. September begangen wird, galt unseren Vorfahren als Schlußtermin der Getreideernte. Er markierte das Ende des Wirtschaftsjahres und somit das Ende der Feldarbeiten. Nach diesem Termin waren die Speisekammern gefüllt und die Menschen gerüstet für die kalten Wintertage.

Im Angelsächsischen hieß der November *Blotmonath*, und im Schwedischen heißt der Oktober heute noch *Blotmanad* – Blutmonat. Der Herbst ist seit jeher die Zeit des Schlachtens. Da die Vorräte des Winterfutters in den vergangenen Jahrhunderten nicht so groß waren wie heute, konnten nicht alle Tiere durch den Winter gebracht werden, so daß einige von ihnen geschlachtet werden mußten. Das Herbstopferfest, das am 23. September zur Herbst-Tagundnachtgleiche gefeiert wurde, war deshalb ein recht ausgelassenes Fest, bei dem viel gegessen und getrunken wurde.

Den Germanen, Indern, Juden und Griechen war die Herbst-Tagundnachtgleiche ein wichtiger Gerichtstermin. An diesem Tag wurde das große *Thing* einberufen. Neben den Herbstopferbräuchen und den allgemeinen Besprechungen stand die Rechtsprechung im Vordergrund. Die Worte der Kläger und der Angeklagten wurden auf der Waage der Gerechtigkeit gegeneinander aufgewogen, und die Streitigkeiten wurden beseitigt. Aus diesem Grund ist das Sternzeichen des Oktobers die Waage. Durch die Gerichtsverhandlungen schloß man mit der ersten Jahreshälfte ab und bereitete sich auf die kommende finstere Jahreshälfte vor.

Aus dem Herbstopferfest entwickelte sich das Erntedankfest, das noch heute gefeiert wird. Die Kirchweihen, die im christianisierten Europa auf diesen Termin verlegt wurden, hatten damals im Volksmund, zum Schrecken der Kirche, den Namen *Freß- und Sauf-Kerwe*. Die Arbeiten auf dem Feld waren vollbracht, und man erfreute sich an den wohlverdienten Festlichkeiten. Das Haus wurde herausgeputzt, die Fassade frisch gestrichen, neue Kleider wurden gekauft und dann wurde gebacken und gekocht, was man sich nur wünschte. Es war ein Fest, bei dem man es an nichts fehlen ließ. Wie die Tiere aßen sich auch die Menschen ihren Winterspeck an, der sie vor den lebensbedrohlichen Temperaturen schützte.

■ Zweite Herbsthälfte

In der zweiten Oktoberhälfte, wenn die natürlichen Festlichkeiten vorüber waren, kehrte auch bei unseren Vorfahren der Tod ins Bewußtsein zurück. Am zweiten Vollmond nach der Herbst-Tagundnachtgleiche feierten die Germanen das Winteropferfest, bei dem sie der Totengöttin *Frigg* (*Hel, Holle*) und dem Totengott *Odin* opferten. Es herrschte der Glaube, daß diese beiden Götter nun mit ihrem Seelenheer – der *Wilden Jagd* – durch die Lüfte brausten und die Seelen zu ihren Gräbern und Verwandten zurückkehrten. Man richtete die Grabstätten her, schmückte sie und brachte Nahrungsmittel auf ihnen dar. Auch zu Hause wurde der Tisch für die Toten gedeckt. Während der ganzen Nacht blieben die Lebensmittel auf dem Tisch stehen, damit sich die Ahnen daran laben konnten.

Die Christen übernahmen diesen Glauben und feiern bis auf den heutigen Tag die Gedenktage *Allerheiligen* (1. November) und *Allerseelen* (2. November). Bis ins hohe Mittelalter stellten auch sie Getreide, Brot, Bohnen und Wein auf das Grab, um ihre Ahnen mit Speise und Trank zu verwöhnen. Totenlichter werden heute noch entzündet.

Darüber hinaus werden im November der Totensonntag und der Buß- und Bettag begangen. Man gedenkt seiner Sünden und tut Buße.

Einige der wenigen Tiere, die im Spätherbst die Natur bevölkern – viel mehr als im Sommer –, sind die Rabenvögel. Seit je gelten sie als Seelenvögel, als Vögel der Weisheit und des Todes. In der germanischen Mythologie sind sie die Tiere des Kriegs- und Totengottes Odin. Man sah in ihnen Orakeltiere und glaubte, daß sie die Zukunft sehen könnten.

Die Raben sind es auch, die in Märchen, Mythen und Sagen den Menschen die Augen aushacken. Sie rauben ihnen das Augenlicht, die äußere Sehkraft. Gleichzeitig aber eröffnen sie ihnen dadurch den Zugang zur inneren Wirklichkeit. Vor allem in der antiken Literatur sind viele der weisen Männer – sogenannte Seher – blind. Dafür sehen sie aber in ihrem Inneren um so mehr. Sie sind weise, erkennen die Welt hinter der Welt, die Gesetze und Zusammenhänge der Natur und können sogar in die Zukunft schauen. Wie die Raben dienen auch sie den Menschen als Orakel, die in Zeiten der Not und der großen Entscheidungen befragt werden.

Im Herbst wird es Nacht in der Natur. Die Nächte werden länger als die Tage, und das Sonnenlicht, das äußere Licht, ist bei weitem nicht mehr so stark wie im Sommer. Mit dem äußeren Licht verliert auch unser Augenlicht an Bedeutung.

DER MENSCH

Auch für uns Menschen war der Sommer eine Zeit des Reifens. Ideen, die noch im Winter unausgesprochen in unserem Bewußtsein ruhten und im Frühling langsam aufkeimten, wurden im Sommer verwirklicht und in die Tat umgesetzt. Wir sammelten neue Eindrücke und Lebenserfahrungen, lernten neue Menschen kennen und vielleicht auch neue Möglichkeiten, mit Alltagsproblemen umzugehen. Wir gingen in die Welt und eroberten uns eine neue Sehweise – wir reiften heran.

Im Herbst sollten wir versuchen, diese neuen Errungenschaften in unser bisheriges Selbstbild einzuordnen. Wir sollten uns darüber bewußt werden, was wir hinzugelernt haben, und welcher Stellenwert diesen neuen Errungenschaften zukommt. Einer der Wege, wie wir dieses Ziel erreichen können, ist das Gespräch mit anderen Menschen. Ihnen können wir uns öffnen und anvertrauen, und durch sie können wir neue Denkanstöße erhalten, die es uns vielleicht ermöglichen, die Dinge besser einzuordnen und vielleicht auch objektiver zu sehen. Nutzen Sie die Zeit der natürlichen Festlichkeiten. Trinken Sie ein paar Gläschen Wein oder Bier – dann wird die Zunge leichter – und öffnen Sie sich Ihren Mitmenschen. Sprechen Sie über sich und die anderen und versuchen Sie von Ihren Gesprächspartnern zu lernen. Durch sie können Sie einen Teil Ihrer eigenen Wirklichkeit entdecken.

Der Herbst ist aber nicht nur die Zeit, in welcher wir die Eindrücke des Sommers einordnen sollten. Das energetische Grundmuster der Natur weist ganz allgemein auf Erinnerung und Organisation. Das ganze Leben sollte in dieser Zeit überdacht werden und am inneren Auge vorüberziehen. Versuchen Sie, Ihre Vorzüge und Schwächen gegeneinander aufzuwiegen. Vergleichen Sie, werden Sie sich über sich selbst bewußt. Was sind Sie für ein Mensch? Können Sie sich verändern? Was gefällt Ihnen an sich und was nicht? Wollen Sie sich überhaupt verändern? Wollen Sie die Kraft aufbringen, sich zurückzuziehen in die innere Einsamkeit, um sich auf die eigenen Wurzeln zu besinnen? Gehen Sie mit sich selbst ins Gericht, so wie unsere Vorfahren es taten!

In der zweiten Oktoberhälfte verlassen auch wir Menschen die oberflächliche Leichtigkeit des Seins. Wie die Lebenssäfte der Pflanzen, so werden auch unsere Lebensenergien nach unten, ins Reich der Finsternis, gezogen, hin zu unseren eigenen Wurzeln. Geben Sie den Mut nicht auf. Bleiben Sie standhaft. Die Winter-Depression, die besonders im November einsetzt, ist ein Zeichen dafür, daß in Ihrem Inneren gearbeitet wird und daß längst geschehene Situationen und Probleme bewältigt werden. Wie im Frühling die körperliche Reinigung im Vordergrund stand, so ist es jetzt die seelisch-geistige Reinigung, die in den Mittelpunkt rückt. Auch jetzt ist Mars, der Planet des Krieges, der Regent. Nützen Sie ihn. Die Kräfte der Natur stehen auf Ihrer Seite. Kämpfen Sie gegen sich selbst und verändern Sie sich. Tun Sie Buße. Reinigen Sie Ihre Seele. Arbeiten Sie in den Tiefen Ihres Bewußtseins, den Tiefen Ihrer Unterwelt, daß Sie im Frühling, wenn Sie wieder an der Oberfläche erscheinen, als der Mensch wiedergeboren werden, der zu sein Sie sich immer schon wünschten. Sie haben es selbst in der Hand. Glauben Sie an sich und an die Macht der Natur und verwirklichen Sie Ihre seelisch-geistigen Potentiale. Machen Sie einen neuen Menschen aus sich, der in Einklang mit der Natur im Rhythmus des Kosmos schwingt und die ewigen Gesetze des Universums durchschaut. Es ist die Zeit der Psychologie, die Zeit der Psychoanalyse. Begeben Sie sich auf die lange Reise in die Schattenwelt Ihres eigenen Daseins und entdecken Sie die Kräfte, die noch unentdeckt in Ihrem Innern schlummern. Dringen Sie ein in die unendliche Tiefe Ihrer Seele, in das Reich der Emotionen und wagen Sie den Versuch, sich neu zu ordnen. Die energetische Konstellation der irdischen Natur und der Gestirne steht auf Ihrer Seite.

■ Die Energieverteilung

Energiemaximum:	Milz-Pankreas-Meridian
	Magen-Meridian
	Lungen-Meridian
	Dickdarm-Meridian
Energie aufnehmend:	Nieren-Meridian
	Blasen-Meridian
Energieminimum:	Leber-Meridian
	Gallenblasen-Meridian
Energie abgebend:	Herz-Meridian

Kreislauf-Sexus-Meridian Dreifacher-Erwärmer-Meridian Dünndarm-Meridian

■ Die Organe am Energiemaximum

Die Milz

Die Milz ist ein wichtiges Organ des Immunsystems. Sie bildet spezifische Immun- und Abwehrkörper und trägt auf diesem Wege zur Stärkung der Abwehrkräfte des Körpers bei. Wie die Leber zerstört auch die Milz die überalterten roten Blutkörperchen und speichert das Eisen des roten Blutfarbstoffs. Ebenso dient sie als Blutspeicher, der bei Bedarf größere Mengen an Blut in die Blutbahn abgibt.

Vor allem im Herbst muß die Immunabwehr aufgebaut werden. Der Winter steht vor der Tür. Von Tag zu Tag werden die klimatischen Bedingungen lebensfeindlicher. Es wird kalt, feucht und dunkel. Erkältungen aller Art, Grippe, Fieber, Viren- und Bakterienerkrankungen sind im Anzug. Wir müssen uns vor all diesen bedrohlichen Einflüssen schützen. Die Milz spielt dabei eine wichtige Rolle.

Die Bauchspeicheldrüse

Die Bauchspeicheldrüse erfüllt zwei wichtige Funktionen. Zum einen produziert sie den für die Verdauung notwendigen Bauchspeichel und zum andern bildet sie das vor allem für den Zuckerstoffwechsel so wichtige Insulin.

Der Bauchspeichel, von dem täglich bis zu zwei Liter in den Dünndarm abgegeben werden, enthält wichtige Verdauungsenzyme. Durch ihn werden Fette, Kohlenhydrate und Eiweiße in ihre kleinsten Bausteine zerlegt und anschließend durch die Darmwand in die Blutbahn aufgenommen.

Die Aufgabe des Insulins ist es, den in die Blutbahn aufgenommenen Zucker in der Leber zu speichern und so einem erhöhten Blutzucker entgegenzuwirken. Aber auch die Amino-

und Fettsäuren, die Bausteine der Eiweiße bzw. Fette, werden mit seiner Hilfe in das Muskel- und Fettgewebe eingelagert – und dort so lange deponiert, bis der Organismus sie benötigt.

Der Herbst ist die Zeit des Genießens und Schlemmens. Der Mensch nimmt mehr Nahrungsmittel auf, als er im Moment benötigt. Das bedeutet, daß er in dieser Zeit mehr Nahrung aufspalten und mehr Nährstoffe in die Gewebe einlagern muß als sonst – die Verdauung also übermäßig stark beansprucht wird. So ist es einfach zu verstehen, daß die Bauchspeicheldrüse, als wichtige Verdauungsdrüse, ausgerechnet im Herbst ihr energetisches Maximum erreicht.

Der Magen

Aus denselben Gründen, die bei der Bauchspeicheldrüse aufgeführt wurden, hat auch der Magen in der ersten Herbsthälfte, also in der Zeit der wohlverdienten Festlichkeiten, sein energetisches Maximum.

In dieser Zeit muß viel Magensaft produziert werden, der die Nahrung zu einem Brei verarbeitet und vorverdaut. Im Herbst läuft die Verdauung – und somit auch der Magen – auf vollen Touren.

Die Lunge

In den Lungen findet der Sauerstoffaustausch statt. Das verbrauchte Kohlendioxid wird in die Atemluft abgegeben und der Sauerstoff ins Blut aufgenommen. Wie wichtig der Sauerstoff für unser Leben ist, wissen wir alle. Mehrere Wochen lang können wir ohne Nahrung auskommen, mehrere Tage ohne Wasser, aber nur wenige Minuten ohne Sauerstoff. Sauerstoff ist gleichbedeutend mit Leben. Auch für den Aufbau des Immunsystems, der nun vorangetrieben wird, ist der Sauerstoff unbedingt notwendig. Er liefert die chemische Energie, den Treibstoff sozusagen, den die Zellen benötigen, um ihre Aktivitäten entfalten zu können.

Wie unsere Vorfahren schon erkannten, ist der Atem aber mehr als nur das Transportmittel für Sauerstoff und Kohlendioxid. Seine Aufgaben beschränken sich nicht darauf, die lebensnotwendige Sauerstoffkonzentration im Blut aufrechtzuerhalten. Er ist sehr eng mit unserer Seele verbunden. Er ist das Medium unserer Emotionen und Stimmungen. Je nachdem, ob wir Angst haben, uns aufregen oder in Muße einer Sinfonie lauschen, wechselt die Atmung ihre Gestalt und paßt sich der jeweiligen Stimmung an. Einmal gerät sie ins Stocken, ein anderes Mal peitscht sie stakkatoartig durchs Gemüt und wieder ein anderes Mal gleitet sie sanft und lautlos durch die Nasenflügel. Sie kann oberflächlich sein und tief, hart und weich, regelmäßig und unterbrochen, entspannt und verkrampft. Sie ist ebenso vielfältig in ihren Erscheinungen wie die Gefühle, die mit ihr verbunden sind.

Darüber hinaus ist die Luft, die wir atmen, das Medium, durch welches wir mit allen Lebewesen verbunden sind. Der Atem verbindet uns mit dem gesamten Kosmos und letztendlich sogar mit Gott. Am Anfang der Schöpfung, so heißt es in der Bibel, nahm Gott ein Stück Lehm und hauchte ihm das Leben ein – so entstand Adam, dessen Ähnlichkeit mit *Atem* nicht zu übersehen ist. In Anlehnung an diese anthropozentrische Sichtweise kann man sagen, daß Gott die zuerst geschaffene leblose Materie formte und danach allen Lebewesen seinen Atem einhauchte, durch welchen sie zum Leben erwachten. Auch heute noch wird uns dieser göttliche Atem zuteil: Mit jedem Atemzug nehmen wir erneut den göttlichen Lebenshauch in uns auf, der uns das Leben schenkt. Wir wohnen im Meer des Atems, inmitten des göttlichen Lebenshauches. Aus Gott sind wir alle erschaffen, und über den Atem sind wir stets mit ihm verbunden. Der Weg zu Gott führt über den Atem.

Im Sommer war das Heilige unten und das Profane oben. Nun im Herbst wendet sich das Blatt. Das Profane, die Fruchtbarkeit, zieht sich zurück ins Innere der Erde, und das Heilige erscheint an der Oberfläche. Damit dieser Wechsel auch in unserem Bewußtsein stattfinden kann, erreichen die Lungen in der zweiten Herbsthälfte ihr energetisches Maximum.

Der Dickdarm

Wie der Magen und die Bauchspeicheldrüse ist auch der Dickdarm ein Bestandteil des Verdauungssystems. Deshalb ist es relativ einfach zu erklären, warum er ausgerechnet im Herbst besonders aktiv ist. Allerdings hat er sein energetisches Maximum nicht in der ersten Herbsthälfte, sondern in der zweiten, wenn die Nahrungsaufnahme beendet und der Winterspeck bereits angesetzt ist. Der Dickdarm dient als Speicher für den Darminhalt. In ihm werden Wasser und wichtige Salze dem Kot entzogen und dem Organismus wieder zugeführt. Die 1,5 Liter Stuhl, die sich täglich in ihm ansammeln, werden auf diese Weise auf etwa 0,2 Liter reduziert.

«Dem Dickdarm kommt jedoch noch eine weitere wichtige symbolische Bedeutung zu. So wie der Dünndarm dem bewußten, analytischen Denken entspricht, so der Dickdarm dem Unbewußten, im buchstäblichen Sinne der «Unterwelt». Das Unbewußte ist mythologisch gesehen das Totenreich. Der Dickdarm ist ebenfalls ein Totenreich, denn in ihm befinden sich die Stoffe, die nicht in Leben umgewandelt werden konnten, er ist der Ort, wo Gärung auftreten kann. Gärung ist ebenfalls ein Fäulnis- und Sterbeprozeß. Symbolisiert der Dickdarm das Unbewußte, die Nachtseite im Körper, so entspricht der Kot den Inhalten des Unbewußten.»[11]

Wenn die Festlichkeiten vorüber sind und die Bäume ihre Blätter abgeworfen haben, zieht sich die Natur unter die Erdoberfläche zurück in das Reich der Finsternis. Der Mensch zieht sich ebenfalls zurück – in die tieferen Schichten seines Unbewußten. Es ist die Zeit des Rückzugs, und hierbei spielt der Dickdarm eine wesentliche Rolle.

■ Die Gefühle

In der ersten Herbsthälfte dominieren Zuversicht und Sympathie, Gelöstheit und Offensein. In der chinesischen Medizin ist die damit einhergehende Artikulation das Singen. Die Arbeiten auf dem Feld sind getan und die Ernte ist eingebracht. Nun kommt die Zeit des Feierns, des Schlemmens und Genießens. Ein altes Sprichwort sagt: «Wem das Essen soll gedeih'n, der muß guter Dinge sein.» Der Gesang spielt dabei eine wichtige Rolle. Er hebt die Stimmung, läßt die Probleme des Alltags vergessen und verbindet die Feiernden zu einer glücklichen Gemeinschaft. Man kommt sich näher, prostet sich zu, trinkt Brüderschaft und bekräftigt die Freundschaft mit dem gemeinsamen Gesang. Immer dann, wenn ausgelassene Stimmung aufkommt, wird gesungen.

In der ersten Herbsthälfte wird aber nicht nur gefeiert. Sie ist auch die Zeit des Wanderns. Die Temperaturen und die Luftfeuchtigkeit sind angenehm, die Luft ist klar und frisch, und die Fernsicht ist überwältigend. Die vielen Wanderlieder, die uns überliefert sind, sind ein Beleg dafür, daß auch beim Wandern das Singen ganz besondere Freude bereitet. Der Gesang verbindet uns nicht nur mit den Menschen, sondern auch mit der Natur, mit dem Himmel, mit Pflanzen und Tieren. Ganz allgemein kann man sagen, daß er eine öffnende, verbindende Wirkung auf die Menschen ausübt. Die Unfähigkeit zu singen geht oftmals einher mit Kontaktschwierigkeiten und mit der Unfähigkeit, sich dem anderen zu öffnen.

Neben der profanen hatte der Gesang in früheren Zeiten auch eine sakrale Bedeutung. In vielen alten Kulturen war ein Lied ein musikalisch dargebrachter Zauberspruch. Mit dem Gesang suchte man die Götter gnädig zu stimmen und die Dämonen der Finsternis zu bannen. Die Sänger glaubten damals gar, daß sie mit Hilfe des Gesangs ihre eigenen Seelenkräfte steigerten und während des Singens die Sprache der Geister artikulierten. Im Zustand der Ekstase fühlten sie sich den Dämonen nahe. So gesehen, bereitet uns der Herbstgesang auf die Unterwelt vor, in die wir in der zweiten Herbsthälfte endgültig eintreten. Er gibt uns die Kraft, die hilfreichen Energien der Unterwelt zu fördern und die hemmenden, lebensfeindlichen Einflüsse zu bannen.

In der zweiten Herbsthälfte können wir diese Seelenkräfte sehr gut gebrauchen, denn dann regieren Kummer und Sorge in unserem Bewußtsein. Die Winterdepression hält Einzug, und die seelische Artikulation, die mit diesen Emotionen einhergeht, ist das Weinen.

Es ist die Zeit der Psychoanalyse, die Zeit des Aufarbeitens. Wir sehen unsere Stärken und Schwächen und unsere Vergehen an der natürlichen Harmonie. Wir erkennen, daß wir neben den lichten Seiten auch dunkle Seiten haben, daß wir nicht immer nur stark sind, sondern auch schwach, nicht nur mutig, sondern auch ängstlich. Wir können nicht immer gewinnen, wir müssen auch verlieren. Wir sind nicht immer nur wichtig. Wir können nicht immer im Rampenlicht stehen. Manchmal sind wir auch das fünfte Rad am Wagen und scheinbar überflüssig. Dann werden wir vielleicht vernachlässigt, weniger geliebt oder vielleicht sogar verstoßen. Viele der Schmerzen, die wir in solchen Situationen erleben, lassen wir gar nicht ins Bewußtsein kommen, weil sie viel zu stark sind. Wir lenken uns ab, schlucken sie herunter und tragen sie mit uns herum.

Im Herbst steht die Natur auf unserer Seite. Dann gibt sie uns die Kraft, diese Schmerzen zu erleben und aufzuarbeiten, um sie endlich auszuscheiden. Sie gibt uns die Kraft zu weinen. Nutzen Sie diese Energien, weinen Sie, schämen Sie sich nicht Ihrer Tränen, auch wenn sie scheinbar grundlos kommen, und reinigen Sie mit ihrer Hilfe Ihre Seele.

■ Der Blutkreislauf

Die sommerliche Hitze ist überwunden. Die Temperaturen sind angenehm. Der Körper muß keine überschüssige Wärme mehr nach außen abgeben. Wärmeproduktion und -verbrauch halten sich in der ersten Herbsthälfte bei normaler Tätigkeit in etwa die Waage. Das Herz-Kreislauf-System muß weniger Leistung erbringen und wird deshalb mit weniger Energie versorgt. Das Wandern, das in dieser Zeit besonders empfehlenswert ist und das nun den Waldlauf und die anderen stark extravertierenden Übungen ablösen sollte, hält den Blutkreislauf in Gang, ohne dabei die Wärmeproduktion zu stark anzuregen. Die Extremitäten und die oberflächlichen Schichten des Körpers werden gleichmäßig mit Blut versorgt – dennoch können sich die Gefäße langsam wieder verengen und sich auf die kalten Temperaturen der kommenden Monate vorbereiten. Das Immunsystem wird durch die vermehrte Sauerstoffzufuhr gestärkt die Funktionen der Zellen angeregt, und das Anlagern der Schlackenstoffe, die durch das Schlemmen in größeren Mengen aufgenommen werden, wird verhindert.

In der zweiten Herbsthälfte werden die klimatischen Bedingungen zusehends lebensfeindlicher. Die Temperaturen sinken, es wird regnerisch und kalt, und die typischen Herbstnebel legen sich über die Natur. Die Herbstwinde, die nun über das Land ziehen, verstärken die bedrohliche Wirkung. Der Organismus muß sich davor schützen, zuviel Wärme zu verlieren. Er verengt die Blutgefäße, vermindert die Durchblutung der oberen Körperschichten und der Extremitäten und reduziert dadurch die Wärmeabstrahlung. Je länger der Herbst andauert, desto stärker wird die Introversion, die Konzentration von Blut und Energie im Körperinneren.

Durch die geringere Durchblutung der Körperperipherie steigt die Durchblutung des Körperzentrums. Die Organe und vor allem das Gehirn werden daraufhin mit mehr Nährstoffen, Sauerstoff und Energie versorgt.

Der Rückzug, der in der Natur beobachtet werden kann, läßt sich auch im menschlichen Organismus feststellen – zumindest dort, wo die Natur noch autonom und dem bewußten Willen des Menschen nicht untertan ist. Wir sollten diese Zusammenhänge erkennen und bei der Gestaltung unseres Alltags und bei der Zusammenstellung der gesundheitsdienlichen Übungen berücksichtigen. Wir sollten die introvertierenden Schutzmaßnahmen unterstützen und nicht durch extravertierende Übungen unterbinden.

■ Die Atmung

Die Atmung verläuft nach denselben Prinzipien wie der Blutkreislauf. Im Sommer produzierte der Körper im Vergleich zur Umwelt zuviel Wärme, die er abgeben mußte. Durch die extravertierenden Übungen wurden die Mechanismen der Wärmeabgabe trainiert und aufrechterhalten. Die Vollatmung herrschte vor, bei welcher viel Wärme über die Atemluft abgegeben wurde. In der ersten Herbsthälfte halten sich, wie bereits erwähnt, Wärmeproduktion und Wärmeverbrauch bei normaler jahreszeitlich angepaßter Tätigkeit die Waage. Die Atmung wird ruhiger, die Brustatmung verliert an Bedeutung und die Vollatmung wandelt sich langsam wieder zur Flankenatmung, die in der zweiten Herbsthälfte dominieren sollte. Dann nämlich sind die Temperaturen gesunken, und der Körper muß den Wärmeverlust über die Atmung so gering wie möglich halten. Je geringer das Atemvolumen und je langsamer die Atmung, desto geringer ist der Wärmeverlust.

SO BLEIBEN SIE IM HERBST GESUND

Das Gesundheitstraining, das im folgenden empfohlen wird, orientiert sich an den geschilderten natürlichen Größen. Es
- stärkt Milz, Bauchspeicheldrüse und Magen
- stärkt Lungen und Dickdarm

- fördert die Seelenkräfte
- unterstützt die Introversion
- reduziert die Vollatmung zur Flankenatmung.

Bei der Auswahl der integrativen Übungen wurden lediglich die Organe berücksichtigt, die momentan an ihrem energetischen Maximum angelangt sind oder gerade Energie aufnehmen. Es werden keine Meridiane bzw. Organe geschwächt.

KÖRPERÜBUNGEN

■ Reinigungsübungen

Die Reinigungsübungen sind nach wie vor von großer Bedeutung. Die Übungen, die bereits im Sommer empfohlen wurden, sollen genausooft auch im Herbst praktiziert werden.

- Ganzkörperwaschung (s. S. 127 f)
- Nasenreinigung mit Wasser (s. S. 128)
- Zahnwurzelreinigung (s. S. 129)
- Zungenreinigung (s. S. 130)

Eine weitere Reinigungsübung die vermehrt im Herbst und im Winter praktiziert werden sollte, ist die Ohrreinigung.

Ohrreinigung

Ausführung: Stecken Sie Ihre Zeigefinger in die Gehörgänge und drehen Sie sie so lange darin herum, bis die Ohren aufgrund der Reibung warm werden. Sie können Ihre Ohrmuscheln auch mit den Fingerspitzen oder mit den Handflächen kräftig massieren und sie dabei auch nach vorne umklappen. Oder machen Sie das, was die Lehrer früher in der Schule immer gemacht haben – ziehen Sie sich selbst die Ohren lang.

Dauer: ein bis zwei Minuten

Häufigkeit: täglich

Wirkung: Auf der körperlichen Ebene wird durch diese Übung die Durchblutung der Ohren erhöht, was ganz besonders im Winter von Vorteil ist. Auf der seelisch-geistigen Ebene wird die Zuwendung zum Gehör und die Bewußtmachung des Hörens gefördert. Hier ist es nicht das Hellsehen, das erlangt werden soll, wohl aber das Hellhören. Unsere Aufmerksamkeit soll in der dunklen Jahreszeit, wie es die Inder nennen, auf den inneren Schall (Nada Brahma), auf die Stimme Gottes, gerichtet werden.

Von besonders integrativem Wert sind jetzt auch die Reinigungsübungen, die den Verdauungskanal betreffen. Aus diesem Grund sollten folgende Übungen häufiger ausgeführt werden:

Die trockene Darmreinigung

Ausgangshaltung: Die beste Ausgangsstellung für diese Übung ist der *sitzende Kniekuß*. Setzen Sie sich auf den Boden und strecken Sie die Beine durch. Greifen Sie mit Ihren Händen die Füße (wenn Ihnen dies nicht möglich ist, können Sie auch Ihre Knöchel oder Ihre Schienbeine greifen), nehmen Sie Ihren Kopf in den Nacken und machen Sie ein Hohlkreuz.

Sie können diese Übung aber auch im Sitzen oder im Stehen ausführen.

Ausführung: Atmen Sie aus und ziehen Sie den After zusammen und nach innen hoch. Entspannen Sie dabei die Bauchmuskulatur. Lassen Sie den After wieder nach außen treten und atmen Sie ein.

Dauer: wenige Minuten

Häufigkeit: drei- bis viermal pro Woche

Wirkung: Mit dieser Übung regen wir die Verdauung an. Die Inder sagen: «Das Verdauungsfeuer wird angefacht.» Die Darmfunktionen werden gestärkt und Blähungen werden vermieden.

Darüber hinaus kräftigt und entspannt man mit Hilfe dieser Übung seinen Schließmuskel, mit der Folge, daß er besser durchblutet wird, das Venenblut besser abfließt und Hämorrhoiden entgegengewirkt wird.

Wenn man bedenkt, daß man in einer Situation, in welcher man Angst hat, den Schließmuskel anspannt und auf Dauer sogar verspannt, und daß aus dieser Situation Hämorrhoiden resultieren können, kann man davon ausgehen, daß diese körperliche Übung einen direkten Einfluß auf unseren seelischen Zustand hat. Sie nimmt uns die Angst, oder zeigt uns zumindest einen Weg, wie wir mit unserer Angst umgehen können.

Feuerreinigung

Ausgangshaltung: Vierfüßler

Ausführung: Atmen Sie kräftig ein und danach ebenso kräftig wieder aus. Spannen Sie die Bauchmuskeln an und pressen Sie die letzten Reste Atemluft aus der Lunge. Entspannen Sie die Bauchmuskeln und lassen Sie den Bauch entspannt nach unten hängen. Ziehen Sie nun – ohne einzuatmen – den Bauch ein und bewegen Sie Ihren Nabel so weit wie möglich in Richtung Wirbelsäule. Verharren Sie kurz in dieser Position und lassen Sie dann den Bauch entspannt nach vorne schnellen. Wiederholen Sie diese Übung einige Male und atmen Sie dann wieder ein.

Übertreiben Sie nicht. Sie sollten am Ende der Übung in der Lage sein, die Atemluft langsam einfließen zu lassen. Wenn Sie regelrecht nach Luft schnappen müssen, haben Sie die Übung zu weit ausgedehnt.

Wichtig: Diese Übung sollte nur mit leerem Magen ausgeführt werden.

Dauer: wenige Minuten

Häufigkeit: täglich

Wirkung: Die Verdauung wird angeregt. Sämtliche Organe des Bauchraums werden massiert und in ihrer Funktion unterstützt. Das Sonnengeflecht, die Mitte des Menschen, wird aktiviert.

■ Statisches Krafttraining

Im Gegensatz zum dynamischen werden beim statischen Krafttraining die Gewichte über einen längeren Zeitraum hinweg in einer bestimmten Position gehalten. In der Arbeitsmuskulatur kommt es dadurch zu einer Daueranspannung, die erst im Anschluß an die Übung, durch eine Entspannung ausgeglichen wird.

Warum das statische Krafttraining vor allem im Herbst und im Winter praktiziert werden sollte, sieht man an seinen physiologischen und anatomischen Wirkungen.

- Durch die Daueranspannung werden die Blutgefäße in der Arbeitsmuskulatur zusammengepreßt und ihre Durchblutung wird unterbunden. Es kommt zu einer Blutverlagerung ins Körperinnere.
- Aufgrund der Minderdurchblutung der Körperperipherie hat das statische Krafttraining keine Herz-Kreislauf-stärkende bzw. -aktivierende Wirkung. Trotz der sportlichen Aktivitäten kann der Körper die Regenerationsphase des Kreislaufsystems einleiten.
- Der Muskelquerschnitt und die Muskelkraft nehmen zwar zu, (oder bleiben zumindest erhalten), doch im Gegensatz zum dynamischen Krafttraining kommt es hier zu keiner Kapillarisierung bzw. Blutgefäßneubildung. Auch dieser Punkt wirkt sich positiv auf die Regenerationsphase des Kreislaufsystems aus.

Mit Hilfe des statischen Krafttrainings kann sich der Körper optimal auf den Winter vorbereiten. Allerdings sollte man sich in der dunklen Jahreszeit keine allzu großen Anstrengungen aufbürden. Wie beim dynamischen Ausdauertraining, läßt sich auch nach einem anstrengenden Krafttraining eine kurzfristige Schwächung des Immunsystems nachweisen. Die feuchtkalte Witterung zeigt sich dann als große, vielleicht sogar zu große Belastung. Im Fall einer Erkältung oder einer Infektionskrankheit sollte man gänzlich auf das Krafttraining verzichten.

■ Statisches Beweglichkeitstraining (Stretching)

Auch das Beweglichkeitstraining sollte im Herbst einen statischen Charakter annehmen. Im Westen ist diese Form des Übens unter dem Namen *Stretching* (engl. *to stretch = dehnen*) bekannt geworden. Die Wirkungen, die es im Übenden entfaltet, sind ganz und gar auf die natürlichen Bedingungen der zweiten Jahreshälfte abgestimmt. Es
- regt den Stoffwechsel an
- dämpft den Muskeltonus (körperliche Entspannung)
- fördert die Konzentration (seelisch-geistige Entspannung)
- unterstützt die Introversion

■ Asanas

Die *Asanas* sind die Körperhaltungen des Yoga. Sie vereinen das statische Beweglichkeitstraining und das statische Krafttraining und wirken deshalb stark introvertierend. Da sie über einen längeren Zeitraum hinweg eingenommen werden, sind sie auch zur Schulung der statischen Ausdauer vorzüglich geeignet.

Sie wurden durch Jahrhunderte hindurch entwickelt, um jeden Muskel, jeden Nerv und jede Drüse des Körpers zu trainieren. Der Vorteil, den sie gegenüber dem westlichen, körperorientierten Training haben, ist, daß sie auch die seelischgeistige Dimension des Menschen ansprechen, die im Herbst und im Winter besonders betont werden soll. Sie schulen die Gedanken und halten allzu starke Gefühlsschwankungen im Zaum (Winterdepression!).

In den letzten Sommerwochen sollten wir deshalb die extravertierenden, dynamischen Übungen – Gymnastik, Waldlauf,

Krafttraining – schrittweise durch introvertierende Asanas ersetzen. Ebenso wie die Tiere und Pflanzen, sollten auch wir jetzt die Oberfläche verlassen und uns auf unser Zentrum, auf unsere Wurzeln besinnen.

■ Der Sonnengruß

Ein besonderes Kreislauftraining ist der Sonnengruß. Im Gegensatz zu den anderen Kreislaufübungen hat er ebenso wie die Asanas eine tiefergehende seelisch-geistige Bedeutung. Er richtet unser Bewußtsein auf die Sonne und erinnert uns daran, daß wir unser Leben der Sonne verdanken. Alles Leben auf der Erde ist umgewandelte Sonnenenergie.

Wenn wir der altüberlieferten Weisheit «Wie außen so innen – wie oben so unten» folgen, stellen wir fest, daß sich Sonne und Herz entsprechen – daß die Sonne unser kosmisches Herz ist und unser Herz die körperliche Sonne. Beide sind sie Symbole des Lebens. Begriffe, die wir mit ihnen assoziieren, sind Energie, Wärme, Leben und Liebe. Wo sie nicht sind, hört der Fluß des Lebens auf zu fließen, herrschen Kälte und Tod.

Die Zeit, in welcher der Sonnengruß seine integrativste Wirkung hat, fällt in den Herbst und den Winter. Dann nämlich, wenn die Nächte länger sind als die Tage, wenn die Mächte der Finsternis stärker sind als die des Lichts, und wenn eisige Temperaturen herrschen, dann sind wir ganz besonders auf die Lebenskraft der Sonne angewiesen. Jeden Sonnenstrahl sollten wir dann ausnutzen und in uns einsaugen. Er gibt uns Kraft, die lebensbedrohlichen Bedingungen zu überstehen.

Mit dem Sonnengruß schärfen wir unser Bewußtsein für die Sonne.

Vorübung: Stellen Sie sich mit dem Gesicht in Richtung Sonne. Schließen Sie die Augen und lassen Sie in Ihrem Inneren das Bild der Sonne entstehen. Visualisieren Sie, wie die Sonne in Ihnen aufgeht und immer größer wird. Spüren Sie die Kraft, die sie in Ihnen entfaltet.

Öffnen Sie nach einiger Zeit die Augen und beginnen Sie den Zyklus.

Ausführung: (praktische Hinweise siehe Seite 219)

1. Stehen Sie aufrecht, legen Sie die Handflächen vor der Brust aneinander und berühren Sie mit den Daumen das Brustbein.
2. Atmen Sie aus, beugen Sie den Oberkörper nach vorne und legen Sie die Hände auf den Boden. Die Beine bleiben gestreckt.
3. Atmen Sie ein, winkeln Sie das linke Bein an und senken Sie den Körper. Strecken Sie gleichzeitig das rechte Bein und setzen Sie den rechten Fuß etwa einen Meter weit nach hinten auf den Boden. Drücken Sie das Becken nach unten, machen Sie ein Hohlkreuz und nehmen Sie den Kopf in den Nacken.
4. Halten Sie den Atem an, setzen Sie den linken Fuß neben den rechten, und machen Sie einen Buckel. Das Kinn liegt am oberen Rand des Brustbeins, Beine und Arme sind gestreckt und die Fersen berühren den Boden.
5. Atmen Sie aus, winkeln Sie die Arme an und kommen Sie herunter ins «Krokodil». Die Vorderseite des Körpers bildet eine durchgehende Linie, die wenige Zentimeter hoch parallel zum Boden verläuft. Nur die Hände und die Zehen berühren den Boden.
6. Atmen Sie ein, strecken Sie die Arme und drücken Sie sich hoch in die schwebende «Kobra». Auch jetzt berühren nur die Hände und die Zehen den Boden. Der Kopf liegt im Nacken. Das Gesicht schaut zur Decke.

7. Atmen Sie aus und drücken Sie sich hoch in den großen Katzenbuckel (wie Übung 4).
8. Atmen Sie ein, winkeln Sie das rechte Bein an, und setzen Sie die rechten Zehen zwischen die Hände. Nehmen Sie gleichzeitig den Kopf in den Nacken und machen Sie ein Hohlkreuz (wie Übung 3).
9. Atmen Sie aus, setzen Sie den linken Fuß neben den rechten und strecken Sie die Beine. Die Hände bleiben unbewegt liegen (wie Übung 2).
10. Atmen Sie ein, richten Sie sich auf und kommen Sie zurück in die Ausgangsstellung. Die Handflächen liegen vor der Brust aneinander. Die Daumen berühren das untere Brustbein (wie Übung 1).

Dauer: Ein Zyklus sollte etwa zehn bis fünfzehn Sekunden dauern. Wenn Sie genügend Übung darin haben, können Sie ihn auch schneller ausführen.

Häufigkeit: täglich nach dem Aufstehen

Dauer: wenige Minuten

Wirkungen: In Indien nennt man unter anderem folgende Heilwirkungen des Sonnengrußes. Er
- fördert das gesamte Verdauungssystem
- stärkt und reinigt die Lunge
- kräftigt das Herz und hilft bei zu hohem Blutdruck
- reaktiviert das Nervensystem
- regt die Drüsentätigkeit an
- verbessert Farbe und Funktion der Haut
- kräftigt Hals, Schultern, Arme, Handgelenke, Finger, Rükken, Taille, Bauch, Schenkel, Knie, Waden und Fußgelenke
- reguliert die Unterleibsfunktionen
- baut überflüssiges Fett ab
- reduziert Schweißgeruch

- stärkt die Widerstandskraft
- entwickelt eine ruhige und gelöste Geisteshaltung

ATEMÜBUNGEN

Eine Atemübung, die im Herbst praktiziert werden kann und die bereits im Kapitel «So bleiben Sie im Frühling gesund» abgehandelt wurde, ist die Reinigungsatmung. Zusätzlich sollten im Herbst auch folgende Übungen ausgeführt werden:

■ Normale Atmung

Der Rhythmus ist der Schlüssel zur Gesundheit. Wie bereits erwähnt, laufen alle Funktionen des gesunden Organismus in einem bestimmten Rhythmus ab. Auch untereinander sind die einzelnen Körperfunktionen durch einen bestimmten Rhythmus miteinander verbunden – sie sind synchronisiert. So erkannten unsere Vorfahren zum Beispiel, daß im Normalfall die Einatmung nur halb so lange dauert wie die Ausatmung, und daß die Atemfrequenz sehr stark mit der Herzfrequenz zusammenhängt. Vor diesem Hintergrund ist die folgende Übung zu verstehen.

Ausgangshaltung: halber Lotossitz, Diamantensitz oder Rükkenlage

Ausführung: Schließen Sie die Augen und kommen Sie zur Ruhe. Konzentrieren Sie sich auf den Herzschlag oder fühlen Sie den Puls an der Hand. Rhythmisieren Sie Ihren Atem, indem Sie während zwei Herzschlägen einatmen und während vier Herzschlägen wieder ausatmen.

Fortgeschrittene können die Dauer der Atemzüge verlängern und zum Beispiel während vier Herzschlägen einatmen und während acht Herzschlägen ausatmen. Vermeiden Sie jedoch jede Anstrengung. Der Atem sollte gleichmäßig und ruhig ein- und ausgehen. Nicht die Dauer entscheidet über den Erfolg, sondern der Rhythmus.

Hurenkind - Verlag bitte einbringen!

Dauer: ein bis fünf Minuten

Wirkung: Die Rhythmisierung des Organismus steigert die Leistungsfähigkeit und die Konzentrationsfähigkeit. Dies wird Ihnen nach dieser Übung leichter von der Hand gehen. Sie leben und arbeiten, denken und fühlen im Rhythmus des All.

■ Klassische Rhythmusübung

Ausgangshaltung: halber Lotossitz oder Diamantensitz

Ausführung: Schließen Sie die Augen und konzentrieren Sie sich auf den Herzschlag oder fühlen Sie den Puls. Der Rhythmus, den Sie bei dieser Übung einhalten sollen, ist 1:4:2. Die 1 steht für die Einatmung, die 4 für das Atemanhalten und die 2 für die Ausatmung. Wenn Sie also beispielsweise zwei Herzschläge lang einatmen, sollten Sie die Luft für die Dauer von acht Herzschlägen anhalten und innerhalb von vier Herzschlägen wieder ausatmen. Zwischen den einzelnen Zyklen sollten Sie keine Pause machen.

Dauer: fünf bis 20 Zyklen

Konzentrationspunkt: Rhythmus

Wirkung: Der Atem wird rhythmisiert und die Konzentrationsfähigkeit wird gesteigert.

■ Die unmerkliche Atmung

Ausgangshaltung: halber Lotossitz oder Diamantensitz

Ausführung: Schließen Sie die Augen, richten Sie die Wirbelsäule auf und kommen Sie zur Ruhe. Atmen Sie langsam ein und aus, ohne dabei den Atem anzuhalten. Mit der Zeit können Sie die Atmung so langsam ausführen, daß die Einatmung unmerklich, ohne Übergang, in die Ausatmung übergeht.

Diese Übung ist eine wichtige Voraussetzung für die Meditation. Nur wenn die Atmung so ruhig verläuft, daß sie vom Bewußtsein nicht mehr wahrgenommen wird, ist der Übende in der Lage, sich ohne störende Ablenkungen in das Objekt seiner Konzentration zu versenken. Im Yoga ist diese Atmung das Ziel aller Atemübungen.

Dauer: bis zu 20 Minuten

Wirkung: Die unmerkliche Atmung wirkt beruhigend und introvertierend. Sie harmonisiert sämtliche Funktionen des Organismus und bereitet den Übenden wie keine andere Übung auf die Verinnerlichung vor. Sie führt ihn zur Konzentration und über diese zur Meditation.

ÜBUNGEN FÜR DEN GEIST

Die vermehrte Durchblutung des Gehirns ist ein deutlicher Hinweis der Natur darauf, daß jetzt die geistigen (und auch die geistlichen) Aktivitäten vermehrt in den Vordergrund rücken und die Dominanz der Körpermuskulatur ablösen. Durchdenken Sie Ihr Leben und Ihre jetzige Situation. Lassen Sie alles noch einmal Revue passieren. Stellen Sie die natürliche Ordnung in Ihrem Bewußtsein her. Schaffen Sie sich ein neues Fundament, ein festes, gesundes Fundament, auf welchem Sie Ihre Zukunft, Ihre neue Persönlichkeit errichten können.

■ Das Schließen der Pforten

Ausgangshaltung: halber Lotossitz, Diamantensitz, Rückenlage oder aufrechter Stand. Kann auch im Gehen ausgeführt werden.

Ausführung: Konzentrieren Sie sich der Reihe nach, von oben nach unten, auf die Pforten der Wahrnehmung und spüren Sie, wie die Energie durch sie nach außen fließt. Nachdem Sie diesen Vorgang wahrgenommen haben, können Sie dazu übergehen, die Pforten mit Hilfe der Imagination zu verschließen. Visualisieren Sie hierzu ein Tor, das sich schließt, ein Kreuz, das das

Abfließen der Energie verhindert, oder sonst ein Symbol, das in Ihrem Bewußtsein mit dem Schließen in Verbindung steht. Lenken Sie die Lebensenergie um und lassen Sie sie gemeinsam mit Ihrem Bewußtsein in Ihr Inneres, in Ihre Mitte fließen.

Der Reihe nach sollten Sie folgende Pforten schließen:

Scheitel	Stirn	Drittes Auge
Augen	Nasenwurzel	Zungenwurzel
Halsgrube	Herz	Nabel
Körpermitte (5 cm unter dem Nabel)	Penis / Vagina	After
Oberschenkelmitte	Knie	Unter dem Knie
Unterschenkel	Knöchel	Große Zehe[45]

Dauer: fünf bis 20 Minuten

Wirkung: Die Pforten der Wahrnehmung werden geschlossen. Das Bewußtsein und die Lebensenergie sammeln sich im Inneren an, und die Selbstheilungskräfte entfalten sich. Die seelisch-geistige Introversion wird mit dieser Übung körperlich eingeleitet.

■ Auf die Gedanken lauschen

Ausgangshaltung: halber Lotossitz, Diamantensitz, Rückenlage oder aufrechter Stand. Diese Übung kann auch im Gehen praktiziert werden.

Ausführung: Konzentrieren Sie sich auf Ihre Gedanken. Lassen Sie alle Gedanken zu Wort kommen. Hören Sie aufmerksam zu. Vermeiden Sie jede Beurteilung. Jeder Gedanke, der aus Ihrem Unbewußten aufsteigt, hat seine Berechtigung, sein Recht. Respektieren und achten Sie ihn. Er ist ein Teil Ihrer Persönlichkeit, ein Teil Ihres Selbst.

Versuchen Sie keinesfalls den Strom der Gedanken in eine bestimmte Richtung zu drängen. Die Macht der Gedanken ist viel zu groß, als daß Sie etwas gegen sie ausrichten könnten. Die Gedanken sind frei – sie kommen und gehen, wann immer sie wollen. Wir können sie nicht aus der Welt schaffen. Wir können sie vielleicht über einen kurzen Zeitraum hinweg unterdrücken, aber dadurch geben wir ihnen die Möglichkeit, im Unbewußten Energie anzusammeln und zu wachsen. Gerade diese Gedanken, die über Monate und Jahre hinweg nicht zu Wort kamen und immer wieder unterdrückt wurden, sind die gefährlichsten. Denn vor allem sie haben die Kraft, uns zu Affekthandlungen zu verleiten, derer wir im Normalfall gar nicht fähig wären. Wir können die Gedanken nicht einfach übergehen. Sie repräsentieren Seelenkräfte, die mit der Macht des Unbewußten ausgestattet sind. Wir können ihnen nur zuhören und sie durch dieses Zuhören besänftigen. Lassen Sie sie also gewähren und hören Sie zu, was sie Ihnen zu sagen haben. Gewiß zeigen sie Ihnen den Weg zu Harmonie und Ausgeglichenheit – den Weg zum inneren Frieden.

■ Trataka

Ausführung: Schauen Sie auf einen Punkt oder eine Flamme, ohne zu blinzeln oder die Augen aufzuschlagen, bis die Augen tränen. Die Körperhaltung, die Sie dabei einnehmen, ist von untergeordneter Bedeutung. Sie sollten lediglich darauf achten, daß Ihre Wirbelsäule aufrecht ist und Sie bequem einige Minuten in dieser Haltung verharren können.

Dauer: Das Zeitmaß dieser Übung wird durch den Tränenfluß bestimmt. Zu Beginn wird er schon nach wenigen Sekunden einsetzen, und die Schmerzen der brennenden Augen werden das weitere Üben unmöglich machen. Mit der Zeit werden sich die Augen allerdings daran gewöhnen. Die Dauer können Sie dann auf mehrere Minuten ausdehnen. Aber auch dann werden sich die Intervalle von Augenschlag zu Augenschlag auf 30 bis 60 Sekunden beschränken.

Wirkung: Diese Übung hat einen günstigen Einfluß auf unseren Geist. Die Gedankenbewegungen und die Bewegungen der Augen haben eine gemeinsame Wurzel. Sie artikulieren dieselben Informationen und beeinflussen sich gegenseitig. Ein ruhiger Blick geht mit einem ruhigen Geist einher. Indem wir lernen, den Blick zu festigen, lernen wir gleichzeitig, unseren Geist zu festigen und uns der endlosen Gedankenflut zu erwehren. Nur so können wir gesundheitsdienliche Gedanken kultivieren und mit der Zeit unserem Geist einen gesundheitsdienlichen Charakter verleihen.

Beim Üben von *Trataka* stellt sich mit der Zeit ein verschwommener Blick ein. Dies ist ein Zeichen dafür, daß sich die Augenmuskulatur entspannt und die Brennweite der Augen auf *unendlich* eingestellt ist. Durch diese Entspannung werden Augenkrankheiten und Sehschwächen, die oftmals auf Verspannungen der Augenmuskulatur beruhen, günstig beeinflußt.

Der Tränenfluß, der in Gang gesetzt wird, ist eine Reinigung der Augen. Da die Alten sehr großen Wert darauf legten, daß durch diese Übung das *göttliche Sehvermögen* – also die Reinheit der Seele – erlangt wird, muß man davon ausgehen, daß durch den Tränenfluß auch die Seele gereinigt wird. Schließlich entstehen Tränen beim Weinen, und das ist eine der heilsamsten Seelenreinigungen, die wir kennen.

■ Konzentrationsübungen

Konzentrieren Sie sich auf einen natürlichen oder einen kulturellen Zeitgeber und spüren Sie, wie dieser sein energetisches Grundmuster in Ihnen entfaltet. Synchronisieren Sie sich mit ihm – werden Sie eins mit ihm.

Während Sie im Frühling die Augen während der Konzentration offenhielten, um Kontakt mit Ihrer Umwelt aufzunehmen, sollten Sie sie jetzt geschlossen halten. Wenden Sie sich ab von der Umwelt, und konzentrieren Sie sich auf Ihre eigenen Wurzeln, auf die unendlichen Tiefen Ihres eigenen Bewußtseins. Lassen Sie die Gegenstände, die im folgenden als Konzentrationsobjekte empfohlen werden, vor Ihrem geistigen Auge entstehen und entdecken Sie, daß sie ein Teil von Ihnen sind.

Hurenkind - Verlag bitte einbringen!

Besonders geeignet für die Konzentration im Herbst sind:
- goldgelbe Blätter
- Weinreben
- die Dunkelheit
- eine Waage
- ein Kreuz, als Zeichen des Todes
- eine Wendeltreppe, die hinab in die Dunkelheit führt.

Sie können sich auch Bilder aus der Vergangenheit in Ihr Bewußtsein rufen oder vielleicht auch Ihre gesamte Vergangenheit und Jahr für Jahr Ihres bisherigen Lebens aufarbeiten. Auch Ihre Ahnen können das Objekt Ihrer Konzentration sein. Besuchen Sie die Gräber der Verstorbenen und reden Sie mit ihnen.

■ Musik

Alle Übungen können auch mit Musik unterlegt werden. Für die Integration in den Herbst eignen sich unter anderem folgende Stücke:

Bach, Johann Sebastian: Orchestersuite Nr. 3, Air
Beethoven, Ludwig van: Sinfonie Nr. 8
Grieg, Edvard: Peer Gynt Suite, Aases Tod
Haydn, Joseph: Die Abschiedssinfonie
Mahler, Gustav: Das Lied von der Erde
Mozart, Wolfgang Amadeus: Requiem
Purcell, Henry: King Arthur, Let me freeze again to death
Schubert, Franz: Der Jüngling und der Tod; Der Tod und das Mädchen; Der Schatzgräber
Strauss, Richard: Metamorphosen
Tschaikowsky, Pjotr Iljitsch: Sérénade mélancolique
Vaughan Williams, Ralph: The dark ascending

Der Winter
1. Dezember – 28. Februar*

Klarheit

Oft ist es mir, als säh ich niedergleiten
Die Schleier still und leise von den Dingen,
Mein Auge kann das weite All durchdringen
und blickt zurück zum Urquell aller Zeiten.

Ich sehe, wie die Fäden sich bereiten,
Wie sie sich knüpfen, kreuzen und verschlingen –
Und so die Tage immer näher bringen,
Die zu den unsren ernst herüberleiten.

Dann fühl ich mit dem Fernsten mich verwoben
Und in mir leben jedes Einzelleben,
Das hier geatmet und geblickt nach oben.

Mein eignes Ich, mit tiefgeheimem Beben,
Seh ich zur Welt erweitert und erhoben –
Und mit ihr, wie ein Traum, in Nichts verschweben.

Ferdinand von Saar

---

* Der Körper benötigt einige Wochen, um sich umzustellen. Aus diesem Grund beginnen die biologischen Jahreszeiten früher als die astronomischen.

DIE NATUR

Der Herbst war die Zeit des Rückzugs und der inneren Einkehr. Die Sonne wanderte in den Süden, die Nächte wurden länger als die Tage und die klimatischen Bedingungen von Tag zu Tag bedrohlicher. Die Frostriesen gewannen die Übermacht, und die Lebewesen – Pflanzen, Tiere und Menschen – mußten sich zurückziehen und sich auf ihre eigenen Kräfte besinnen, um im Kampf gegen die lebensfeindlichen Bedingungen nicht ihr Leben zu verlieren.

Im Dezember wird der Rückzug abgeschlossen. Die Sonne erreicht ihren südlichsten Punkt und die Nacht ihre längste Ausdehnung. Die Tiere, die den eisigen Temperaturen trotzen, haben ihr Winterkleid und ihre schützende Speckschicht angelegt, die Winterschläfer ruhen in ihren Höhlen, und die Zugvögel sind in ihren südlichen Winterrevieren angekommen. Auch im Pflanzenreich ist die Anpassung an die winterlichen Gegebenheiten vollzogen. Die Lebenssäfte der Pflanzen konzentrieren sich auf die Wurzeln. Die Blätter, die lebenswichtigen Nährstoffe für das kommende Jahr, sind größtenteils in die Erde eingearbeitet, und die Samen, die im Herbst von den Bäumen fielen und im Frühling neues Leben entfalten, sind ebenfalls unter der Erde. Im Dezember ruht die Natur in ihren eigenen Wurzeln. Sie ernährt sich überwiegend aus sich selbst heraus, von den Reserven, die sie in ihrem Inneren angesammelt hat. Der natürliche Kampf um Fressen und Gefressenwerden ruht. Es ist die Zeit des Friedens und der Harmonie.

Die Erde hat sich zur Ruhe gelegt und sich mit einer Decke aus Schnee und Eis zugedeckt. Sie will schlafen, sich von den Strapazen des letzten Jahres erholen und Kräfte sammeln, für das neue, nun im Winter anbrechende Jahr. Mit einem Wort – sie will sich regenerieren.

Die Schneedecke, die sie sich übergelegt hat, ist ihr dabei eine wertvolle Hilfe. Die weiße Farbe reflektiert die Sonnenstrahlen und schützt sie dadurch vor frühzeitiger Erwärmung – also vor frühzeitigem Erwachen. Gleichzeitig ist der Schnee durch seine chemische Beschaffenheit ein optimaler Kälteschutz. Er verhindert die Wärmeabstrahlung und somit die Unterkühlung der Erde. Unter einer massiven Schneedecke sinken die Temperaturen selten unter den Gefrierpunkt.

Vor diesem Hintergrund ist es einfach zu verstehen, warum die introvertierenden, yinisierenden Energien der Erde im Dezember noch nicht ihren Höhepunkt erreicht haben. Obwohl die Sonne nach der Wintersonnenwende wieder zurückkehrt und die Tage länger werden, sinken die Temperaturen weiterhin. Es ist jetzt keine rein kosmische Kälte mehr, die nur auf mangelnde Sonneneinstrahlung zurückzuführen ist. Es ist irdische Kälte, irdisches Yin. Wie im Sommer die männlichen Energien die Oberhand gewannen und die weiblichen Energien von der Erdoberfläche verdrängten (Mariä Himmelfahrt), so sind es jetzt die weiblichen Kräfte, die dominieren und die männlichen auf ein Minimum reduzieren. Ruhe und Entspannung, Passivität und Hingabe an die tieferen Gesetze der Natur stehen nun im Vordergrund.

Im Februar erreichen die Temperaturen gewöhnlich ihren Tiefpunkt. Dennoch erwacht in diesen Tagen die Natur, in den tieferen Schichten der Erde, zu neuem Leben. In den Samen und Wurzeln laufen die ersten chemischen Prozesse an, die an ein Rekeln und Strecken in den frühen Morgenstunden erinnern. Die Pflanzen saugen Wasser in sich ein, ziehen die Lebenssäfte hoch in ihre Äste und spülen ihre Gefäße und Gewebe. Sie reinigen sich, saugen neues Leben in sich ein und bereiten sich auf den Frühling vor, auf das endgültige Erwachen aus dem Winterschlaf.

Seinen Namen hat der Februar vom lateinischen *februaris*, was *Reinigung* und *Sühne* bedeutet. Der Februar ist der Monat der Reinigung. Die weiblichen, yinisierenden Energien erreichen in ihm ihren Höhepunkt.

Das Yin-Element Wasser rückt nun in den Vordergrund des Geschehens. Wurde es im Sommer noch von der Sonne verdrängt, so ist es nun an ihm, die Macht zu ergreifen und die yangisierenden Energien, Hitze und Trockenheit, zurückzudrängen. Oberflächlich bedeckt es in Form von Schnee und Eis die gesamte Natur und hält jegliches Yang und jegliche kosmische Wärme fern von der Erde. Und im Inneren führt es die Lebewesen zu neuem Leben. Es reinigt sie, befreit sie von alteingesessenen Verunreinigungen und bereitet sie auf die Wiedergeburt vor, die im Frühling an der Frühlings-Tagundnachtgleiche stattfindet.

MYTHEN UND BRÄUCHE

■ Dezember

Für viele Völker der nördlichen Erdhalbkugel ist der Dezember der Monat der Weisheit und der Philosophie, der Religion und der Spiritualität. Wenn sich die Nebel in der Natur auflösen und die Luft klar und rein wird, kommt auch für das menschliche Bewußtsein die Zeit der inneren Klarheit. Die Wogen der Ichsucht glätten sich und das Bewußtsein kann auf den Grund seines eigenen Selbst schauen, auf seine Wurzeln, die in der Unendlichkeit, in Gott, gründen.

Die heidnischen Germanen waren ein in die Natur integriertes Volk. Sie wußten noch, was es heißt, den Winter in meterhohem Schnee zu erleben. Um nicht zu erfrieren, saßen sie lange Zeit mit ihrer Familie um das Feuer, und nur selten gingen sie nach draußen, um eine Arbeit zu verrichten. Für sie war die Sonne gleichbedeutend mit Leben und Liebe, mit Kraft und Zuversicht. In ihr sahen sie die Quelle ihres eigenen Lebens. In ihr sahen sie Gott, der ihnen durch sie die Kraft verlieh, die eisigen Wintertemperaturen zu überstehen, um im Frühling wiedergeboren zu werden. Der Adventskranz, der schon damals, in vorchristlicher Zeit, aus immergrünen Tannenzweigen geflochten wurde, symbolisierte die Lebenskraft, die stärker ist als jede Dunkelheit, stärker als jede Kälte und stärker als der Tod. Die Kerzen, die auf ihm entzündet wurden, versinnbildlichten die wiederkehrende Sonne, und im Tannenbaum, der zur Wintersonnenwende errichtet wurde, sah man die nördliche Erdhalbkugel, die von nun an wieder im Licht des Lebens, im Lebenslicht Gottes erstrahlte.

Das Weihnachtsfest der Germanen, das Fest der geweihten Nächte, dauerte zwölf Nächte und elf Tage, weshalb es auch die *Zwölften* genannt wurde. Die erste dieser Nächte, die Nacht vom 21. auf den 22. Dezember, hieß die Mütternacht – die Nacht der weiblichen yinisierenden Energien. Zwölf Nächte dauerte das Weihnachtsfest deshalb, weil die Differenz zwischen einem Mondjahr und einem Sonnenjahr elf und einen viertel Tag beträgt. In dieser Zeit, so dachten die Germanen, stehe die Sonne still, und deshalb mußten auch die irdischen Räder, ganz besonders die Spinnräder, stillstehen. Die Zwölften betrachteten sie als Geschenk des Himmels, das nicht mit irdischer Arbeit entehrt werden durfte. Sie waren ausschließlich dem Feiern und Glücklichsein gewidmet und dem Gottesdienst, der Verehrung der Götter.

Die drei letzten Donnerstage vor Weihnachten waren die Klopfnächte. Mädchen und Burschen vermummten sich und zogen lärmend von Haus zu Haus. Sie klopften an die Wände und warfen Mais, Bohnen, Erbsen und Linsen an die Fensterläden. Durch das Lärmen, Singen und Schreien suchten sie den Tod, die bösen Mächte der Finsternis, zu vertreiben, und mit den Bohnen und Erbsen wollten sie die Fruchtbarkeit für das kommende Jahr erwirken. Das Weihnachtsfest war ein Toten- und gleichzeitig ein Fruchtbarkeitsfest. Im Bewußtsein der Menschen trafen in diesen Tagen der Tod und die Geburt des neuen Lebens zusammen, und gemeinsam formten sie die Einsicht in die tieferen Zusammenhänge des Universums, in den ewigen Kreislauf von Tod und Wiedergeburt.

Die Christen orientierten sich bei der Gestaltung ihrer Bräuche an den heidnischen Vorbildern. Für sie ist der 25. November der Gedenktag der heiligen Katharina, der Schutzherrin der Philosophen und Gelehrten. Er markiert das Ende der seelisch-geistigen Qualen, die im November durch die Psychoanalyse offenbar wurden, und den Anfang der inneren Klarheit. Gleichzeitig leitet dieser Tag die Adventszeit ein, die Zeit des Wartens auf die *Ankunft*. Die Trauer des Novembers ist vergessen. Die innere Reinheit und Ruhe sind erlangt und man kann nun den Sinn seines Lebens erkennen – die Liebe, oder wie die Christen es nennen, Jesus, der die Sünden der Welt auf sich nimmt und den Menschen neues Leben und neuen Mut schenkt. Mit jeder Kerze, die man auf dem Adventskranz entzündet, kommt man dem tiefsten Sinn des Lebens, der göttlichen All-Liebe, näher. Erst eins, dann zwei, dann drei, dann vier, dann steht es endlich vor der Tür.

Der 24. Dezember ist das Fest der Liebe. Die Waffen schweigen. Die yangisierenden Energien – Aggression und Zorn, Kampf und Gewalt – kommen zur Ruhe, und die weibliche Seite der Natur tritt in den Vordergrund – Sanftmut und Nächstenliebe, Hilfsbereitschaft und Barmherzigkeit. Im Bewußtsein der Menschen kehrt nun Frieden ein. Man reicht sich die Hand und vergibt sich die Schmerzen, die man sich gegenseitig zugefügt hat. Die Liebe Gottes kommt zu den Menschen und offenbart ihnen die tieferen Weisheiten des Lebens.

Während die Frühlings-Tagundnachtgleiche den Beginn des sichtbaren Lebens markiert, ist das Weihnachtsfest ein Symbol für den Uranfang allen Lebens. Es verbindet die Menschen mit ihren tiefsten Wurzeln und führt ihnen die grundlegendsten Weisheiten vor Augen, die sich in der All-Liebe offenbaren – in der Liebe zu sich selbst, in der Liebe zu den Menschen, in der Liebe zur Natur und in der Liebe zu Gott. Die Liebe ist der Grund des Seins, die Wurzel der kosmischen Existenz – sie allein verbindet die Gegensätze zu einer übergeordneten, lebensfähigen, gesunden Ganzheit.

■ Januar

Nachdem der Mensch die Liebe, das Fundament seines Lebens, erfahren hat, bricht für ihn ein neues Jahr an. Er muß Abschied nehmen vom alten Jahr und sich dem neuen Jahr, den neuen Aufgaben und Pflichten zuwenden. Janus, der römische Gott der Anfänge, der doppelköpfig dargestellt wird, ist das künstlerische Abbild dieser Situation. Er schaut gleichzeitig nach vorn und hinten, in die Zukunft und die Vergangenheit. Nach ihm ist der Monat Januar benannt.

Am Anfang des neuen Jahres, am 2. Januar, begingen die Germanen das Berchtholdsfest. In der Berchtholds- oder Perchtennacht, der Nacht auf den 2. Januar, fand der Umzug zu Ehren der Erdgöttin *Frigg* statt, wobei Frigg (*Berchta, Hel, Frau Holle*) als Mutter des neuen Jahres verehrt wurde. Frigg wurde als weißgekleidete Frau dargestellt. Mit ihr zogen zwölf häßliche und zwölf schöne Perchten, die das alte und das neue Jahr symbolisierten, lärmend durchs Dorf. Es fanden Wettkämpfe zwischen den beiden Gruppen statt, bei welchen die schönen Perchten gewannen. Das neue Jahr besiegte das alte.

In dieser Nacht wurden noch einmal die Seelen der Verstorbenen bewirtet. Man servierte Speisen und Getränke und ließ sie die ganze Nacht über auf dem Tisch stehen, damit sich die Toten daran laben konnten. Am nächsten Morgen ging dann die Hausmutter oder der Hausvater mit einer Räucherpfanne und einer Lebensrute durch die Wohnung. Die Seelen wurden aus den Winkeln gefegt, die Räume wurden ausgeräuchert und gereinigt, und das ganze Haus wurde auf das neue Jahr vorbereitet.

Auch im Christentum hat sich ein Brauch entwickelt, der die Menschen an das neue Jahr erinnert und sie auffordert, das alte zu überwinden und Abschied von ihm zu nehmen. Am 6. Januar feiern sie an Stelle des Berchtholdsfests die Epiphanie, das *Sichtbarwerden der göttlichen Herrlichkeit Christi*. Die Sternsinger ziehen von Haus zu Haus und schreiben ihr Zeichen C+M+B über die Haustür. Jedesmal, wenn die Menschen in ihr Haus eintreten, werden sie so daran gemahnt, daß das neue Jahr begonnen hat und es nun an der Zeit ist, die Energien auf die neuen Aufgaben zu konzentrieren. Der Weihnachtsbaum wird abgebaut, die Weihnachtskerzen gelöscht, und das neue Jahr nimmt seinen Lauf.

■ Februar

Im Februar, dem Monat der Reinigung, vollzogen die Menschen, ähnlich wie die Natur, reinigende Rituale. Die Römer feierten am 15. Februar die *Lupercalien* zu Ehren des Fruchtbarkeitsgottes Faunus, der wohl als göttliche Personifikation des Zeugungstriebes angesehen werden kann. Ein Bock wurde geschlachtet, aus dessen Fell sich die Luperci, die Priester dieses Opfers, einen Riemen schnitten, mit welchem sie die Menschen, vor allem die Frauen, *schlugen*, um sie zu reinigen und ihnen Fruchtbarkeit zu schenken.

Die Christen begehen am 2. Februar *Mariä Lichtmeß* oder, wie es auch noch genannt wird, *Mariä Reinigung*. Den Gläubigen erinnert dieser Tag an die Reinigung Jesu im Tempel.

Eine ganz besondere Reinigungszeremonie, die im Februar ihren Höhepunkt erreicht, ist Fastnacht. Etymologisch gesehen ist *Fastnacht* eine Ableitung von *faseln*, was *fruchtbar sein* bedeutet. Ursprünglich war die Absicht der Faschingsbräuche, die finsteren Mächte des Winters zu bekämpfen und die Fruchtbarkeit zu fördern. Die Masken waren dabei in erster Linie ein Schutz. Man wollte vermeiden, daß man von den Dämonen erkannt und später bestraft wurde. Burschen und Mädchen zogen lärmend durch die Gassen, bespritzten die Entgegenkommenden mit dem Wasser des Lebens und *schlugen* sie mit der Lebensrute.

DER MENSCH

Für uns Menschen war der November ein schwerer Monat. Er war die Zeit der Depression und der Ent-täuschung. Im Rahmen der Psychoanalyse wurden wir mit Teilen unserer Schattenseite konfrontiert, mit Schwächen und Unfähigkeiten, mit Schmerzen, die wir in der Vergangenheit nicht ertragen konnten, und mit Gefühlen, die wir nicht als die unseren erkennen wollten. Darüber hinaus kamen wir mit dem Tod in Berührung. Das Sterben in der Natur und auch die Festtage Allerseelen und Allerheiligen führten uns unsere Vergänglichkeit vor Augen, die Tatsache, daß auch wir irgendwann einmal sterben müssen. Wir trauerten und weinten und arbeiteten uns so in die Tiefe, in unser Inneres, zu den Wurzeln unserer eigenen Identität.

Im Dezember sind wir an der Quelle unseres Lebens angelangt. Die Strapazen haben ein Ende. Wir können, wir dürfen, ja wir sollten uns jetzt ausruhen, uns regenerieren und Kraft sammeln für die Anstrengungen des kommenden Jahres.

Die physiologischen Prozesse unseres Körpers, die im Winter einsetzen, unterstützen uns dabei. Das Organ, das auf die Veränderungen des Lichteinfalls reagiert, ist die Zirbeldrüse – eine Hormondrüse, die Melatonin produziert. Am Tag, wenn wir von viel Licht umgeben sind, durchläuft die Zirbeldrüse ihre Ruhephase. Am Abend dagegen, etwa eine Stunde nach Einbruch der Dunkelheit, wird sie aktiv. Der Melatoningehalt im Blut steigt dann auf den fünffachen Wert an, und erst im Morgengrauen fällt er wieder auf den üblichen Tageswert ab.

Parallel zum Tag-Nacht-Rhythmus verläuft der jahreszeitliche Rhythmus der Zirbeldrüse. Im Sommer, also in der hellen Jahreszeit, gelangt sie in ihre Regenerationsphase. Ihre Produktionszeit beschränkt sich dann auf wenige Stunden. Im Winter dagegen erreicht sie ihr energetisches Maximum. Die Melatoninausschüttung erstreckt sich dann über einen Zeitraum von etwa zehn bis zwölf Stunden.

Das Melatonin wirkt beruhigend und einschläfernd. Es harmonisiert die Gehirnwellen und fördert die niederfrequenten Alpha- und Thetawellen, die sich im Zustand der Meditation einstellen. Darüber hinaus hat es einen hemmenden Einfluß auf die Geschlechtsdrüsen. Es senkt die Produktion der Gonadotropine und hemmt dadurch die Stimulation der Ovarien und der Hoden.

In Indien hat sich die Funktion der Zirbeldrüse als Lichtorgan in den heiligen Texten ebenfalls niedergeschlagen. Allerdings betont man hier vorwiegend ihre Beziehung zum inneren Licht – zur Erleuchtung. Sie korrespondiert mit dem dritten Auge, dem Auge der Weisheit, mit dessen Hilfe man Gott, das innere Licht des Lebens, schauen kann. Sie gilt als der Sitz des Bewußtseins und als Wegweiser zum Sahasrara-Chakra, dessen Licht so stark wie zehn Millionen Sonnen strahlt.

Auch die Beziehung der Zirbeldrüse zu den Geschlechtsdrüsen ist in Indien wie überall auf der Welt seit langem bekannt. Das Ziel des Yoga und der meisten anderen religiösen und geistigen Schulungen ist die Freiheit des Geistes, die geistige Unabhängigkeit von körperlichen Notwendigkeiten. Immer wieder wird betont, daß sich Sexualität und Weisheit diametral gegenüberstehen und gegenseitig bekämpfen. Je weiter ein Mensch den Weg der Weisheit gegangen ist, je mehr er meditiert und seine Hirnwellen harmonisiert hat, je tiefer er in sein Inneres vorgedrungen ist, desto mehr inneres Licht hat er geschaut, und desto näher ist er der Erleuchtung. Physiologisch betrachtet geht die religiöse Erleuchtung mit der Vergrößerung der Zirbeldrüse und der Steigerung der Melatoninproduktion einher. Die Folge hiervon ist die Reduktion der Geschlechtshormone und die Zügelung des Geschlechtstriebs. Der Glaube, daß ein weiser Mann erhaben über die Sexualität sei, findet so eine physiologische Bestätigung. Durch die introvertierenden Übungen hat er seinen Stoffwechsel so weit verändert, daß seine Zirbeldrüse unentwegt stärker ist als seine Keimdrüsen. Er lebt in ständiger Harmonie, in endlosem Frieden.

Die Zusammenhänge von Zirbeldrüse und Geschlechtsdrüsen lassen sich natürlich – zumindest theoretisch – auch umkehren. Demnach würde ein Unterdrücken des Sexuallebens eine Vergrößerung der Zirbeldrüse und geistiges Wachstum bewirken. Die meisten Religionen haben sich auch tatsächlich zu diesem Umkehrschluß hinreißen lassen. Die Vergewaltigung des Sexualtriebes gilt als wichtiger Meilenstein auf dem Weg zu Gott. Das Zölibat der katholischen Geistlichen ist ein bekanntes Beispiel dafür. Ob diese Theorie sich in der Praxis tatsächlich bewährt, sei dahingestellt. Die Gefahren jedenfalls, psychischer und körperlicher Natur – Psychosen und Neurosen, verdeckte Depression und quälende Unzufriedenheit –, sind nicht zu übersehen und werden nur von den wenigsten bewältigt.

Doch kommen wir zurück zum jahreszeitlichen Rhythmus. Im Winter sind die Nächte lang und die Tage kurz. Die Zirbeldrüse ist aktiv und die Melatoninkonzentration im Blut wesentlich höher als im Sommer. Machen Sie sich also keinen Vorwurf, wenn Sie jetzt länger schlafen als im Sommer, und wenn Sie nicht mehr den Elan und die Spritzigkeit besitzen wie in den warmen Herbsttagen. Es ist normal so und ganz im Sinne der Natur. Sie sind ausgelaugt und brauchen Erholung. Genießen Sie Ihre Faulheit, und seien Sie sich bewußt, daß Sie jetzt neue Energien aufbauen. Visualisieren Sie diese Energien, wie sie in Ihren Organismus einströmen und wie sie die ausgelaugten Zellen und Gewebe neu beleben. Unterstützen Sie die Renovierungsarbeiten mit Ihrem Geist.

Das soll natürlich nicht bedeuten, daß Sie keinen Schritt mehr vor die Tür machen sollen. Ganz im Gegenteil. Wir sind keine Winterschläfer, und wir halten auch keine Winterruhe oder gar Winterstarre wie Eidechsen und Schlangen. Versauern Sie nicht in Ihren vier Wänden. Gehen Sie hinaus in den Schnee, saugen Sie die kalte, belebende Luft in sich ein und akklimatisieren Sie sich an das winterliche Klima. Machen Sie täglich einen Spaziergang und ziehen Sie dabei sowenig Kleidung wie nur möglich an.

Gehen Sie auch zehn bis fünfzehn Minuten barfuß durch den Schnee. Frieren Sie ganz bewußt und provozieren Sie Ihren Stoffwechsel, auf Winterbetrieb umzustellen.

Ein gesunder, an den Winter angepaßter Körper hat bei kalten Temperaturen einen wesentlich höheren Grundumsatz als im Sommer. In Ruhe verbrauchen seine Organe bis zu viermal mehr Energie, das bedeutet, daß sie im Winter viermal mehr Wärme produzieren als im Sommer.

Der gesteigerte Grundumsatz kommt unserer Gesundheit auch im psychosomatischen Sinne entgegen. Vor allem dann, wenn wir die im November aufgewirbelten psychischen Phänomene verarbeiten und ausscheiden – wenn es heißt Abschied nehmen von alten, überlebten Situationen aus der Vergangenheit, Abschied vom alten Jahr. Die chemischen Vorgänge des Energiestoffwechsels nennt man Verbrennung. Im Winter ist diese Verbrennung, wie bereits erwähnt, bis zu viermal höher als im Sommer. Mit der Erhöhung der körperlichen Verbrennung steigt auch die Fähigkeit zu geistiger Verbrennung, zu geistiger Verarbeitung und Ausscheidung, und diese Fähigkeiten sind besonders im Anschluß an die Psychoanalyse, am Ende des alten Jahres, von zentraler Bedeutung.

Gehen Sie also hinaus in die Kälte, frieren Sie, steigern Sie Ihren Grundumsatz und verbrennen Sie die psychischen Unreinheiten, die Fehler und Schwächen, die Sie in der zweiten Herbsthälfte entdeckt haben.

■ Die Energieverteilung

Energiemaximum:	Nieren-Meridian
	Blasen- Meridian
Energie aufnehmend:	Leber-Meridian
	Gallenblasen-Meridian
Energieminimum:	Herz-Meridian
	Kreislauf-Sexus-Meridian

Energie abgebend:	Dreifacher-Erwärmer-Meridian Dünndarm-Meridian Milz-Pankreas-Meridian Magen-Meridian Lungen-Meridian Dickdarm-Meridian

■ Die Organe am Energiemaximum

Im Winter ist der *Dreifache-Erwärmer-Meridian*, der *Beamte des brechenden Wasserdamms*, an seinem energetischen Tiefpunkt angelangt. Er hat keine Macht mehr, das Wasser zu kontrollieren und im Zaum zu halten, wie dies noch im Sommer der Fall war. Das Wasser tritt nun hervor und überflutet die nördliche Erdhalbkugel. In der Natur regieren Eis und Schnee, und im Körper gelangen die Wasserorgane Blase und Nieren an ihr energetisches Maximum.

Die Nieren

Die Nieren haben zwei wichtige Funktionen. Zum einen sind sie ein Ausscheidungsorgan für Stoffwechselendprodukte und Giftstoffe, und zum anderen regulieren sie den Salz- und Wasserhaushalt. Sie funktionieren wie ein Filtersystem. Das Blut, das durch sie hindurchfließt (täglich etwa 1500 Liter), wird gefiltert und gereinigt. Die 150 Liter Ultrafiltrat, die dabei entstehen, enthalten Harnstoff, Harnsäure und Giftstoffe aller Art, aber auch für den Körper wertvolle Bestandteile wie Glukose (Zukker) und Aminosäuren (Eiweiße). In einem zweiten Arbeitsgang, der sogenannten Rückresorption, werden die Abfallprodukte von den Nährstoffen getrennt und ihrem jeweiligen Bestimmungsort zugeführt. Die Abbauprodukte werden in die Harnblase geleitet und die Nährstoffe ins Blut. Auf diese Weise entsteht täglich etwa ein Liter Urin.

Durch die Flüssigkeitsausscheidung haben die Nieren einen maßgeblichen Einfluß auf den Salz- und den Wasserhaushalt. Sie sind mitverantwortlich für die Aufrechterhaltung der Wasserbilanz, also dafür, daß der Körper seinen normalen Wassergehalt beibehält und nicht mehr Flüssigkeit ausscheidet, als er aufnimmt. Indem wir viel Flüssigkeit zu uns nehmen – am besten reines Wasser –, unterstützen wir die Funktionen der Nieren und dadurch den Abbau und die Ausscheidung von Stoffwechselendprodukten und Giftstoffen.

Einmal mehr sehen wir an diesen Zusammenhängen, wie eng die Wirkungsweisen des Körpers mit denjenigen unserer Umwelt verbunden sind. Im Winter, wenn in der Natur das Wasser dominiert, sollten wir dafür Sorge tragen, daß auch in unserem Körper das Wasser die Oberhand gewinnt. Wir sollten ganz besonders viel trinken und dadurch die Funktionen der Nieren, die jetzt an ihrem energetischen Maximum angelangt sind, anregen. In den kalten Wintertagen haben wir einen erhöhten Grundumsatz, einen erhöhten Stoffwechsel – sowohl körperlich als auch geistig und seelisch. Die Abfallprodukte, die Stoffwechselendprodukte, die dabei in größeren Mengen als sonst entstehen, sollten abgebaut und ausgeschieden werden, und hierfür benötigen wir die reinigende Kraft des Wassers.

Die Blase

Die Blase ist das Auffangbecken für den in den Nieren erzeugten Urin. Sie hat ein Fassungsvermögen von etwa 0,2 bis 0,5 Liter. Ihre Wand ist von einem glatten Muskel umgeben, der sich beim Wasserlassen kontrahiert und den Urin herauspreßt. Die Blase besitzt zwei Schließmuskel – einen glatten, der vom autonomen Nervensystem innerviert wird und willentlich nicht zu beeinflussen ist, und einen quergestreiften, der vom zentralen Nervensystem gesteuert wird und willentlich angespannt werden kann. Sobald der angesammelte Urin einen bestimmten Druck auf die Blasenwand ausübt, leitet die Harnblase die Ausscheidung ein – sie leitet den Urin über die Harnleiter zu den Ausscheidungsorganen.

■ Die Gefühle

Das Gefühl, das in der chinesischen Medizin mit dem Winter assoziiert wird, ist die Angst. Die seelische Artikulation, die damit einhergeht, ist das Stöhnen.

Der Herbst war die Zeit des Rückzugs, die Zeit des Sterbens. Jetzt, im Winter, sind wir in der Unterwelt, im Reich des Todes angekommen. Odin, der Gott der Toten, reitet mit seinem Seelenheer durch die Lüfte, und alle nur denkbaren Gesellen der Finsternis folgen ihm – Zauberer und Hexen, Dämonen und Gespenster, Unholde und Zwerge.

Gleichzeitig aber ist Odin der Gott der Weisheit. Er hat die drei schweren Prüfungen der Initiation bestanden und sich zum Meister der okkulten Kräfte entwickelt. Er ist der Magier unter den Magiern, der Philosoph unter den Philosophen, der Gott unter den Göttern. Von ihm können wir erfahren, was die Welt im Innersten zusammenhält, nach welchen Gesetzen sie funktioniert und welche Geheimnisse sie birgt. Durch ihn lernen wir den Sinn unseres Lebens kennen, von ihm hören wir, wo wir waren, bevor wir gezeugt wurden, und durch ihn erkennen wir, was mit uns geschieht, wenn wir gestorben sind. Er ist der Herr über Leben und Tod, der Lehrer der Weisheit.

Die Ambivalenz der Spiritualität ist in vielen Mythen und Geschichten beschrieben. Der Weg zu Gott, zum inneren Licht, zur Liebe, ist ein schwerer Weg. Er ist voller Prüfungen und Gefahren. Es ist der Weg der inneren Reinigung. Im Griechischen ist das Wort für Reinigung *Katharsis* gleichbedeutend mit *Katastrophe*. Auch Luzifer ist ein Hinweis auf diese Zusammenhänge. In der Antike war Luzifer der Name des Morgensterns – er erleuchtet die Nacht, bringt Licht in das Dunkel und leitet den Tag ein –, und gleichzeitig ist er der Satan, der Teufel, der Inbegriff des Bösen. Auch die Raben, deren Funktion als Seelenvögel bereits angesprochen wurde, passen in dieses Schema.

Und selbst in der Natur treffen im Winter das Leben bzw. die Fruchtbarkeit und der Tod zusammen. Die Unterwelt ist hier das finstere Erdreich. Im Herbst fallen die Blätter von den Bäumen. Sie werden in die Erde eingearbeitet und dort in ihre chemischen Bestandteile zerlegt. Sie faulen und verwesen, wie es im Totenreich üblich ist. Anschließend werden sie im Frühjahr in Form ihrer chemischen Bestandteile wieder in den Baum aufgenommen und erwachen so zu neuem Leben. Das irdische Leben, das sich über der Erde entfaltet, wurzelt im finsteren Erdreich, in der Unterwelt. Auch wenn es noch so dunkel ist, finden sich hier die Nährstoffe, die Pflanzen, Tiere und Menschen benötigen, um in der sichtbaren Welt gedeihen und dem Himmel entgegenwachsen zu können.

Das erklärt, warum die dominierende Emotion des Winters die Angst ist. Es ist die Zeit der Religion, die Zeit, in der wir Gott gegenübertreten. Die maßgebliche psychologische Größe, die sich daraus entwickelt, ist die Ehrfurcht – die Verehrung gepaart mit der Furcht. Die Ehre resultiert aus der göttlichen Allmacht, aus der unüberschaubaren, unendlichen Größe Gottes. Sie ist auf Gott zurückzuführen. Ihrer gedenken wir am Weihnachtsfest, am Fest der Liebe. Die Furcht dagegen entsteht aus uns selbst heraus, aus unserer Unfähigkeit, Gott zu gehorchen und seinen Wünschen Folge zu leisten. Weil wir unfähig sind, Gottes Plan und Wille, die göttliche Harmonie, in die Tat umzusetzen, weil wir nicht nur lieben, sondern auch hassen, weil wir nicht immer nur verzeihen, sondern auch bestrafen, haben wir Angst vor ihm, daß er uns in seiner Macht ebenso behandeln könnte, wie wir unsere Umwelt behandeln. Wir fürchten uns davor, daß er so wird wie wir selbst.

Im Alltag zeigt sich diese Angst als Lebensangst. Wie aus heiterem Himmel machen wir uns plötzlich Sorgen. Wir bangen um unseren Arbeitsplatz, fürchten, daß unser Lebenspartner uns verlassen könnte, zweifeln an unseren Fähigkeiten oder durchleben existentielle Krisen. Psychologisch gesehen erleben wir in diesen Tagen die tieferen Schichten unseres eigenen Bewußtseins. Die Geister und Dämonen, die dem Volksmund nach durch die Lüfte brausen, sind seelisch-geistige Anteile unseres Selbst, Anteile, die in der Vergangenheit unterdrückt wurden. Die Schreckensbilder, die vor unserem inneren Auge entstehen, sind Bilder unserer eigenen Persönlichkeit. Es sind die Überbleibsel längst vergangener Handlungen, wenn man so will: seelisch-geistige Stoffwechselendprodukte unserer eigenen Lebensweise. Wir sollten uns ihnen stellen, sie als Teile unserer Persönlichkeit erkennen und sie anschließend ausscheiden.

Gleichzeitig sollten wir versuchen, Nutzen aus ihnen zu ziehen. Sie zeigen uns unseren Charakter, die Art und Weise, wie wir mit unserer Umwelt – mit Pflanzen, Menschen und Tieren – umgehen und auch, wie wir mit uns selbst umgehen. An diesen inneren Bildern und Zuständen können wir reifen und mit ihrer Hilfe können wir nach Wegen suchen, wie wir harmonischer auf unsere Umwelt und auf uns selbst einwirken können. In ihnen können wir Gottes Plan und Willen finden, den Grundstein für eine gesunde, harmonische Zukunft. Sie zeigen uns den Weg zur Selbsterkenntnis, den Weg zur Weisheit.

In der Psychosomatik geht man davon aus, daß Nierenerkrankungen in vielen Fällen mit Angstzuständen einhergehen. Es wird immer wieder darauf hingewiesen, daß Angst die Nierenfunktionen negativ beeinflußt und einen verstärkten Harndrang bewirkt. Aus diesen Zusammenhängen entwickelte sich auch die Redensart, sich vor Angst in die Hosen zu machen. Wenn die Angst zu stark wird, kann die geschwächte Blase das Wasser nicht mehr halten.

Auch die Unfähigkeit zu trauern oder Abschied zu nehmen somatisiert sich bei vielen Menschen in Funktionsstörungen der Nieren. Vielfach wurde festgestellt, daß den Nierenerkrankungen der Verlust eines Menschen, einer sozialen Stellung oder eines geliebten Gegenstandes vorausgegangen war. Vor allem der Tod eines nahestehenden Menschen oder der Verlust des Lebenspartners durch Scheidung ist oftmals an der Entstehung von Nierenkrankheiten beteiligt. Neben der Unfähigkeit zu trauern sind es auch Wut, Haß und versteckte Aggressionen, die den Krankheitsprozeß einleiten.

Umgekehrt gilt auch, daß eine starke Niere positiv auf Angstzustände einwirkt und uns beim Abschiednehmen und Trauern unterstützt. Aus diesem Blickwinkel heraus wird es dann verständlich – jetzt auch psychologisch –, warum die Nieren im Winter ihr energetisches Maximum erreichen. Im Herbst wurden wir mit unserer Schattenseite konfrontiert – mit Schwächen und Unsicherheiten – und mit unseren Ahnen, die wir auf dem Friedhof besuchten. Jetzt, im Winter, ist es unsere Aufgabe, Abschied von diesen ins Bewußtsein getretenen Anteilen unseres Unterbewußtseins zu nehmen, Abschied von den Verstorbenen und auch Abschied von unseren seelischen Schmerzen. Wir sollten sie verarbeiten und die Stoffwechselendprodukte dieser seelisch-geistigen Verarbeitung ausscheiden. Der Januar ist der Monat des Abschieds. In ihm sollten wir den Abschied endgültig vollziehen, um uns danach auf das neue Jahr, das neue Leben zu konzentrieren. Die Nieren sind uns dabei eine wertvolle Hilfe. Wie sie die körperlichen Endprodukte des Eiweißstoffwechsels ausscheiden, so scheiden sie auch die seelisch-geistigen Endprodukte der Trauer und des Abschieds aus.

Die Harnblase ergänzt die Wirkung der Nieren. Ihre körperliche, physiologische Aufgabe ist es, den von den Nieren aus dem Blut gefilterten Urin aufzufangen und über die Harnleiter auszuscheiden. Sobald der Druck des Urins in ihrem Inneren einen bestimmten Grenzwert erreicht hat, sendet sie eine Information an das Gehirn und leitet dadurch die Ausscheidung ein. Im seelisch-geistigen Bereich erfüllt sie eine ähnliche Aufgabe. Ihre Beziehung zur Angst wurde bereits bei der Besprechung der Nieren deutlich. Wenn jemand Angst hat, dann kann es passieren, daß er sich vor Angst in die Hosen macht, das heißt, daß die Blase dem seelisch-geistigen Druck der Angst nicht widerstehen kann und der Urin ungehindert nach außen tritt. Angst wirkt sich schwächend auf unsere Harnblase bzw. unseren

Harnblasen-Meridian aus. Im Winter, wenn wir viel Angst erleben, schützt sich unser Organismus vor psychosomatischen Krankheiten der Blase, indem er dem Blasen-Meridian besonders viel Energie zur Verfügung stellt. Im seelisch-geistigen Bereich hat dies zur Folge, daß wir unsere Angst intensiver erleben können, ohne sie vorzeitig zu verdrängen oder in die Außenwelt zu projizieren. Indem der Organismus die Blase stärkt, gibt er uns die Chance, einen gesunden Umgang mit der Angst zu suchen, um an dieser elementaren Größe des Bewußtseins zu reifen und zu wachsen. Der Weg zur Gesundheit, der Weg zur Liebe, führt über die Angst.

■ Der Blutkreislauf

Im Winter erreichen die Temperaturen ihren Tiefpunkt. Auch wenn wir uns an die winterlichen Bedingungen angepaßt und unseren Stoffwechsel auf Winterbetrieb umgestellt haben, sind die Blutgefäße jetzt bedeutend enger als noch im Herbst. Der Körper produziert sehr viel Wärme und ist darauf bedacht, diese Wärme nicht unnötig nach außen abzugeben. Der Blutkreislauf konzentriert sich auf das Körperinnere und erst, wenn die Funktionen der Organe durch optimale Wärmeversorgung sichergestellt sind, kommt es zur Durchblutung der Extremitäten und der Haut. Die Körperschale kann bei niedrigen Außentemperaturen bis auf 33° Celsius abfallen. Im Vordergrund der physiologischen Aktivitäten steht im Winter eindeutig das Körperinnere, die Mitte des Menschen. Die Peripherie kann im Notfall ohne weiteres vernachlässigt werden.

■ Die Atmung

Auch bei der Atmung achtet der Körper peinlichst genau darauf, keine Energie zu verschwenden. Wie der Stoffwechsel und der Blutkreislauf ist jetzt auch die Atmung auf Winterbetrieb umgestellt. Die Atmung hat sich aus der Brust in den Bauch- und Beckenraum zurückgezogen. Die Flankenatmung herrscht vor. Je tiefer der Mensch in die winterliche Introversion eintaucht, je entspannter seine Muskulatur wird, je mehr Melatonin seine Zirbeldrüse produziert und je harmonischer sich sein Hirnwellenmuster gestaltet, um so ruhiger ist seine Atmung und um so geringer ist der Wärmeverlust über die Lunge.

Die Atemphase, die mit der Ausscheidung und mit dem seelisch-geistigen Loslassen korrespondiert, ist die Ausatmung. Sie sollte im Winter einen besonderen Stellenwert erhalten. Bei den Übungen, die in dieser Jahreszeit ihren integrativsten Charakter haben, ist sie es, die uns in die Entspannung hineinführt. Mit jeder Ausatmung können wir die körperlichen Verspannungen ein Stückchen mehr auflösen und tiefer in das Asana hineingelangen. Und auch bei der Meditation ist sie es, mit deren Hilfe wir uns in die tieferen Schichten unseres Bewußtseins hinabarbeiten können. Ganz bewußt sollten wir die Ausatmung im Winter einsetzen, um uns mit ihrer Hilfe körperlich, geistig und seelisch zu entspannen.

Eine ganz besondere Form des Ausatmens ist das Stöhnen, das im Winter die integrativste Artikulation der Seele ist. Wenn wir eine Last tragen müssen, die uns zu schwer erscheint, oder wenn sich ein Druck in uns aufgebaut hat, den wir partout nicht ablassen können, dann ist Stöhnen oftmals genau das richtige. Es hilft uns über den Berg. Auch beim Geschlechtsakt, wo der innere Druck einen durchaus positiven Charakter hat, löst das Stöhnen den Druck auf und führt uns zur Entspannung – zum Orgasmus. Scheuen Sie sich also nicht, nach Herzenslust zu stöhnen.

SO BLEIBEN SIE IM WINTER GESUND

Das Gesundheitstraining, das im folgenden empfohlen wird, orientiert sich an den geschilderten natürlichen Prozessen. Es
- kräftigt Nieren und Blase
- stärkt die Funktion der Zirbeldrüse
- unterstützt die Regeneration

- fördert die Introversion
- regt den Stoffwechsel an
- verengt die Blutgefäße in der Körperperipherie
- erhält die im Herbst gewonnene Flankenatmung.

Für die Auswahl der integrativen Übungen wurden lediglich die Organe berücksichtigt, die momentan an ihrem Energiemaximum sind oder gerade Energie aufnehmen. Es werden keine Meridiane bzw. Organe geschwächt.

KÖRPERÜBUNGEN

■ Reinigungsübungen

Im Dezember und im Januar ist die äußere körperliche Reinheit zwar nach wie vor von Bedeutung, aber sie hat jetzt einen geringeren Stellenwert als in den restlichen Monaten. Wir sollten uns vermehrt unserem Bewußtsein zuwenden und dessen Reinheit verfolgen. Wir sollten die Wogen der Ichsucht glätten, unseren Egoismus überwinden und versuchen, am Grund unseres Bewußtseins unser Verwurzeltsein in Gott zu erblikken.

Im Februar allerdings, im Monat der Reinigung, spielt die reinigende Kraft des Wassers eine dominierende Rolle. Dann sollten wir täglich ein bis zwei Liter klares Wasser trinken, um uns, ähnlich wie die Bäume, von innen her zu reinigen. Auch die äußerlichen Reinigungen sollten im Februar vermehrt praktiziert werden. Mit ihrer Hilfe sollten wir die körperliche Anpassung an den Frühling einleiten.

Folgende Reinigungsübungen, die bereits für den Herbst empfohlen und im Kapitel «So bleiben Sie im Herbst gesund» näher besprochen wurden, sollten im Winter praktiziert werden:
- trockene Darmreinigung (s. S. 176 f)
- Feuerreinigung (s. S. 177 f)
- Ganzkörperwaschung (s. S. 127 f)

- Nasenreinigung mit Wasser (s. S. 128)
- Ohrreinigung (s. S. 175 f)
- Zahnwurzelreinigung (s. S. 129)
- Zungenreinigung (s. S. 130)

■ Asanas

Die Asanas sind ein wesentliches Fundament unserer Introversion. In Indien ziehen sich viele Yogis in die eisigen Höhen des Himalayas zurück, um dort ihre Übungen zu praktizieren. Sie begeben sich ins ewige Eis und nutzen die winterlichen Bedingungen, um immer tiefer in ihr Inneres vorzudringen. Die Übungen, die sie ersonnen haben, haben sich seit Jahrtausenden bewährt. Bei Temperaturen, die weit unter dem Gefrierpunkt liegen, können sie nackt meditieren und haben dabei dennoch eine warme Haut – Schnee und Eis schmelzen unter ihnen, und sie selbst frieren dabei nicht. Dieses Wissen sollten wir uns zunutze machen, wenngleich wir diese Perfektion natürlich nie erreichen werden. Für die Integration in das energetische Grundmuster des Winters gibt es keine besseren Übungen.

Wer die Yogaübungen ablehnt, kann die westlichen Formen praktizieren:
- statisches Krafttraining (s. S. 178 f)
- statisches Beweglichkeitstraining (Stretching) (s. S. 179)

■ Der Sonnengruß

Die Ausnutzung der Sonnenenergie ist jetzt wichtiger als je zuvor. Konzentrieren Sie sich auf die Sonne, öffnen Sie sich ihrer Kraft und praktizieren Sie regelmäßig den Sonnengruß. Vielleicht spüren Sie jetzt auch, warum man den Sonnengruß auch Sonnengebet nennt (siehe «So bleiben im Herbst gesund» [S. 180 ff] und Seite 219 f).

ATEMÜBUNGEN

Im Herbst haben wir die Atemsituation an die winterlichen Bedingungen angepaßt und die Vollatmung bzw. Brustatmung zur Flankenatmung reduziert. Das Ziel der Atemübungen, die im Winter praktiziert werden können, ist es, diese Atemsituation zu stabilisieren.

Es sollten dieselben Atemübungen wie im Herbst ausgeführt werden:
- Reinigungsatmung (s. S. 137 f)
- Normale Atmung (s. S. 184 f)
- Klassische Rhythmusatmung (s. S. 185)
- Unmerkliche Atmung (s. S. 185 f)

ÜBUNGEN FÜR DEN GEIST

Die Durchblutung des Gehirns erreicht im Winter ihren Höhepunkt. Dadurch wird auch die Zirbeldrüse vermehrt mit Nährstoffen, Sauerstoff und Energie versorgt. Dies ist ein natürlicher Hinweis darauf, daß jetzt die geistigen und die geistlichen Aspekte des Lebens dominieren sollten. Beschäftigen Sie sich mit heiligen, heilsamen Texten, üben Sie Trataka, aktivieren Sie Ihre Zirbeldrüse und zweifeln Sie nicht gleich an Ihrer Vitalität, wenn sich Ihre körperlichen und Ihre sexuellen Aktivitäten wie von selbst verringern.

Im Februar sollten Sie die Faschingsbräuche als integrative Gesundheitsübung nutzen. Schlüpfen Sie in eine Maske und identifizieren Sie sich einige Tage lang mit ihr. Inszenieren Sie ein Rollenspiel und versuchen Sie, Ihre Rolle überzeugend darzustellen. Vergessen Sie Ihre Identität und werden Sie ein neuer Mensch. Das Zauberwort dieser Tage heißt Metamorphose – Umwandlung und Wachstum. Entdecken Sie die verborgenen Potentiale Ihrer Persönlichkeit und gewinnen Sie ein neues Selbstbild. Im November, vielleicht auch erst im Januar, haben

Sie sich Vorsätze für das neue Jahr vorgenommen. Jetzt haben Sie die Chance, diese Vorsätze unter dem Schutz einer Maske auszuprobieren und einzuüben. Spielen Sie den Selbstbewußten, den Starken, den Hanswurst, der die anderen zum Lachen bringt, den Schrecklichen, der die anderen das Fürchten lehrt, mimen Sie den Sensiblen, den Künstler, den introvertierten Musiker, den extravaganten Maler, flirten Sie, lachen Sie, weinen Sie, stöhnen und singen Sie – seien Sie, was Sie sich bisher nicht getraut haben zu sein und versuchen Sie sich damit zu identifizieren, um es später auch ohne Maske aus sich heraus leben zu können. Verlieren Sie jetzt die Angst, die Sie den Winter über begleitet hat, und zeigen Sie, was Sie innerlich schon immer sind – ein interessanter, vielschichtiger Mensch mit zahlreichen Facetten.

Wie im Herbst sollten Sie auch im Winter die drei folgenden Übungen praktizieren.

- Das Schließen der Pforten (s. S. 186 f)
- Auf die Gedanken lauschen (s. S. 187 f)
- Trataka (s. S. 188 f)

Darüber hinaus können Sie jetzt, in der dunklen Jahreszeit, auch die folgende Übung ausführen:

■ Das Aktivieren der Zirbeldrüse

Diese Übung ist im Winter sehr zu empfehlen. Verbinden Sie Ihre beiden Schläfen gedanklich miteinander durch eine Gerade, die quer durch Ihren Kopf verläuft. Konzentrieren Sie sich auf die Mitte dieser Geraden und nehmen Sie ein feines Pulsieren an diesem Punkt wahr. Das Pulsieren stammt von der Zirbeldrüse. Indem Sie sich darauf konzentrieren, aktivieren Sie Ihre Zirbeldrüse.

■ Konzentrationsübungen

Konzentrieren Sie sich auf einen natürlichen oder einen kulturellen Zeitgeber und spüren Sie, wie dieser sein energetisches Grundmuster in Ihnen entfaltet. Synchronisieren Sie sich mit diesem Gegenstand – werden Sie eins mit ihm.

Halten Sie die Augen geschlossen. Wenden Sie sich ab von der Umwelt und konzentrieren Sie sich auf Ihr Inneres, auf die tieferen Schichten Ihres eigenen Bewußtseins. Lassen Sie die im folgenden empfohlenen Gegenstände vor Ihrem geistigen Auge entstehen.

Für die Integration in den Winter eignen sich:

- die Dunkelheit (welche Geister und Dämonen steigen in Ihnen auf?)
- ein Herz, als Symbol der Liebe
- Jesus, als Symbol des inneren Lichts
- ein Kreuz, als Symbol des Todes
- die Angst
- Schnee
- ein Januskopf, als Zeichen des Abschieds (vor allem im Januar)
- Wasser (vor allem im Februar).

■ Musik

Alle Übungen können mit Musik untermalt werden. Für die Integration in den Winter eignen sich unter anderem folgende Stücke:

Bach, Johann Sebastian
  Orchestersuite Nr. 3 D-Dur, Gavotte, Bourrée, Gigue
  Weihnachtsoratorium
  Choräle für Orgel, Vor Deinen Thron tret' ich
Brahms, Johannes
  Lieder op. 42, Aus des Meeres tiefem, tiefem Grunde
Gade, Niel Wilhelm

Andante in g-moll
Praetorius, Michael
In dulci jubilo
Rachmaninow, Sergej
Die Toteninsel
Schubert, Franz
Die Winterreise
Strawinsky, Igor
Pulcinella-Suite
Tschaikowsky, Pjotr Iljitsch
Der Nußknacker, Tanz der Zuckerfee
Wagner, Richard
Lohengrinvorspiel

So üben Sie richtig

ALLGEMEINE HINWEISE ZU DEN ÜBUNGEN

Erwarten Sie keine Spontanheilungen. Der Weg zur Gesundheit ist ein langer Weg. Denken Sie nicht in Tagen und Wochen, sondern in Monaten und Jahren. Lassen Sie sich Zeit, um langsam in den Zustand der Gesundheit hineinzureifen. Vermeiden Sie jede Eile.

Lassen Sie sich auch für die Übungen Zeit. Konzentrieren Sie sich und lassen Sie sich nicht von alltäglichen Sorgen und Pflichten aus der Ruhe bringen. Auch hier wirkt sich jede Eile hemmend auf Ihre Entwicklung aus. Falls Sie wirklich einmal keine Zeit haben sollten, versuchen Sie nicht, Ihr Programm schneller als gewohnt zu absolvieren. Verzichten Sie lieber ganz auf die Übungen, oder beschränken Sie sich auf so viele Übungen, wie Sie in aller Ruhe ausführen können.

Üben Sie vier- bis sechsmal die Woche jeweils 60 bis 90 Minuten. Unser Organismus braucht Bewegung. Mit zehn oder 20 Minuten am Tag ist uns nicht geholfen. Ein Mensch, der ein relativ natürliches Leben führt, zum Beispiel ein Landwirt oder ein Forstarbeiter, bewegt sich täglich mindestens acht Stunden – daran sollten wir uns orientieren.

Üben Sie regelmäßig. Die besten Zeiten hierfür sind der frühe Morgen kurz nach dem Aufstehen und der Abend kurz vor dem Schlafengehen.

Nutzen Sie die positiven Aspekte der Konditionierung. Üben Sie zur selben Zeit am selben Ort. Ihr Körper wird sich dann an die Übungen gewöhnen und sich auf sie einstellen.

Schaffen Sie sich für die Übungen eine angenehme Atmosphäre. Öffnen Sie das Fenster, sorgen Sie für angenehme Temperaturen, zünden Sie eine Kerze an, und hängen Sie ein schönes Bild an die Wand. Lassen Sie Ihre Phantasie spielen, und machen

Sie den Übungsraum zu einem Ort, an dem Sie sich richtig wohl fühlen.

Üben Sie nackt. In Ihrem natürlicher Zustand sind Sie nackt. So lernen Sie sich am besten kennen, ohne daß Sie sich mit Hilfe der Kleidung etwas vortäuschen. Darüber hinaus weist die nackte Haut den größten Widerstand auf. In der Psychologie nimmt man den Hautwiderstand als Maßstab körperlicher und seelisch-geistiger Entspanntheit. Je höher der Hautwiderstand ist, desto größer ist die Entspannung. Kleidungsstücke senken den Hautwiderstand und verringern dadurch unsere Fähigkeit zur Entspannung.

Jede Übung wirkt sich auf Ihren Körper, Ihren Geist und Ihre Seele aus. Seien Sie sich dessen bewußt und nehmen Sie körperlich, geistig und seelisch an der Übung teil. Konzentrieren Sie sich.

Vermeiden Sie jeden Schmerz. Der Schmerz zeigt Ihnen Ihre Grenzen. Diese Grenzen sollten Sie akzeptieren, um Muskelkater, Muskelfaserrisse und sonstige Folgen der Überanstrengung zu verhindern. Der gesundheitliche Wert der Übungen resultiert nicht daraus, wie gut Sie die Übung beherrschen und wie ausdauernd Sie dabei sind, sondern daraus, daß Sie an die Grenzen Ihrer Fähigkeiten gehen, diese Grenzen über einen langen Zeitraum hinweg ausdehnen und Ihre allgemeine Konstitution verbessern. Nehmen Sie sich selbst als Maßstab und nicht den Hochleistungssportler oder den Hochleistungsyogi von nebenan. Überforderung ist genauso schädlich wie Unterforderung. Ihr eigenes Wohlbefinden sollte stets der Maßstab Ihres Übens sein.

Nach einer Mahlzeit sollten Sie mindestens zwei Stunden warten, bis Sie mit den Übungen beginnen.

DER SONNENGRUSS

Die Zeit, in welcher der Sonnengruß seine integrativste Wirkung hat, fällt in den Herbst und den Winter.

Der Sonnengruß sollte kurz nach dem Aufstehen praktiziert werden und das Übungsprogramm einleiten. Für die ersten Zyklen sollten Sie sich Zeit lassen. Die Muskeln sind noch kalt, und eine Zerrung oder eine schlimmere Verletzung haben Sie sich schnell zugezogen. Nach etwa zehn Zyklen können Sie eine kleine Pause einlegen und sich ein wenig entspannen. Danach sollten Sie die Geschwindigkeit langsam steigern, bis Sie zum Schluß etwa fünf bis zehn Sekunden für einen Zyklus benötigen.

Die Anzahl der Zyklen hängt von Ihrer Konstitution ab. Zu Beginn dürften zehn langsame und zehn schnelle Zyklen vollkommen genügen. Mit der Zeit können Sie etwa 50 bis 60 Zyklen ins Auge fassen.

Den Sonnengruß können Sie, was in den meisten Büchern nicht berücksichtigt wird, in zwei verschiedenen Variationen ausführen. Sie können zuerst den rechten Fuß oder aber zuerst den linken nach hinten bzw. nach vorne setzen. Gewöhnen Sie sich von Anfang an beide Möglichkeiten an. Beide sollten gleich oft geübt werden.

Ein wichtiger Punkt ist die Konzentration. Der Sonnengruß ist, wie der Name schon sagt, ein Gruß, den man der Sonne entgegenbringt. Seine zahlreichen Heilwirkungen gehen maßgeblich auf diesen Sachverhalt zurück. Die Sonne hat einen ganz besonderen Stellenwert in unserem Bewußtsein. Früher wurde sie sogar als Gott verehrt. Die Sonne bringt Leben und Wärme, Liebe und Entspannung. Aus diesem Grund sollten Sie den Sonnengruß in entsprechender Geisteshaltung praktizieren, möglichst vor dem geöffneten Fenster, von wo aus man die Sonne sehen kann. Nur so können sich die gesundheitsdienlichen Wirkungen des Sonnengrußes voll entfalten.

Der Sonnengruß sollte da beendet werden, wo er angefangen

hat. Aus diesem Grund ist es ratsam, ein kleines Tuch oder ein Buch als Markierung auf den Boden zu legen – am besten immer direkt vor die Füße. Dann wissen Sie immer, wo Sie die Hände auf den Boden aufsetzen müssen, um nicht kreuz und quer im ganzen Übungsraum herumzuwandern.

DIE ATEMÜBUNGEN

Die beste Zeit für die Atemübungen ist der frühe Morgen, kurz nach dem Aufstehen. Ansonsten sollten Sie nach dem Essen mindestens fünf Stunden warten, bis Sie mit den Übungen beginnen.

Während des Übens muß die Wirbelsäule stets aufrecht und entlastet sein. Bevor Sie also mit den Atemübungen beginnen, ist es ratsam, zuerst einmal das Sitzen zu üben. Wählen Sie einen Sitz aus und üben Sie diesen regelmäßig. Wenn es Ihnen dann möglich ist, zehn bis zwanzig Minuten ruhig und entspannt dazusitzen, ohne daß Sie die Schultern verspannen oder Schmerzen in den Beinen verspüren, können Sie die Atemübungen praktizieren.

Innere Ruhe und Konzentration sind für die Atemübungen unbedingt notwendig. Wenn Sie nicht zur Ruhe kommen können, verzichten Sie lieber auf die Atemübungen und machen Sie statt dessen Körperübungen.

Die besten Monate für den Beginn von Atemübungen sind August und September.

Die Atemübungen sind im Prinzip sehr einfache Übungen, die von jedermann ausgeführt werden können. Gleichzeitig aber sind sie sehr schwere Übungen. Die Atmung ist normalerweise ein unbewußt ablaufender Vorgang, der ganz genau auf die Bedingungen und die Bedürfnisse des Organismus abgestimmt ist. Wenn man sich nun auf seinen Atem konzentriert und ihn willentlich beeinflußt, besteht die Gefahr, daß man das subtile Zusammenspiel unterbricht und damit auch die ansonsten frei und harmonisch ablaufenden Bewegungen. Die Folge sind Verspannungen und Verkrampfungen der Atemmuskulatur. Bevor wir die Atmung selbst in die Hand nehmen und mittels Atemübungen manipulieren können, müssen wir zuerst einmal von unserer Atmung lernen und die einfachsten Grundkenntnisse der Atemzusammenhänge erfahren. Die erste Atemübung, die man deshalb erlernen sollte, ist das «Auf-den-Atem-Lauschen». Erst dann, wenn man diese Übung beherrscht und seinen Atem beobachten kann, ohne ihn zu bedrängen und zu verkrampfen – und das kann Monate dauern –, sollte man sich den Übungen, die im praktischen Teil beschrieben sind, zuwenden.

■ Auf den Atem lauschen

Ausgangshaltung: halber Lotossitz, Diamantensitz oder Rükkenlage

Ausführung: Schließen Sie die Augen und konzentrieren Sie sich auf die Atmung. Verfolgen Sie die Ein- und die Ausatmung, ohne sie bewußt zu steuern. Vergessen Sie alles, was Sie je über die Atmung, deren Tiefe und Rhythmus gelesen haben, und hören Sie auf die Weisheit Ihres eigenen Organismus. Überantworten Sie sich dem natürlichen Rhythmus Ihrer Atmung. Haben Sie Vertrauen, und beobachten Sie, wie sich Ihr Organismus gesund atmet. Das Motto dieser Übung lautet: «Die Natur atmet mich» oder «Gott atmet mich».

Dauer: zwei bis 20 Minuten

Wirkung: Das Lauschen auf die Atmung ist eine beruhigende Übung. Der Herzschlag verlangsamt sich, die Atmung wird ruhig und angenehm tief, und die Gedanken kommen zur Ruhe. Es stellt sich eine friedvolle und gelassene Geisteshaltung ein.

Ein wichtiger Punkt ist auch die Steigerung der Konzentrationsfähigkeit. Vor allem aber verleiht diese Übung ein Gefühl des Geborgenseins. Durch sie erfährt der Übende, daß er nicht alleine ist und in seiner inneren Stimme einen treuen Begleiter auf seinem langen Weg zur Gesundheit hat.

DIE KONZENTRATIONSÜBUNGEN

Ausgangshaltung: halber Lotossitz oder Diamantensitz

Ausführung: Richten Sie die Wirbelsäule auf, atmen Sie gleichmäßig und ruhig (unmerkliche Atmung) und konzentrieren Sie sich auf das Objekt der Konzentration. Zu Beginn werden immer wieder Gedanken oder Atemgeräusche die Konzentration stören und unterbrechen.

Lassen Sie sich davon nicht entmutigen. Das ist ganz normal. Versuchen Sie nicht, mit Gewalt die Gedanken zu unterdrücken oder zu verdrängen. Bleiben Sie entspannt, und nutzen Sie die Ausatmung, um sich erneut auf den Gegenstand zu konzentrieren. Mit der Zeit wird Ihre Konzentrationsfähigkeit wachsen, und die Störungen werden wie von alleine verschwinden.

Für die Aufrechterhaltung der inneren Harmonie spielt es keine Rolle, ob Sie die Augen geöffnet haben oder geschlossen, wohl aber für die Erlangung der äußeren Harmonie, für die Integration in das energetische Grundmuster der Natur. Nach der Frühlings-Tagundnachtgleiche am 21. März erscheint das Leben nach sechs Monaten wieder an der Erdoberfläche – bis dahin sollten Sie wieder die Augen öffnen und sich dem äußeren Leben zuwenden, bis zum 21. September, dem Termin der Herbst-Tagundnachtgleiche. An diesem Tag zieht sich das Leben in die Tiefe des Erdreichs zurück und besinnt sich auf seine Wurzeln. Spätestens dann sollten Sie die Augen schließen und Ihre Aufmerksamkeit wieder auf die Tiefen Ihres Bewußtseins richten.

Nicht nur die Jahreshälften unterscheiden sich. Auch die einzelnen Monate zeichnen sich durch ein unterschiedliches energetisches Grundmuster aus. Werden Sie sich dieser Unterschiede bewußt und konzentrieren Sie sich in jedem Monat auf ein anderes Bild. Mit Hilfe der Bilder, die das energetische Grundmuster der Monate wiedergeben, können Sie sich in die natürliche Harmonie integrieren und die Synchronisation mit den kosmischen Rhythmen erwirken.

Öffnen Sie die Augen während der Konzentration in der hellen Jahreshälfte und schließen Sie sie während der dunklen. Die Konzentration folgt so dem natürlichen Rhythmus und wird Ihnen wesentlich leichter fallen, als wenn Sie sich das ganze Jahr über in ein und denselben Gegenstand versenken.

Dauer: bis zu zwanzig Minuten

DIE ERNÄHRUNG

Jedes Gemüse und jede Frucht wächst nur zu ganz bestimmten Zeiten und sollte im Rahmen einer natürlichen, gesunden Ernährung auch nur dann gegessen werden. Warum das so ist, kann man aus den folgenden Tabellen ersehen. Die Natur ist der beste Arzt. Sie versorgt uns zu jeder Jahreszeit mit exakt den Nahrungsmitteln, die wir benötigen, um uns an die jeweiligen Bedingungen anzupassen. Nur wenn wir uns ihr überantworten, haben wir eine Chance, in die große Harmonie des Universums zurückzufinden und die naturgewollte Gesundheit zu erlangen.

■ Frühling

Im Frühling steht die Reinigung des Organismus im Vordergrund. Folgende im Frühling wachsende Nahrungsmittel haben eine schleimlösende, auswurffördernde, blutreinigende, blutbildende und/oder harntreibende Wirkung, mit welcher sie die reinigende Frühjahrskur unterstützen:

Brennessel	Kresse	Rhabarber
Gänseblümchen	Löwenzahn	Spargel
Huflattich	Radieschen	Spitzwegerich
Keimlinge	Rettich	

■ Sommer

Im Sommer gelangen Herz und Kreislauf an ihr energetisches Maximum. Die Herzfrequenz ist bei gleicher Belastung höher als in den anderen Jahreszeiten. Auch das Blutvolumen und der pH-Wert des Blutes erreichen jetzt ihre höchsten Werte. Der Säuregehalt geht zurück, und das Blut wird alkalisch. Gleichzeitig wird es flüssiger und fließt wesentlich leichter durch die Adern als noch im Winter.

Um diese physiologische Situation herzustellen, bedarf es einer leichten Kost – knackige Salate, frisches Obst, kurz gedünstetes Gemüse, leichtverdauliche Beilagen und viel Flüssigkeit. Genau das ist es auch, worauf wir im Sommer Lust haben, und hierfür stellt uns die Natur ein großes Angebot frischer kulinarischer Köstlichkeiten zur Verfügung. Verzichten Sie auf schwerverdauliche Fleischkost, auf Fettes und Gebratenes, und tauchen Sie ein in die Vielfalt heimischer Rohkost.

Für Herz und Kreislauf hat die Natur folgende im Sommer reif werdende Früchte und Gemüse vorgesehen:

Aprikosen	Himbeeren	Spargel
Erdbeeren	Kirschen	Tomaten
Gurken		

Im Sommer haben Magen, Dickdarm und Bauchspeicheldrüse ihre Regenerationsphase beendet. Sie nehmen Energie auf und bereiten sich auf ihren Arbeitseinsatz im Herbst vor. Unter anderem werden sie dabei durch folgende Sommer-Nahrungsmittel, die eine verdauungsfördernde Wirkung haben, unterstützt:

Aprikosen	Gurken	Pfirsiche
Bohnen	Kohlrabi	Pflaumen
Blumenkohl		

■ Herbst

Im Herbst steht die Verdauung im Vordergrund. Es ist die Zeit des Schlemmens und Genießens. Die Ernte muß eingefahren und der Winterspeck angesetzt werden. Früher fanden im Herbst die Schlachtfeste statt, und daran hat sich unser Organismus gewöhnt. Er möchte jetzt Fleisch und Wurst, um sich mit ihrer Hilfe für die kalte dunkle Jahreszeit zu stärken. Selbst vierjährige Kinder, die man ihre Nahrung selbst zusammenstellen ließ, verlangten im Herbst vermehrt nach Eiweiß, während sie im Sommer noch kräftiger bei den Kohlenhydraten zulangten.

Tun Sie sich also keinen Zwang an und greifen Sie zu. Ihr Organismus wird es Ihnen danken. (Natürlich nur, wenn Sie auch im Frühling beim Fasten mit von der Partie waren.) Dieselbe Wirkung haben auch:

Bohnen	Kartoffeln	Vollkornprodukte
Erbsen	Linsen	Walnüsse
Haselnüsse	Maronen	

Zahlreiche Gemüse und Früchte, die jetzt geerntet werden können, haben eine verdauungsfördernde Wirkung, so zum Beispiel:

Äpfel	Rote Bete	Weißkohl
Fenchel	Rotkohl	Wirsing
Pflaumen	Weintrauben	

Unser Körper muß im Herbst nicht nur Energie aufnehmen. Er muß auch sein Immunsystem aufbauen, um sich gegen die lebensbedrohlichen Bedingungen – Nässe, Kälte, Wind, Bakterien, Viren – zur Wehr setzen zu können. Dabei sind ihm unter anderem folgende herbsttypische Nahrungsmittel behilflich:

Holunderbeeren	Knoblauch	Rote Bete
Honig	Meerrettich	Sellerie
Kartoffeln	Quitten	Zwiebeln

■ Winter

Im Winter hat sich der Organismus an die widrigen Lebensverhältnisse angepaßt und seinen Stoffwechsel umgestellt. Es stehen uns jetzt in etwa dieselben Nahrungsmittel zur Verfügung wie im Herbst. Die Kohlgemüse sollten nach wie vor den größten Anteil am Speisezettel haben.

Die energetische Situation ist die, daß jetzt die Nieren und die Blase an ihrem Maximum angelangt sind. Für ihre Unterstützung hat die Natur folgende Nahrungsmittel wachsen lassen:

Hagebutten	Honig	Weißkohl
Haselnüsse	Meerrettich	

DIE HEILKRÄUTER

Für die Heilkräuter gilt in etwa dasselbe wie für die Ernährung. Wenn wir mehrere Kräuter zur Auswahl haben, sollten wir immer diejenigen bevorzugen, die momentan gepflückt werden können. Sie repräsentieren das derzeitige energetische Grundmuster der Natur und integrieren denjenigen, der sich ihrer bedient, in die große Harmonie des Universums.

Die Unterschiede von Jahreszeit zu Jahreszeit sind nicht nur energetischer Natur. Es konnte gezeigt werden, daß beispielsweise Löwenzahn im Lauf eines Jahres drei verschiedene biochemische Phasen durchläuft. In der ersten Phase, im Frühling, enthält die frische Wurzel die meisten Bitterstoffe. In der zweiten Phase, im Sommer, gelangt das Inulin an seinen Höhepunkt, und im Herbst läßt sich der größte Taraxingehalt nachweisen. Es würde zu weit führen, die Bedeutung dieser Veränderungen hier zu untersuchen. Wichtig ist, daß es im Wechsel der Jahreszeiten zu Veränderungen kommt und die Pflanzen in den einzelnen Monaten ein unterschiedliches energetisches Grundmuster aufweisen.

Die Jahreszeiten verändern sich, das Wetter verändert sich und

Sie selbst verändern sich. Passen Sie sich diesen Veränderungen an und verändern Sie dementsprechend auch die Zusammensetzung Ihrer Heilkräuter.

■ Frühling

Für die allgemeine Reinigung können im Frühling unter anderem folgende Kräuter gesammelt werden:

Birkenblätter	Holunderblätter	Spitzwegerich
Benediktenwurzel	Schlehdornblätter	Tannenzapfen
Brennessel	Schöllkraut	Tannennadeln
Escheblätter	Schwertlilienwurzel	Taubnesseln

Für die Reinigung der Atemwege stehen uns unter anderem folgende Kräuter zur Verfügung:

Gänseblümchen	Lungenkraut-Kraut	Tannenzapfen
Huflattich-Blüten	Roßkastanienrinde	Tannennadeln
Kieferntriebe	Schlüsselblume	Thymian
Lungenkraut-Blüten	Spitzwegerich	

■ Sommer

Im Frühling stiegen wir aus der winterlichen Depression in das Hochgefühl der Maienlust. Wir nahmen die Wachstumsenergien in uns auf und wuchsen unserem energetischen Maximum entgegen. Die Gefahr, die nun im Sommer besteht, vor allem in den Hundstagen, ist die, daß wir zuviel Energie aufnehmen und das verträgliche Höchstmaß überschreiten. Im Zusammenhang mit der chinesischen Medizin bedeutet dies, daß wir zuviel Yang aufnehmen, uns zu sehr yangisieren und dadurch eine Yang-Überschuß-Erkrankung einleiten. Die Folgen sind Nervosität, Übererregtheit, Schlaflosigkeit, inneres Angespanntsein und nervöse Unruhe.

Folgende Kräuter, die im Sommer gesammelt werden können, wirken dieser Situation entgegen:

Baldrian	Kamille	Rosmarin

Brennessel Melisse Wermut
Johanniskraut

Das Herz muß im Sommer seine Höchstleistung vollbringen. Für seine Unterstützung stehen uns im Sommer folgende Heilkräuter zur Verfügung:
Melisse Rosmarin Weißdorn
Raute

Magen und Dickdarm haben ihr energetisches Tief überwunden und bereiten sich nun auf ihr Maximum vor. Sie nehmen Energie auf. Um diesen Vorgang zu unterstützen, können wir im Sommer folgende Kräuter sammeln, die appetitanregend und verdauungsfördernd wirken:

Fenchel	Löwenzahn	Rosmarin
Gänseblümchen	Melisse	Schafgarbe
Kamille	Pfefferminze	Wermut

Leber und Gallenblase hatten im Frühling ihren schwierigsten Arbeitseinsatz. Sie ziehen sich nun langsam aus dem körperlichen Geschehen zurück und bessern die entstandenen Schäden aus. Dabei sind ihnen im Sommer vor allem folgende Kräuter behilflich:

Heublumen	Mariendistel	Rosmarin
Johanniskraut	Melisse	Wermut
Löwenzahn	Pfefferminze	

Nieren und Blase durchlaufen im Sommer ihr energetisches Minimum. Ihre Regeneration kann mit folgenden, im Sommer wachsenden Kräutern unterstützt werden:
Brennessel Heublume Schachtelhalm
Goldrute

■ Herbst

Im Herbst muß der Organismus vor allem zwei Anforderungen gerecht werden: Er muß den Winterspeck ansetzen und sein Immunsystem aktivieren, um den lebensbedrohlichen Bedingungen der dunklen Jahreszeit widerstehen zu können.

Für die Aktivierung des Magen-Darm-Kanals stehen uns folgende Herbst-Heilkräuter mit ihrer verdauungsfördernden Wirkung zur Verfügung:

Beifuß	Kalmus	Schafgarbe
Fenchel	Rosmarin	Tausendgüldenkraut
Hopfen	Salbei	Wermut

Für den Aufbau des Immunsystems läßt die Natur im Herbst folgende Kräuter wachsen:

Gänseblümchen	Holunder	Sanddorn
Goldrute	Malve	Thymian
Hagebutte	Salbei	

Leber und Gallenblase durchlaufen ihr energetisches Minimum. Ihre Regeneration wird durch folgende, im Herbst wachsende Heilkräuter gefördert:

Mariendistel Rosmarin Wermut

Im Herbst nehmen die Nieren und die Blase, die ihre Erholungsphase im Sommer hatten, wieder Energie auf, um sich auf ihren Wintereinsatz vorzubereiten. Die Natur unterstützt sie dabei mit folgenden Naturheilmitteln:

Goldrute Kürbissamen Wacholder
Hagebutte

■ Winter

Im Winter wachsen außer der Mistel keine Heilkräuter. In dieser Jahreszeit können wir nur die Kräuter verwenden, die wir getrocknet und als Wintervorrat angelegt haben. Aber auch hier besitzt die chronologische Ordnung ihre Gültigkeit. Die Zeit, in welcher der Wintervorrat angelegt wird, ist der Herbst. Wenn Sie also mehrere Heilkräuter zur Auswahl haben, entscheiden Sie sich für das Kraut, das im Herbst gewachsen ist. Es stammt selbst aus der dunklen Jahreszeit und ist für diese geschaffen.

Drei

Der Rhythmus der Jahreszeiten in der Medizin

ANGINA PECTORIS (BRUSTENGE)

■ Medizinische Aspekte

Angina pectoris bedeutet wörtlich übersetzt *Engbrustigkeit.* Patienten, die einen Anfall erleiden, klagen über ein Engegefühl in der Herzgegend, Schmerzen, die bis in den Nacken und in den linken Arm ausstrahlen, und Angst.

Hinsichtlich der Ursachen unterscheidet man zwei Arten von Angina pectoris – eine organische und eine funktionelle. Die organische wird auch die eigentliche oder die echte Angina pectoris genannt. Bei ihr sind die Herzkranzgefäße (Koronargefäße), die das Herz mit Blut und Sauerstoff versorgen, infolge von Ablagerungen oder Entzündungen verengt und nicht mehr in der Lage, genügend Blut passieren zu lassen. Es kommt zu einer mangelhaften Durchblutung des Herzens, zu einer Herzschwäche und als Folge davon zu einem Angina-pectoris-Anfall. Die Dauer eines solchen Anfalls beschränkt sich in der Regel auf wenige Minuten, kann aber auch zwanzig Minuten und mehr betragen.

Die zweite Form der Angina pectoris ist die funktionelle. Bei ihr liegen keinerlei organische Schäden vor. Die Herzkranzgefäße sind frei von Ablagerungen, und es könnte, vom anatomischen Standpunkt aus gesehen, genügend Blut durch sie hindurchfließen, um das Herz gesund und leistungsfähig zu erhalten. Das Problem, das den Anfällen zugrunde liegt, sind nervöse Fehlsteuerungen und Verkrampfungen, deren Wurzeln oftmals im seelisch-geistigen Bereich liegen. Man spricht von einer Herzneurose. Die Anfälle verlaufen in der Regel harmloser als bei der echten Angina pectoris, können dafür aber auch mehrere Tage lang andauern.

Als Auslöser für die Angina-pectoris-Anfälle werden folgende Größen angesehen:

– körperliche Belastung
– Kälte
– üppige Mahlzeiten
– seelische Belastung

■ Psychosomatische Aspekte

Neben den körperlichen Risikofaktoren, wie zum Beispiel Tabak, Alkohol, fettes Essen und mangelhafter Bewegung, werden auch psychische Konstellationen für die Entstehung von Angina pectoris verantwortlich gemacht. Allen voran die Arbeitssucht und das ständige ‹Aktiv-sein-Müssen›. Viele Herzpatienten können sich nach getaner Arbeit nicht ausruhen und entspannen. Sie sind immer auf dem Sprung und ständig ‹unter Strom›. Sie machen Überstunden, arbeiten an Sonn- und Feiertagen und schonen sich in keinster Weise.

Wenn man die Hintergründe dieses Verhaltens untersucht, stellt sich oft heraus, daß diese Menschen in ihrer Kindheit zuwenig Liebe erfahren haben und daß die Zuwendung, die ihnen zuteil wurde, an eine bestimmte Leistung geknüpft war. Sie mußten sich ihre Liebe erkaufen und wurden nicht ihrer selbst wegen geliebt. Deshalb hatten sie nicht die Möglichkeit, ein gesundes, starkes Selbstbild aufzubauen und leiden – oft unbewußt – unter Selbstschwäche. Über Jahre hinweg hat sich das Erkaufen-Müssen von Liebe in ihr Selbstbild eingeprägt und bestimmt ihre Persönlichkeit im Erwachsenenalter. Sie werden zu Erfolgsmenschen, also zu Menschen, die den Erfolg als Ziel und Sinn ihres Lebens ansehen. Dabei ist der Erfolg, den sie anstreben, ein Ersatzziel, mit welchem sie Liebe, Zuwendung und Anerkennung erringen wollen, die ihnen seit je versagt wurden.

Das Schlimmste, was einem solchen Menschen passieren kann, ist, daß er einen Mißerfolg erleidet, mit seinen eigenen Schwächen konfrontiert wird oder daß jemand seine Autorität, sein perfektioniertes Selbstbild, in Frage stellt. Sofort hat er dann das Gefühl, daß ihm die lebensnotwendige Liebe entzogen wird und er nichts mehr wert ist. Aus sich selbst heraus kann er keine Kraft schöpfen und sich Mut zusprechen. In einer solchen Situation ist die Gefahr eines Angina-pectoris-Anfalls oder gar eines Herzinfarkts besonders groß.

■ Chronomedizinische Aspekte

Die Zeit, in welcher die Angina-pectoris-Anfälle vermehrt auftreten, fällt in die zweite Herbsthälfte und den Winter, also genau in die Zeit, in welcher sich die Natur auf ihr Inneres, auf ihre Wurzeln besinnt. Es ist die Zeit der Ruhe und der Zurückgezogenheit, die Zeit der wohlverdienten Entspannung. Die sommerlichen Aktivitäten sind vorüber, das Herz hat sein energetisches Maximum überschritten und gibt nun Energie ab. Für uns Menschen beginnt die Phase der Psychoanalyse, in welcher wir mit uns selbst, mit unseren Stärken, aber auch mit unseren Schwächen konfrontiert werden. Für die Herzkranken ist dies aus besagten Gründen eine besonders schwierige Zeit.

Betrachten wir noch einmal die Auslöser für die Angina-pectoris-Anfälle. Mit Ausnahme der körperlichen Belastung wirken sie alle im Herbst besonders stark auf uns ein. Es wird kalt, die Festtage laden uns zu einem Festschmaus ein, und durch die Introversion kommt es zu seelischen Belastungen, wie in keiner anderen Jahreszeit. Kein Wunder also, wenn die Anfälle der *Engbrustigkeit* vermehrt im Herbst auftreten.

■ Chronotherapeutische Aspekte

Herzkranke neigen dazu, ihre Krankheit auf die leichte Schulter zu nehmen. Sie bagatellisieren die Symptome und schieben eine Therapie so lange wie möglich vor sich her. Das erste, was sie deshalb beherzigen und vielleicht auch lernen sollten, ist, sich selbst und ihre Krankheit ernst zu nehmen. Wenn gegen die Angina pectoris nichts unternommen wird, kann sich daraus ein Herzinfarkt entwickeln, und dann rücken Gesundheit und jugendliche Dynamik in weite Ferne. Patienten, die an Angina pectoris leiden, sollten ihre Angst überwinden und sich ihr stellen. Es gibt Mittel und Wege, sie in den Griff zu bekommen, und diese sind oftmals einfacher als man denkt.

Betrachten wir uns den energetischen Verlauf des Herzens, der der Angina pectoris zugrunde liegt. Im Herbst gibt das Herz Energie ab, um sich zu regenerieren. Beim Herzkranken erreicht diese Energieabgabe solch dramatische Werte, daß sie eine energetische Unterversorgung des Herzens und massive Krankheitssymptome hervorruft. Man kann davon ausgehen, daß die Energieabgabe noch im natürlichen Rhythmus verläuft und keinesfalls zu stark ist, aber die gesamte Energiekurve sich unterhalb derjenigen eines Gesunden befindet. Das heißt, daß der Patient nicht in der Lage war, die energetische Situation des Frühlings auszunutzen, um mit ihrer Hilfe das Herz bzw. den Herzmeridian mit genügend Energie aufzuladen. Graphisch läßt sich dies folgendermaßen darstellen:

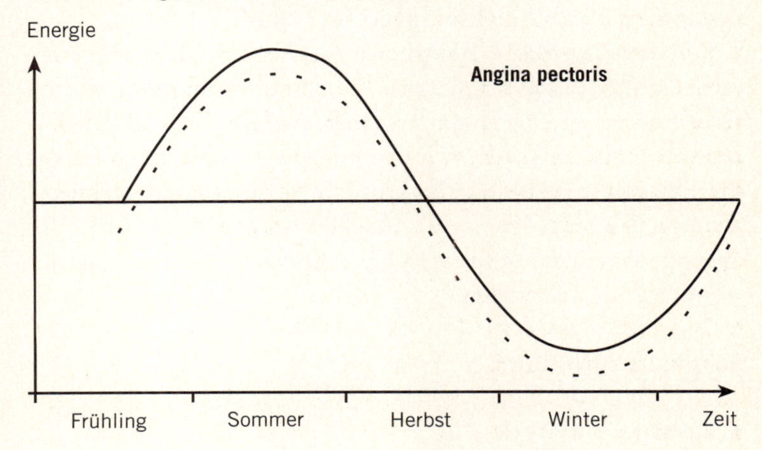

Die Maßnahmen, die sowohl vorbeugenden als auch heilenden Charakter haben, sind solche, die den Patienten in den Frühling integrieren und dem Herzen Energie zuführen. Mit einer Fastenkur reduziert man das Übergewicht, das einen Herzkranken besonders belastet, und reinigt die Herzkranzgefäße. Mit Kreislauftraining regt man die Durchblutung des Herzmuskels an und unterstützt die Reinigung der Herzkranzgefäße – die schädlichen Ablagerungen werden vom strömenden Blut mitgerissen. Mit den seelisch-geistigen Übungen erobert man sich ein ausgeprägtes Selbstwertgefühl und ein starkes Selbstvertrauen.

Mit diesen Techniken kann sich der Kranke bereits im Frühling auf die schweren Herbsttage vorbereiten und einer beklemmenden Situation entgegenwirken. Im Herbst dagegen sollte er seine Aktivitäten reduzieren und sich bewußt erholen und entspannen. Er sollte sich zurücklehnen, die Früchte seiner sommerlichen Tätigkeiten ernten und sein Herz sowenig wie möglich strapazieren. Nun ist es Zeit, in sich hineinzuhören und sich seiner eigenen Natur bewußt zu werden. Er sollte realisieren, daß er die Ruhe verdient hat, daß er Aktivität und Passivität, Anspannung und Entspannung benötigt, um gesund zu bleiben, und sich in die großen Rhythmen der Natur integrieren.

Für den Tag-Nacht-Rhythmus gilt dasselbe. Das Herz erreicht sein Maximum um zwölf Uhr mittags und gibt danach seine Energie ab. Die Angina-pectoris-Anfälle treten am häufigsten nachmittags auf. Um ihnen entgegenzuwirken, sollte der Herzkranke seine herzstärkenden Übungen morgens praktizieren (im Frühling des Tages) und keinesfalls nachmittags oder abends – denn dann sollte er sich auf die wohlverdiente Ruhe der Abendstunden einstellen.

ASTHMA BRONCHIALE

■ Medizinische Aspekte

Der Begriff *Asthma* stammt aus dem Griechischen und bedeutet *anfallweise auftretende Kurzatmigkeit*. Der Zusatz *bronchiale* weist darauf hin, daß der Asthmaanfall in den Bronchien ausgelöst wird, also in den feinen Verästelungen der Luftröhre in der Lunge.

Die Situation, die einem Asthmaanfall zugrunde liegt, stellt sich wie folgt dar. Die Bronchien sind aufgrund einer Verkrampfung der glatten Muskulatur, einer erhöhten Schleimabsonderung und/oder einer Schwellung der Schleimhaut verengt, so daß nicht mehr genügend Atemluft durch sie strömen kann. Dadurch kommt es zu krampfhafter Atemnot, bei welcher vor allem die Ausatmung stark behindert ist. Der Patient schnappt in kurzen, schnellen Zügen nach Luft, verkrampft dann die Atemmuskulatur, weil er den lebensnotwendigen Sauerstoff, den er mühsam eingeatmet hat, unbewußt nicht mehr hergeben möchte und preßt die Atemluft anschließend mit größter willentlicher Anstrengung langsam wieder nach außen. Doch noch bevor er die gesamte Atemluft ausgestoßen hat, signalisiert sein Gehirn, daß der Sauerstoffgehalt im Blut zu gering ist und leitet die nächste Einatmung ein. Nach mehrmaliger Wiederholung dieses verunglückten Atemzyklus bläht sich der Brustkorb immer weiter auf, und die Atembewegungen werden immer oberflächlicher. Der Sauerstoffgehalt des Blutes geht zurück, und es kommt zu regelrechten Erstickungserscheinungen.

In der Schulmedizin geht man davon aus, daß die meisten Asthmaanfälle auf eine allergische Reaktion zurückzuführen sind. Als mögliche Auslöser gelten unter anderem Blütenstaub, Gräser, Tierhaare, Bettfedern, Hausstaub, Farbstoffe und Medikamente (Aspirin).

■ Psychosomatische Aspekte

Ein wesentlicher Punkt für die psychosomatische Interpretation des Asthmas ist die seelisch-geistige Bedeutung der Atmung. Die Atemluft ist ein Medium, durch welches der Mensch ständig mit seiner Umwelt verbunden ist. Wir alle wohnen im Meer des Atems und bedienen uns derselben Atemluft. Durch das Einatmen nehmen wir die Luft – das Leben – aus der Umwelt in uns auf, und durch das Ausatmen geben wir sie wieder, in veränderter Form, nach außen hin ab. Im übertragenen Sinn steht Einatmen ganz allgemein für *Nehmen* und Ausatmen für *Geben*. Im rhythmischen Wechsel von Nehmen und Geben halten wir unser Leben und unsere Gesundheit aufrecht.

Ein weiterer Punkt, den es zu berücksichtigen gilt, ist der, daß die Atmung sehr eng mit unseren Gedanken und Gefühlen verbunden ist. Jede seelisch-geistige Regung spiegelt sich in der Atmung wider. Wenn wir uns wohl fühlen, genießen wir das Leben in vollen (Atem-)Zügen, wenn uns etwas erzürnt, schnauben wir vor Wut, wenn wir niedergeschlagen sind, stöhnen und seufzen wir, und wenn wir Angst haben, bleibt uns die Luft weg.

Beim Asthmatiker ist der Atemprozeß, vor allem die Ausatmung, stark behindert. Das freie Fließen von Geben und Nehmen ist bei ihm unterbrochen. Er ist unfähig zu geben und als Folge davon auch unfähig zu nehmen. Er hat Angst zu leben, Angst davor, sich den Höhen und Tiefen des Lebens auszusetzen und sie zu erleben. In der psychoanalytischen Literatur wird Asthma bronchiale als *Angsthysterie* verstanden. Der Asthmaanfall wird als ein Versuch des Kranken interpretiert, sich gegen das hereinbrechende Leben zu schützen. Dabei wehrt er sich sowohl gegen das äußere als auch gegen das innere Leben. Gefühle, die ihm von außen entgegengebracht werden, wirken auf ihn ebenso bedrohend wie Gefühle, die aus seinem Inneren emporsteigen. Er ist ein puritanischer Saubermann, der sich dem Sterilen, Leblosen und Reinen verschrieben hat und auf alles, was diesem Ideal widerspricht, allergisch abweisend reagiert – seien es seelische Regungen wie Erinnerungen, Wünsche, sexuelle Phantasien oder Tierhaare, Pflanzensamen und Hausstaub.

Asthmakranke werden häufig auch als habgierig beschrieben. Sie haben Angst vor dem Verlust, Angst vor der Trennung. Sie können es nicht verkraften, etwas herzugeben. Selbst die Artikulation von Gefühlen wird von ihnen unbewußt als Hergeben von seelischem Besitz erlebt, weshalb sie emotional stark gehemmt sind. Diese Angst geht sogar so weit, daß sie während eines Anfalls die körperlichen Formen der seelischen Artikulation – Lachen, Singen, Sprechen, Schreien –, die ja durch die Ausatmung ins Leben gerufen werden, nicht mehr praktizieren können. Das Wenige, was sie diesbezüglich noch zuwege bringen, ist das asthmatypische Keuchen – ein letzter Hinweis, daß sie am Ende ihrer Kräfte angekommen sind.

Als zentraler Konflikt wird in vielen Fällen die familiäre Situation angesehen. Die Mutter des Asthmakranken wird oft als dominant, überversorgend und einengend beschrieben, während der Vater zurückgezogen, passiv und schwach erscheint. Es entwickelt sich eine überstarke Bindung an die Mutter und gleichzeitig ein Konflikt, der den Asthmatiker immer wieder hin und her schwanken läßt zwischen dem Wunsch nach totaler Verschmelzung mit der Mutter auf der einen Seite und endgültiger Trennung und damit einhergehender Befreiung von der Mutter auf der anderen Seite. Jede Situation, die dem Kranken die Mutter wegzunehmen scheint – wie zum Beispiel die Geburt eines Geschwisters –, kann die Asthmaerkrankung verschlimmern und neue Anfälle auslösen. Im Erwachsenenalter kann die Problematik auf Ehepartner, Kinder, Arbeitsplatz oder materielle Güter übertragen und dann immer wieder erlebt werden – bis der Konflikt aufgelöst ist.

■ Chronomedizinische Aspekte

Asthmaanfälle kommen am häufigsten in den Monaten von Juni bis November vor, also genau dann, wenn die Lunge Energie aufnimmt und ihr energetisches Maximum erreicht. In der psychosomatischen Fachliteratur wird häufig darauf hingewiesen, daß der Asthmatiker unfähig ist, sich seine Aggressionen einzugestehen und entsprechend auszuleben. Der Asthmaanfall wird unter anderem als Versuch des Organismus interpretiert, aus dem Unbewußten aufsteigende Aggressionen abzuwehren und zu unterdrücken.

Wenn wir diese Unfähigkeit, Aggressionen auszuleben, zugrunde legen und uns das energetische Grundmuster des Frühlings anschauen, sehen wir, daß der Asthmatiker es im Frühling versäumt, seine Aggressionen nach außen zu schreien. Damit verpaßt er es, sich in den Frühling zu integrieren und den Lungenmeridian an sein energetisches Minimum heranzuführen. (Vergleiche hierzu den Ko-Zyklus der chinesischen Medizin: Metall [Lunge] hemmt Holz [Leber.])

Graphisch läßt sich das folgendermaßen darstellen:

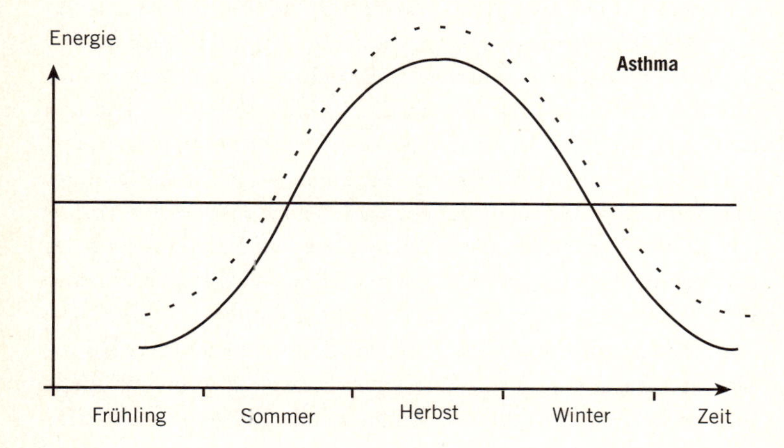

Die Folge ist, daß sich die Lunge aufgrund der zurückgehaltenen Aggressionen im Frühling nicht richtig erholt und in der aufnehmenden Phase über das Ziel hinausschießt und zuviel Energie ansammelt. Durch die Überenergetisierung kommt es zu den beschriebenen Symptomen – zu Entzündungen und Schwellungen der Schleimhäute, zu überhöhter Schleimproduktion und zu Verkrampfungen der glatten Muskulatur.

Im seelischen Bereich werden mehrere Konstellationen mit Asthma in Verbindung gebracht. Je nachdem, wann die Anfälle vermehrt auftreten, kann man verschiedene psychische Grundkonstellationen vermuten.

Im Sommer findet in der Natur die Befruchtung statt. Es ist die Zeit der natürlichen Orgasmen. Auch die Sexualität der

Menschen erreicht in dieser Jahreszeit ihr Maximum. Asthmaanfälle, die vermehrt in dieser Phase auftreten, lassen einen engen Zusammenhang mit verdrängten sexuellen Wünschen vermuten. Wenn diese Wünsche aufgrund der natürlichen Konstellation aktiviert werden und im Vergleich zu anderen Jahreszeiten besonders stark sind, muß sich der Asthmatiker besonders vehement zur Wehr setzen – und das macht er mit seinen Anfällen. Die Unfähigkeit, sich seine sexuellen Bedürfnisse und Phantasien einzugestehen, kann zu Impotenz, Frigidität, Gefühlsarmut, Triebunsicherheit und sinnlicher Erlebnisunfähigkeit führen, die häufig als Begleiterscheinungen des Asthmas aufgeführt werden.

Das Emotionale, Triebhafte wird unterdrückt, und es wird der Versuch unternommen, die fehlende emotionale Befriedigung mit geistiger, ideeller Befriedigung zu kompensieren. Der Kranke vergeistigt und hängt großen Idealen wie Wahrheits- und Nächstenliebe nach.

Anfälle, die vermehrt in der zweiten Herbsthälfte auftreten, deuten auf einen anderen Problemkreis hin. Wer Yoga und Meditation praktiziert, der weiß, daß die Ausatmung bei der Entspannung eine wichtige Rolle spielt. Bei Atemübungen, die auf die Meditation vorbereiten, soll der Übende stets die Ausatmung länger gestalten als die Einatmung. Mit Hilfe der Ausatmung gleitet er dann in die tieferen Schichten seines Bewußtseins hinab und gelangt dort zu neuen Einsichten.

War es im Frühling noch die Einatmung, die im Vordergrund stand und mit deren Hilfe wir die Wachstumskräfte in uns einsaugten, so ist es jetzt, im Herbst, die Ausatmung, die in den Mittelpunkt des Geschehens rückt. Aber gerade damit hat der Asthmatiker seine Schwierigkeiten. Er möchte nicht in die Tiefe seiner eigenen Seele schauen. Er möchte nicht mit sich selbst und schon gar nicht mit seinen Schwächen konfrontiert werden. Er ist unfähig, sich seinen Fehlern zu stellen und hat Angst vor der inneren Wirklichkeit, Angst vor sich selbst.

Für den Gesunden ist dies genauso wie für den Kranken eine schwere Zeit. Der Unterschied zwischen beiden besteht darin, daß der Gesunde die Chance nutzt, um die Schwächen in sein Selbstbild zu integrieren, oder aber, um sie aus der Welt zu schaffen. Der Kranke dagegen verzweifelt daran, verliert seine Selbstsicherheit und verschließt die Augen vor der Realität. Er unterdrückt die Einsichten in seine Persönlichkeit und baut sich ein perfektioniertes, traumhaft ideales Selbstbild auf, das er mit aller Kraft gegen die alltägliche, natürliche Realität zu verteidigen versucht.

In der chinesischen Medizin ist der Herbst mit dem Weinen assoziiert. Charakteristischerweise haben Asthmakranke auch damit ihre liebe Not. «Viele Asthmakranke erklären, daß sie nicht fähig sind, ihre Gefühle durch Weinen abzureagieren. Wenn es aber tatsächlich gelingt, während eines solchen Anfalls zu weinen, dann hört er sofort auf.

Es gibt männliche Asthmakranke, die in einer supermännlichen Pose erstarrt sind; sie sind bemüht, sich so distanziert, hart und gefühllos wie möglich zu geben. Ihr Zustand bessert sich erst, wenn sie beispielsweise lernen, sich ihre Einsamkeit einzugestehen und ihre Lage zu beweinen. Es gibt Asthmatiker, die gelernt haben, durch Weinen ihre Lage erträglich zu machen und auf diese Weise Anfällen vorzubeugen.»[12]

So wie das Weinen eines Neugeborenen bisweilen den Wunsch ausdrückt, wieder in die Mutter zurückzukehren, um erneut mit ihr zu verschmelzen, ist dieser Wunsch auch bei Asthmakranken unbewußt noch vorhanden. Der Konflikt zwischen Verschmelzung mit der Mutter und endgültiger Lossagung von ihr ist noch nicht überwunden und bricht immer wieder in Form des Asthmaanfalls durch. Der Kranke spürt unbewußt die Heftigkeit des Konflikts und geht ihm aus dem Weg. Bevor er ihn löst, leugnet er lieber das Leben und wird streng puritanisch.

Der Tag-Nacht-Rhythmus der Asthmaerkrankung offenbart dieselben Zusammenhänge. Die Anfälle treten vermehrt in den

Nachtstunden auf, also genau dann, wenn wir träumen und mit den tieferen Schichten unseres Bewußtseins konfrontiert werden. Der psychosomatische Aspekt ist spätestens hier nicht mehr zu leugnen. Interessanterweise nimmt die Lunge die ganze Nacht hindurch Energie auf. Sie erreicht ihr energetisches Maximum morgens um fünf Uhr. Auch hier kann man davon ausgehen, daß der Lungenmeridian zuviel Energie aufnimmt und deshalb in den Nachtstunden, bei der kleinsten seelischen Bewußtwerdung, überreagiert.

■ Chronotherapeutische Aspekte

Das Asthmageschehen ist sehr komplex und kann nicht mit einer hausgemachten Eigentherapie aus der Welt geschafft werden. Die Aufarbeitung des gesamten Lebens bis zurück in die früheste Kindheit ist notwendig, um die Krankheit an ihrer Wurzel packen und ausreißen zu können. Dennoch sollten die chronobiologischen Aspekte berücksichtigt werden und in die Therapie mit einfließen.

Die Zeit, in welcher der Patient psychoanalytisch behandelt werden sollte, fällt in den Spätsommer und den Herbst. Das Ziel sollte dann sein, ihm seine Schwächen vor Augen zu führen. Er sollte Traurigkeit verspüren über seine schwierige Lebenssituation und lernen zu weinen. Jede Träne ist ein wichtiger Schritt auf dem Weg zur Gesundheit.

Im Winter sollte man den Patienten ruhen lassen und auf weitere therapeutische Maßnahmen verzichten. Er soll Zeit haben, sich seiner Situation bewußt zu werden und die Ergebnisse der Psychotherapie auf sich wirken zu lassen. Außerdem ist der Winter sowieso die beste Zeit für ihn. Die Wahrscheinlichkeit eines Anfalls ist dann am geringsten. Die innere und die äußere Harmonie sollten nicht verspielt werden. Keuchen, seufzen und stöhnen, also die seelischen Artikulationen, die im Winter einen integrativen Charakter haben, bereiten dem Asthmatiker keine Schwierigkeiten.

Im Frühling, vielleicht auch schon in der zweiten Winterhälfte, sollte man die Therapie wieder aufnehmen. Dieses Mal aber nicht, um den Patienten mit seiner Vergangenheit zu konfrontieren, sondern mit seiner Gegenwart – mit all den unterdrückten Gefühlen, den ungelebten natürlichen Bedürfnissen und den niemals artikulierten Aggressionen, die sich in ihm angestaut haben und jetzt darauf warten, ausgelebt zu werden. Nach Jahren der Enthaltsamkeit, sollte er endlich einmal schreien. Charakterliche Größen, die damit einhergehend ausgebildet werden können, sind Durchhaltevermögen, Durchsetzungskraft, Entscheidungsfähigkeit, Selbstsicherheit und Selbstbewußtsein. Mit diesen Kräften gerüstet, kann er sich im Herbst erneut den Schattenseiten seiner Seele zuwenden.

EKZEM (ENTZÜNDUNG DER HAUT)

■ Medizinische Aspekte

Das Ekzem ist die häufigste Hautkrankheit. Es handelt sich dabei um eine Entzündung, die akut oder chronisch auftreten kann. Die akuten Ekzeme gehen mit starker Rötung der Haut, Juckreiz und Bläschenbildung einher. Wenn die Bläschen aufplatzen oder aufgekratzt werden, bildet die austretende Flüssigkeit eine Kruste und Schuppen. Beim chronischen Ekzem treten die akuten Entzündungserscheinungen in den Hintergrund. Die Haut ist weniger gerötet, statt dessen bilden sich schuppenbedeckte Knötchen, die häufig von Bläschen und Krusten umgeben sind. Wichtiges Kennzeichen des chronischen Ekzems ist die Verdickung der Haut durch Ausbildung einer Hornhautschicht.

Die Symptome zeigen sich bevorzugt an unbedeckten Körperstellen – Gesicht, Hals, Arme und Hände –, kommen aber auch in den Achselhöhlen, an den Fußsohlen, an Knie und Ellenbeugen relativ häufig vor.

Hinsichtlich des Auslösers unterscheidet man exogene und

endogene Ekzeme. Exogene Ekzeme werden durch Substanzen ausgelöst, die von außen auf die Haut einwirken und gegen die der Organismus eine Allergie entwickelt hat. Man nennt sie auch Kontaktekzeme. Endogene Ekzeme dagegen werden auf die Konstitution des Patienten zurückgeführt, auf eine Verletzung des Säureschutzmantels, eine Störung des Stoffwechsels, eine falsche Ernährung oder eine vererbte Disposition. Sie werden auch *atopisches Ekzem oder Neurodermitis constitutionalis* genannt.

■ Psychosomatische Aspekte

Sowohl endogene als auch exogene Ekzeme haben in vielen Fällen eine psychische Ursache. Die Haut wurde in den meisten alten Kulturen als Symbol der Seele angesehen. Bei Opferzeremonien wurde den Tieren die Haut abgezogen – das Fleisch wurde gegessen und die Haut, die als Träger der göttlichen Seele angesehen wurde, konserviert und als Kultobjekt verehrt. Sie galt als Vermittler zwischen der irdischen und der überirdischen Welt, zwischen Mensch und Gott.

In der Psychosomatik wird dieser Grundgedanke übernommen und auf die seelischen Belange des Menschen übertragen. Die Haut gilt hier als Organ, das die Seele des Menschen mit der Umwelt verbindet und Gefühle übermittelt – man denke nur an Streicheln und Liebkosen. Gestützt wird diese Interpretation durch zahlreiche Redensarten. Wenn man sagt, daß jemand *ein dickes Fell* habe, so meint man, daß er nach außen hin seelisch sehr robust und ausgeglichen wirkt. Im Gegensatz dazu steht derjenige, der *zart besaitet* ist und nur eine dünne Haut besitzt. Bei jedem Angriff ist er gleich verletzt und zieht sich zurück. Die Dinge gehen ihm leicht *unter die Haut*. Wenn jemand gar *aus seiner Haut* fahren möchte, dann ist er mit seiner jetzigen Situation alles andere als zufrieden. Er möchte sich verändern und am liebsten *in eine andere Haut* schlüpfen.

Die Haut ist ein Spiegelbild der Seele. Wenn sie nicht mehr richtig funktioniert und erkrankt, ist das häufig ein Hinweis darauf, daß auch die Seele erkrankt ist. Die zugrunde liegende Situation ist oftmals die, daß sich in der Haut Gefühlszustände manifestieren, die der Mensch nicht artikulieren kann. Das Gefühl drängt nach außen, wird aber aufgrund der psychischen Situation zurückgehalten und unterdrückt. Es kommt zu einem Gefühlsstau in der Haut und als Folge davon zu einer erhöhten Stoffwechselrate in der Haut. Die Gefühle, die der Mensch nicht verarbeiten und ausleben konnte, sollen nun von seiner Haut verarbeitet werden.

Der Begriff Ekzem leitet sich von einem griechischen Wort ab, daß kochen bedeutet. Die Seele kocht, sie ist erregt, sie sprudelt und dampft und möchte sich nach außen hin ergießen. Weil sie aber daran gehindert wird, sich darzustellen und in der Umwelt zu zeigen, überträgt sie ihre Problematik auf ihr körperliches Ebenbild, die Haut, und lebt sich dort in entsprechender Art und Weise aus – in Form einer Entzündung. Die Entzündung wiederum ist eine treffende körperliche Metapher für die kriegerischen Zustände, die im Inneren herrschen. Der Körper aktiviert sein Immunsystem und setzt sich gegen Substanzen zur Wehr, die gar nicht vorhanden sind oder im Normalfall, ohne den seelischen Konflikt, gar nicht bedrohlich wären. Der Krieg zwischen den Antikörpern und den Allergenen beginnt, und dadurch kommt es zu den Symptomen, die im allgemeinen mit einer Entzündung einhergehen – Rötung, Schwellung, Hitze, Schmerz und Funktionsstörung.

Bei einem akuten Ekzem heilen die Symptome relativ schnell wieder ab, was darauf hindeutet, daß der zugrunde liegende Konflikt nicht allzu schwer ist und aufgelöst oder zumindest erneut unterdrückt werden konnte. Bei einem chronischen Ekzem geht die Entzündung zwar zurück, aber die Schädigungen der Haut – Bläschen und Schuppen – bleiben erhalten. Interessant ist, daß sich die Haut mit der Zeit verdickt, der Patient also im wahrsten Sinne des Wortes ein dickes Fell bekommt und sich mit diesem gegen den Gefühlsaustausch zu wehren versucht.

Die Symptome des chronischen Ekzems klingen nie richtig ab und werden bei Situationen, die den Patienten mit seiner psychischen Problematik konfrontieren, wieder aktiviert. Besonders gefährliche Zeiten sind für ihn unter anderem die Einschulung, die Pubertät, der Eintritt in den Militärdienst, die Hochzeit, die Wechseljahre, der Beginn des Rentnerdaseins und viele andere Situationen, die einen neuen Lebensabschnitt einleiten. Aus diesem Grund wird das Ekzem auch als *Meilenstein-Krankheit* bezeichnet. Der Patient wird in solchen Situationen mit neuen Gefühlen konfrontiert, die er sich nicht auszuleben getraut; er unterdrückt sie und entwickelt die entsprechenden körperlichen Symptome. Bemerkenswert ist, daß er genau die Symptome aktiviert, die im Tierreich für Wandlung und Neuwerdung stehen – er häutet sich und wirft seine Schuppen ab. Er versucht die geistige Unfähigkeit, sich auf die neuen Lebensumstände einzustellen, körperlich zu kompensieren.

Die Ursache für diese Unfähigkeit, sich auf neue Lebenssituationen einzustellen und entsprechend zu reagieren, liegt oftmals in der Kindheit. Viele Ekzemkranke wurden – bewußt oder unbewußt – von ihrer Mutter abgelehnt und hatten deshalb nicht die Möglichkeit, mit Hilfe ihrer Mutter ein solides, echtes Selbstvertrauen zu entwickeln. Sie können nicht hundertprozentig zu sich selbst stehen und die neuen Lebenssituationen nicht aus ihrer spontanen Intuition heraus meistern. Sie zweifeln und überlegen und weichen oftmals im entscheidenden Moment zurück.

Anne Maguire schreibt: «Es scheint, daß sich das Kind der Mutter nicht sicher ist, weil die Mutter eine ambivalente Haltung zum Kind hat. In späteren Jahren entwickelt sich eine Lebenseinstellung, wobei der Erwachsene das mütterliche Ablehnungsmuster verinnerlicht hat und die negative Wirkung des Mutterarchetyps alle Lebensbereiche beherrscht. Er akzeptiert sich und lehnt sich zugleich ab. Sehr zukunftsfreudig ist er nie, er blickt lieber in die Vergangenheit zurück. Unbewußt sucht er Billigung, Unterstützung und Ermutigung durch die Mutter. Dies erklärt einen gewissen unschlüssigen Grundzug bei ihm und das Aufflammen der Krankheit, wenn in reifen Jahren irgendwelche größeren Lebensveränderungen auf ihn zukommen.»[13]

Ein anderer Aspekt ist der, daß das Gefühl des Abgelehntseins durch die Mutter wohl mit zu den schlimmsten Erfahrungen gehört, die ein Kind machen kann. Dieses Gefühl ist so stark, daß sich das Kind vor ihm schützen muß, um nicht daran zu zerbrechen. Es ist praktisch gezwungen, das Gefühl zu unterdrücken, in sein Unterbewußtsein zu verdrängen und fortan mit sich herumzutragen. Erkrankt der Patient im Erwachsenenalter an einem Ekzem, wird dieses psychische Urproblem immer wieder aufs neue aktiviert und der Mensch an seine Kindheit erinnert. Er bekommt Hautausschläge und Pickel, Schuppen und Krusten und wird von seinen Mitmenschen, mehr oder weniger bewußt, ebenso abgelehnt, wie damals von seiner Mutter.

Seine Seele möchte sich endlich vom Gefühl des Abgelehntseins befreien und es ausleben. Sie manövriert den Patienten immer wieder in Situationen, in welchen sie sich eine Chance ausrechnet, es endlich einmal im Bewußtsein darstellen zu können. Wird der Schmerz des Abgelehntwerdens dann tatsächlich bewußt erlebt und in seiner ganzen Tiefe verarbeitet, kommt es oft zu einem Abklingen der Symptome.

■ Chronomedizinische Aspekte

Im Jahreslauf ist es der Frühling, der uns mit einem neuen Selbstbild konfrontiert. Der Winterschlaf ist vorüber, die Phasen der Psychoanalyse und der Religion sind abgeschlossen, und wir erwachen zu neuem Leben. Wie die Keimlinge durch die Erdoberfläche stoßen, so drängt es auch uns dazu, durch unsere Haut zu stoßen und die Zurückgezogenheit und die Introversion zu überwinden. Es kocht und brodelt in uns, wir sind aufgeregt, und es zieht uns hinaus an die frische Luft, wo wir am Leben, am lustigen Treiben der Frühlingsgefühle teilhaben können.

Die psychologischen Größen, die durch die Extraversion gefordert werden, sind Selbstsicherheit und Selbstvertrauen, Durchhaltevermögen und Durchsetzungsbereitschaft. Sie bedingt auch ein gewisses Maß an Aggression. Es ist eine kriegerische Zeit. Was es zu bekämpfen gilt, sind die Mächte der Finsternis, die Dämonen, die sich in der dunklen Jahreszeit in unserem Bewußtsein festsetzen konnten – Melancholie und Schwermut, Angst und Depression.

In dieser Phase des aggressiven Aufbegehrens, die uns in einen neuen Menschen verwandelt, treten auch die häufigsten Ekzeme auf. Menschen, die zu Ekzemleiden neigen, sind häufig nicht in der Lage, zu sich selbst zu stehen. Sie können nicht aufbegehren und durch ihre Haut stoßen. Sie sind gefangen in ihrer Haut, in ihrem eigenen Selbstbild und unfähig, aus sich herauszugehen. Da ihr Organismus sich aber dennoch in das energetische Grundmuster der Natur integrieren möchte, paßt er sich diesem zumindest körperlich an und das in Form des Ekzems. Welche Kraft hinter einem solchen Ekzem wirkt, formuliert Anne Maguire. Sie schreibt: «Das Ekzembläschen ist mit einem winzigen Vulkan vergleichbar, der im Begriff ist, durch die Haut zu stoßen. Bei tausendfacher Multiplizierung ist das Endresultat ein Ekzemherd.»[14]

Die Folgen, die ein Ekzem nach sich zieht, haben ironischerweise zum Leidwesen der Patienten, ebenfalls Frühlingscharakter. Der Patient kratzt sich die juckende Haut auf, öffnet sich also im wahrsten Sinne des Wortes und ergießt sich körperlich in Form des Exsudats nach außen. Ein schmerzhafter Prozeß, aber anscheinend der einzige Weg, den der Ekzemkranke gehen kann, um sein Innerstes der Umwelt mitzuteilen und sich in die Frühlingsstimmung zu integrieren.

■ Chronotherapeutische Aspekte

Bei den therapeutischen Bemühungen muß man zwei Gruppen unterscheiden – zum einen die der Kinder und zum anderen die der Erwachsenen. Wenn Kinder an Ekzemen leiden, sind es oftmals nicht sie, die therapiert werden müssen, sondern die Mutter. Wenn diese Chance in der Kindheit verpaßt wurde, und der Kranke sein Ekzem mit in das Erwachsenenalter nimmt, sollte er hauptsächlich im Herbst und im Frühling therapiert werden. Sommer und Winter sollten als Erholungsphasen genutzt werden. Im Herbst sollte der Patient in die Tiefen seines Bewußtseins begleitet werden und die Möglichkeit erhalten, seine Vergangenheit aufzuarbeiten. Der Schmerz des Abgelehntwerdens und des Verstoßenseins sollten aktiviert und ausgeweint werden. Auch hier zählt: Jede Träne ist ein Schritt auf dem Weg zur Gesundheit.

Im Frühling sollte sich der Kranke ganz bewußt vornehmen, sich auszuleben und sein Innerstes in der Umwelt darzustellen. Die Ganzkörperwaschung spielt dabei eine zentrale Rolle. Mit ihrer Hilfe kann körperlich die seelische Extraversion eingeleitet werden. Der Begriff *Rein* stammt aus dem Griechischen und bedeutet *Fließen*. Eine körperlich reine Haut ist ein wichtiges Fundament für seelische Reinheit bzw. seelisches Fließen.

Auch die Übung «Das Öffnen der Pforten» ist unbedingt anzuraten. Sie fördert die Reinheit – den Fluß der Emotionen – auf geistiger Ebene. Auf der körperlichen Ebene kann man diese Wirkung mit Gymnastik, Waldlauf, Fahrradfahren, Sport und viel Aufenthalt an der frischen Luft erzielen.

Eine weitere therapeutische Größe ist im Frühling das Schreien. Mit seiner Hilfe wird die seelische Spannung abgebaut – der *Hautvulkan* verliert seine Kraft und erkaltet.

Durch die Zweiphasentherapie gelangt der Kranke in den Kreislauf der Heilung. Im Frühling schafft er sich mit Hilfe der Extraversion Raum in seiner Seele, den er im Herbst wieder mit neuen Erinnerungen aus seiner Kindheit anfüllen kann. Diese Erinnerungen wiederum verarbeitet er im Winter und trägt sie im Frühling nach außen. Schicht für Schicht kann er so den Berg der schweren Erinnerungen, die er in seiner Haut einprogrammiert hat, abtragen und langsam, aber sicher seiner Gesundheit entgegengehen.

GLAUKOM (GRÜNER STAR)

■ Medizinische Aspekte

Der *grüne Star* ist eine Augenerkrankung, die mit einer Erhöhung des Augeninnendrucks einhergeht. Die physiologischen Vorgänge, die ihm zugrunde liegen, gestalten sich folgendermaßen.

Das Auge ist ein Hohlorgan, das seine Form durch die in ihm enthaltene Flüssigkeit, das sogenannte Kammerwasser, erhält. Die Kammerflüssigkeit wird in den Ziliarfortsätzen produziert und in die hintere Augenkammer abgegeben. Von hier strömt sie zwischen der Linse und der Regenbogenhaut hindurch in die vordere Augenkammer (der Teil des Auges, den wir sehen), wo sie über den Schlemmschen Kanal ins Venenblut abfließt.

Normalerweise halten sich die Produktion und der Abfluß des Kammerwassers die Waage, so daß der Druck in den Augen relativ konstant bleibt – nämlich ungefähr 15 mm Hg, wobei Schwankungen bis zu 10 mm Hg noch keinen pathologischen Befund darstellen. Beim grünen Star ist der Abflußwiderstand erhöht, das Kammerwasser staut sich und der Augeninnendruck steigt an. Eine erhöhte Kammerwasserproduktion liegt nicht vor.

Man unterscheidet primäre und sekundäre Glaukome. Sekundäre Glaukome sind Folgeerscheinungen von anderen Leiden wie zum Beispiel Linsenquellung, eitrige Entzündungen des Augengewebes, Augentumoren und Thrombose der abführenden Vene. Primäre Glaukome sind eigenständige Erkrankungen, die auf bestimmte anatomische und physiologische Gegebenheiten zurückgeführt werden. Als häufigste Ursache geben Augenärzte einen zu kleinen Durchmesser der Hornhaut, eine zu dicke bzw. zu große Linse oder einen zu kurzen Augapfel an. Die Folge dieser Erscheinungen ist, daß der Winkel der Augenvorderkammer, durch welchen das Kammerwasser abfließt, zu spitz ist und nicht genügend Kammerwasser passieren kann. Das Glaukom erhält dann den Namen *Engwinkelglaukom*. Es wird darauf hingewiesen, daß diese konstitutionelle Anfallbereitschaft nicht unbedingt angeboren sein muß, sondern ebensogut im Lauf der Jahre erworben werden kann.

Neben primären und sekundären Glaukomen unterscheidet man auch akute und chronische Glaukome. Der akute Glaukomanfall läßt sich zu Beginn oftmals gar nicht als Augenleiden erkennen. Er überfällt den Patienten regelrecht aus heiterem Himmel und beginnt mit heftigen Kopfschmerzen, die sich hauptsächlich auf Hinterkopf, Schläfen und Kiefer konzentrieren. Hinzu kommen Übelkeit, Brechreiz, Schüttelfrost und Fieber, teilweise auch das Gefühl, vernichtet zu werden. Die Heftigkeit dieser Symptome lenkt vom Auge ab. Die Schmerzen im Auge, Tränenfluß und Lichtscheu werden kaum wahrgenommen. Da meist nur ein Auge betroffen ist, wird auch das Schwinden des Sehvermögens nicht stark genug wahrgenommen. Der kranke Augapfel ist prall gefüllt mit Augenwasser, steinhart und gerötet. Er hat seine Elastizität verloren. Die Pupille ist stark erweitert. Anstatt rund ist sie oval.

Das chronische Glaukom, das sich langsam und stetig entwikkelt, ist nicht minder gefährlich. Die Erhöhung des Augeninnendrucks macht sich dem Patienten nicht bemerkbar – weder durch Schmerzen noch durch ein unangenehmes Druckgefühl. Ihre Auswirkung ist aber dennoch dramatisch. Dort, wo der Sehnerv in den Augapfel mündet, wird er infolge des überhöhten Innendrucks Schicht für Schicht abgebaut. Der schwarze Fleck wird größer und das Gesichtsfeld kleiner. Es entwickelt sich der sogenannte Tunnel- bzw. Röhrenblick, der den Patienten glauben macht, er habe Scheuklappen auf. Wenn keine therapeutischen Maßnahmen ergriffen werden, kommt es im Endstadium dieser Entwicklung zur Blindheit.

■ Psychosomatische Aspekte

Während man in der Schulmedizin davon ausgeht, daß das Sehen ein passiver, rezeptiver Vorgang sei, glaubte man früher, daß es eine aktive, nach außen tretende Organtätigkeit sei. In den Augen, so dachte man, glimme ein Feuer, wie Galen es nannte, ein glühendes, kaltes Feuer, das in die Umwelt ströme und die Gegenstände beleuchte, die man sieht. Im Mittelalter interpretierte man das Sehen als Funktion eines Geistes. Dieser Geist, so vermutete man, entfalte sich durch die Augen nach außen, in die Umwelt, werde dort von den beseelten Objekten berührt und ziehe sich anschließend wieder zusammen. Das stechende und das starke Auge, der gute und der böse Blick, sind Redensarten, die ihren Ursprung in diesen Ansichten haben.

In der alternativen Medizin macht man sich dieses Wissen zunutze. Die Augen gelten hier als Pforten zum Innenleben des Menschen. Bei der Irisdiagnose beispielsweise sucht man mit ihrer Hilfe den Zugang zum materiellen Innenleben des Menschen – zu den Organen. Jedes Organ, so hat man erkannt, spiegelt sich in der Regenbogenhaut der Augen wider und tut in diesem seinen Gesundheitszustand kund. Lange bevor sich Krankheiten körperlich manifestieren, können sie auf diese Weise erkannt und vorbeugend behandelt werden.

In der Psychosomatik gelten die Augen als Spiegelbild der Seele. Wir alle kennen die zahlreichen Redensarten, die mit ihnen verknüpft sind. Wenn sich jemand verliebt hat, dann sagen wir, er hat ein Auge auf jemanden geworfen. Wenn sich die beiden dann tatsächlich näherkommen und sich kennenlernen wollen, schauen sie sich tief in die Augen. Was sie dann sehen, sind verliebte Augen – treue, warme Augen, die vor Freude glänzen. Aber die Augen können auch kalt und abweisend sein, unehrlich und gemein, trüb und verschleiert.

Das Glaukom ist ebenfalls ein Spiegelbild der Seele. Das Augenwasser kann nicht abfließen, und der Augeninnendruck steigt an. Die Bedeutung dieser Metapher läßt sich unschwer erkennen. Das zurückgehaltene Augenwasser sind nichtgeweinte Tränen. Die Seele konnte ihre schwermütigen Emotionen – Trauer, Angst und Sorge – nicht ausleben und gerät nun unter Druck. Sie verliert ihre Elastizität und ihre Lebendigkeit und wird hart wie Stein. Die körperlichen Symptome, die sich daraufhin einstellen, sind genau die, die der Mensch in der Vergangenheit seelisch-geistig vorbereitet hat. Er erleidet den Tunnel- bzw. Röhrenblick und hat nur noch ein eingeschränktes Gesichtsfeld. Er fühlt sich, als hätte er Scheuklappen auf. Lange Zeit wollte er nur einen Teil seines Selbst sehen und nur einen Teil seiner Gefühle erleben – und nun wird ihm dieser mehr oder weniger unbewußte Wunsch auf der körperlichen Ebene tatsächlich erfüllt. Er kann nicht mehr nach links und rechts schauen und *darf* sich jetzt auf einen Bruchteil seiner Vielfalt konzentrieren. Allerdings wird er nun geballt mit den Gefühlen konfrontiert, die er lange Zeit unterdrückt hat – mit Kummer, Sorge und Angst.

■ Chronomedizinische Aspekte

Die Zeit, in welcher der grüne Star am häufigsten auftritt, fällt in die Monate von November bis Februar. Der November ist der Trauermonat. Er markiert den Beginn der Winterdepression, den Anfang der seelischen Reinigung. Die Anforderungen, die in dieser Zeit an uns Menschen herangetragen werden, sind das Aufarbeiten der eigenen Schattenseite, das Erleben der eigenen Fehler und Schwächen und das Gewahrwerden der eigenen Vergänglichkeit. Die seelische Artikulation, die mit der Bewältigung dieser Aufgaben einhergeht, ist das Weinen. Der seelische Druck, der durch die emotionalen Schübe entsteht, sollte ausgeweint und in Form von Tränen nach außen hin abgegeben werden. Somit kommt das Augenwasser in Bewegung und die Seele wird rein.

Das psychosomatisch bedingte Glaukom beruht, wie bereits erwähnt, auf der Unfähigkeit zu weinen. Ängste, Kummer und Sorgen, die in der zweiten Herbsthälfte ins Bewußtsein geschwemmt und nicht ausgelebt werden, sammeln sich über Jahrzehnte hinweg in der Seele an und führen zu einer langsamen Erhöhung des Augeninnendrucks.

Das Glaukom ist eine gutmütige Krankheit. Es läßt dem Menschen viel Zeit, sich auf sich selbst zu besinnen und den entstandenen Druck rückgängig zu machen – die Patienten sind in der Regel älter als 50 Jahre. Doch irgendwann einmal bringen die neu hinzukommenden Emotionen das Faß zum Überlaufen. Der überhöhte Innendruck meldet sich dann brutal und unangekündigt zu Wort und erinnert den Patienten jäh an die dunkle Seite des Lebens. Die Symptome des akuten Anfalls sprechen eine deutliche Sprache – der Patient wird lichtscheu und zieht sich in die Dunkelheit zurück, erleidet heftige Schmerzen und bekommt starken Tränenfluß. Je nachdem, wie heftig die unterdrückten Gefühle sind, kommt es zum Vernichtungsgefühl. Die Ironie des Schicksals will es, daß der Anfall exakt die Empfindungen heraufbeschwört, die den Menschen in den November integrieren und die, falls sie vorher bewußt erlebt worden wären, den Anfall verhindert hätten.

Ein anderer bitterböser, ironischer Zug des lange Zeit so gutmütigen Glaukoms offenbart sich, wenn man berücksichtigt, daß der Patient, wenn ihm kein Arzt beistünde, erblinden würde. Welche tiefergehende psychologische Bedeutung diesem Erblinden zukommt, hört sich in der Sprache der Mythologie folgendermaßen an: «Odin, der höchste Gott des germanischen Pantheons, auch ‹Vater aller Götter› oder ‹Allvater› genannt, war lange Zeit gar nicht der Herrscher des Himmels. Erst als er sich in drei initiatorischen Prüfungen zum König der Weisheit und zum Meister der okkulten Künste entwickelte, war er den anderen überlegen und bereit, die Führung zu übernehmen. Lange Zeit zog er auf der Suche nach Weisheit durch die Welt. Jedes Wesen, das er sah, egal ob Dämon oder Riese, Elfe oder Zwerg, fragte er nach der Weisheit und wo er sie finden könne, bis er schließlich mit Mimir, dem Weisesten unter den Weisesten, zusammentraf.

Dieser hütete die Quelle der Weisheit und des Verstandes, aus welcher er jeden Morgen einen Becher voll zu sich nahm. Um aus dieser Quelle trinken zu dürfen, mußte Odin eines seiner Augen als Pfand hinterlegen, das Mimir in der Quelle versteckte. Odin tauschte das Licht der Welt gegen die Weisheit ein.»[15]

Interessant ist, daß das Glaukom in der Regel tatsächlich nur ein Auge befällt. Wenn es wirklich psychosomatisch bedingt ist, kann man davon ausgehen, daß sich der Patient jahrelang gegen die Schattenseite seiner Persönlichkeit gewehrt hat und Angst und Kummer, Tränen und Schmerzen unterdrückt hat. In allen Religionen wird aber stets darauf hingewiesen, daß der Weg zu Gott, der Weg zur Weisheit ein schwieriger Weg sei, voller Gefahren und Hindernisse, voller Zweifel und Schmerzen, voller Qualen und Katastrophen. Nur derjenige kann diesen Ansichten nach die höchste Stufe der Erkenntnis erklimmen, der diese Schrecken am eigenen Leib erlebt und sie überwunden hat. Übertragen auf den Rhythmus der Jahreszeiten bedeutet dies, daß sich nur derjenige in den Winter – die Zeit der Weisheit und der Philosophie – integrieren kann, der sich zuvor den Schmerzen der zweiten Herbsthälfte gestellt und sie bewußt erlebt hat.

Der Patient, der am grünen Star erkrankt, wird von seinem Unterbewußtsein veranlaßt, ein Auge zu verpfänden. Es scheint, als würde die Seele einen letzten Hilfeschrei an das Bewußtsein des Menschen senden, sich nun endlich einmal mit der dunklen Seite des Lebens auseinanderzusetzen, die schweren Emotionen durchzukämpfen und durchzustehen, um mit ihrer Hilfe die philosophische, religiöse Dimension des Lebens zu erkennen.

■ Chronotherapeutische Aspekte

Wie alle Organe durchlaufen auch die Augen einen jahreszeitlichen Rhythmus. Im Sommer, in der hellen Jahreszeit, sind sie aktiv, und im Winter, in der dunklen Jahreszeit, erholen sie sich. Berücksichtigen Sie diesen Rhythmus. Beanspruchen Sie die Augen im Winter nicht allzusehr. Schließen Sie, wie im praktischen Teil empfohlen, so oft wie möglich die Augen und schauen Sie mehr nach innen als nach außen. Machen Sie in der dunklen Jahreszeit ganz bewußt Entspannungsübungen für die Augen. Reiben Sie die Handflächen aneinander, bis sie warm sind, und legen Sie sie auf die geschlossenen Augen. Spüren Sie, wie die Wärme in die Augen einströmt und die Verkrampfungen sich auflösen. Eine vorzügliche Übung ist auch Trataka, das im Kapitel «Gesund bleiben im Herbst» beschrieben ist. Darüber hinaus hat auch die an den Winter angepaßte Lebensweise für die Augen einen heilsamen Charakter. Schlafen Sie viel und ruhen Sie viel, und Ihre Augen werden es Ihnen danken. In der alternativen Heilkunde werden bei Glaukomerkrankungen Entspannungsübungen aller Art empfohlen – Yoga, Meditation, autogenes Training und andere mehr. Auch sie haben introvertierenden Charakter und sind Teil der winterintegrierten Lebensweise.

Die wichtigste Aufgabe allerdings, die sich uns Menschen hinsichtlich der Augen stellt, ist die Bewältigung der Trauerphase in der zweiten Herbsthälfte. Es ist eine schwere Zeit, gewiß, aber sie ist eine wichtige Zeit und man kann die Aufforderungen nur wiederholen. Lassen Sie den Kopf bewußt hängen, stellen Sie sich Ihrer Trauer und Ihrer Vergänglichkeit und erleben Sie Ihre scheinbare Bedeutungslosigkeit. Über das Bewußtsein Ihrer Schwäche werden Sie Ihre Stärke erkennen.

GRIPPALER INFEKT (ERKÄLTUNGEN)

■ Medizinische Aspekte

Grippale Infekte sind Viruserkrankungen, die normalerweise harmlos verlaufen. Sie werden durch Tröpfcheninfektion übertragen und beschränken sich in der Regel auf wenige Tage. Typische Krankheitssymptome sind Frösteln, Fieber, allgemeine Abgeschlagenheit, Husten, Schnupfen, Heiserkeit sowie Hals-, Kopf- und Gliederschmerzen. Ausgelöst werden sie durch Viren. Ihre wirkliche Ursache jedoch ist im immunologischen

Bereich zu suchen. Der Patient leidet unter einer Abwehrschwäche und kann sich deshalb nicht gegen die Viren zur Wehr setzen.

In diesem Zusammenhang ist es wichtig, darauf hinzuweisen, daß ein wirklich gesunder Mensch gegen nahezu alle Krankheitserreger gefeit ist. Sein Immunsystem kann sich auf fast alle natürlichen Attacken einstellen – Viren, Bakterien, drastische Klimareize – und die entsprechenden Maßnahmen einleiten. Erst wenn er diese innere Kraft verloren hat, wenn sein Immunsystem geschwächt ist, wird er anfällig für Krankheiten und als Folge davon auch wirklich krank.

Die Abwehrschwäche kann auf zahlreiche Ursachen zurückgeführt werden. Ganz grob unterscheidet man im Rahmen der Schulmedizin zwischen zwei Formen. Die eine ist die angeborene Abwehrschwäche und die andere die erworbene. Da die angeborene Abwehrschwäche relativ selten ist, soll sie uns hier nicht weiter beschäftigen. Die erworbene Abwehrschwäche dagegen kommt relativ häufig vor. Als mögliche Ursachen gelten folgende Größen:

- falsche Ernährung
- Mangel an Bewegung
- Mangel an frischer Luft
- Stoffwechselstörungen
- Vergiftungen (häufig durch Medikamente bedingt)
- Krankheiten (z. B. Krebs, Nieren- und Darmerkrankungen)
- Strahlentherapie
- Organtransplantationen (dabei werden die Abwehrreaktionen unterdrückt, damit der Organismus das empfangene Organ nicht abstößt).

■ Psychosomatische Aspekte

Ein weiterer Bereich, der die körperlichen Abwehrkräfte schwächen und einen grippalen Infekt einleiten kann, ist der seelische. Als häufigste Ursache ist hier wohl der Streß zu erwähnen. Überforderung, Hast und Eile, Übererregtheit, ständiges Angespanntsein, Nervosität und Ruhelosigkeit bringen uns aus dem Gleichgewicht und machen uns anfällig für Krankheiten. Konflikte, die wir mit unserer Familie, unseren Freunden oder am Arbeitsplatz erleben, und die wir nicht lösen können, haben dieselbe Wirkung. Je nachdem, wie belastend sie sind, denken wir Tag und Nacht an sie – wir können nicht mehr schlafen, nicht mehr richtig essen und uns auf nichts mehr konzentrieren.

Emotionale Schübe, die aus den Tiefen unseres Bewußtseins aufsteigen und uns mit uns selbst, mit unserem eigenen Charakter konfrontieren, wirken nach demselben Schema. Wenn wir unseren Fehlern und Schwächen gegenübertreten und einsehen müssen, daß wir doch nicht der perfekte, überragende Mensch sind, für den wir uns immer gehalten haben, wenn wir spüren, wie uns der Boden unter den Füßen entzogen wird, wenn wir eine Niederlage einstecken müssen, wenn uns nach Weinen zumute ist, wir uns schämen und uns am liebsten in eine Ecke verkriechen würden, geraten wir aus dem Gleichgewicht und verlieren unsere seelische Stabilität. Wir sind gereizt und schnell verletzt. Dabei wird auch das körperliche Abwehrsystem in Mitleidenschaft gezogen. Die seelischen Schmerzen werden dann schnell zu körperlichen.

Ein großer Vorteil, den die psychosomatische Medizin gegenüber der herkömmlichen, fast ausschließlich körperorientierten Schulmedizin hat, ist der, daß sie das Krankheitsgeschehen nicht nur kausal (nach der Ursache fragend), sondern auch final (nach Ziel und Sinn fragend) betrachtet. Fragen, die sie mit in ihr Konzept einfließen läßt, sind unter anderem: Welche Folgen hat diese Krankheit für den Patienten? Besteht die Möglichkeit, daß er nur deshalb krank wurde, weil er sich einer bestimmten Situation entziehen wollte? Oder weil er in eine bestimmte Lage kommen wollte, in die er ohne die Krankheit niemals gekommen wäre?

In bestimmten Redensarten wird diese Vermutung bildhaft unterstützt. Wenn jemand die Nase voll hat, und er sich endlich einmal zurückziehen und sich erholen möchte, bekommt er auch körperlich die Nase voll – in Form von Schnupfen nämlich und darf sich dann, mit Erlaubnis des Arztes, tatsächlich ausruhen. Wenn er keine Lust mehr hat zu reden, bleibt ihm die Stimme weg – er wird heiser und bekommt Halsschmerzen. Wenn er nicht mehr zuhören möchte, verschließt er seine Ohren – das entsprechende Symptom ist eine Ohrenentzündung.

In solch einem Fall holt sich der Organismus mit der Krankheit genau das, was er benötigt, um gesund zu bleiben – Ruhe und Entspannung. Die vorangegangene, übermäßige Aktivität gleicht er mit übermäßiger Passivität aus und stellt so die innere Ausgeglichenheit, die Gesundheit wieder her.

Indirekt bestätigt auch die Schulmedizin eine solche Interpretation des Krankheitsgeschehens. Es wurden bisher zahlreiche Viren gefunden, die einen grippalen Infekt auslösen können, aber es konnte noch nie ein direkter Zusammenhang zwischen Krankheitsbild und Virus hergestellt werden. Obwohl viele Patienten vom gleichen Virus befallen sind, haben sie oft ganz unterschiedliche Symptome. Das Krankheitsbild paßt sich der Persönlichkeit und der momentanen Situation des Kranken an.

■ Chronomedizinische Aspekte

Wie die Organe, so folgt auch das Abwehrsystem einem jahreszeitlichen Rhythmus. Im Herbst fließt ihm Energie zu und im Winter, wenn die äußeren Bedingungen besonders lebensfeindlich sind, gelangt es an sein Maximum. Im Sommer dagegen erreicht es sein Minimum. Die Häufigkeit der grippalen Infekte verläuft parallel dazu. Im Winter leiden wir wesentlich häufiger an Erkältungserkrankungen als im Sommer.

Die möglichen Ursachen liegen auf der Hand. Zum einen kann es sein, daß der Erkrankte sein Abwehrsystem im Herbst nicht genügend aktiviert hat, so daß es ihn nicht ausreichend gegen die klimatischen und seelisch-geistigen Reize schützen kann. Zum anderen besteht die Möglichkeit, daß er es versäumt hat, sich im Herbst zurückzuziehen, um sich auf seine Wurzeln zu besinnen. Seine Pforten der Wahrnehmung wären dann offengeblieben und die lebensbedrohlichen Klimareize, die *Frostriesen*, hätten im Winter ungehindert in seinen Organismus eindringen können.

Zwei Situationen, in welchen wir besonders erkältungsgefährdet sind, verdeutlichen diese Zusammenhänge. Wenn wir uns in der kalten Jahreszeit sportlich betätigt und stark geschwitzt haben, sollten wir zuerst einmal duschen und zehn Minuten lang ausruhen, bevor wir hinaus an die frische Luft gehen. Denn unsere Pforten sind geöffnet und unser Organismus könnte sich nicht gegen eine Erkältung zur Wehr setzen, weil er zu schnell zuviel Energie verlieren würde. Dasselbe gilt nach einem warmen Bad. Der einzige Schutz, den wir dann noch haben, ist unsere Kleidung. Dicke, warme Kleidung hält die Energie zurück, die der auf Extraversion eingestellte Organismus verschwenderisch abgibt. Erst dann, wenn sich unser Körper wieder an die winterlichen Bedingungen angepaßt und seine Wärmeabstrahlung gedrosselt hat, können wir uns wieder *normal* anziehen, ohne eine Erkältung befürchten zu müssen.

Soweit zum kausalen Aspekt der Krankheit. Kommen wir nun zum finalen. Was will uns der Organismus mit dieser Krankheit sagen? Was bewirkt sie? Die Antworten darauf sind natürlich individuell verschieden und dürfen keinesfalls mit einer einzigen Interpretation abgetan werden. Interessant ist allerdings, daß uns die Erkältung in den Winter integriert und uns zur Ruhe zwingt. Sie bringt uns so weit, daß wir uns ins Bett legen und einen kleinen Winterschlaf, zumindest aber eine Winterruhe halten.

■ Chronotherapeutische Aspekte

Parallel zu den aufgeführten Ursachen lassen sich mehrere therapeutische Ansätze formulieren. Der erste ist die Anpassung an den Herbst. Aktivieren Sie in dieser Zeit Ihr Immunsystem. Härten Sie sich ab. Gehen Sie viel an die frische Luft, und ziehen Sie dabei sowenig Kleidung wie möglich an. Machen Sie

Kneippsche Wechselbäder, essen Sie viel Rohkost und bedienen Sie sich der im Herbst wachsenden Nahrungsmittel, die im Anhang aufgeführt sind. Sie sollten sich auch bewußt auf Ihr Inneres konzentrieren, das *Verdauungsfeuer* anfachen und die Pforten der Wahrnehmung schließen.

Was die finalen Aspekte der Erkältung betrifft, so sollten Sie sich über Ihre eigenen Bedürfnisse bewußt werden. Verstecken Sie sich nicht hinter der Autorität Arzt! Werden Sie Ihre eigene Autorität! Wenn Ihnen etwas nicht paßt, wenn es Ihnen über den Kopf wächst und Sie überfordert, machen Sie den Mund auf! Auch am Arbeitsplatz sollten Sie auf Ihrem Recht bestehen! Sprechen Sie aus, was Sie denken und fühlen! Stehen Sie zu sich selbst! Wenn Sie die Nase voll haben, sagen Sie es, bevor Sie die Nase auch körperlich voll bekommen! Nur so können Sie körperliche Ausfälle und Erkrankungen vermeiden.

Wenn Sie sich dennoch eine Erkältung zuziehen, gilt dasselbe. Stehen Sie auch dann zu sich selbst! Ihr Organismus signalisiert Ihnen, daß irgend etwas nicht stimmt, und er Ruhe braucht, um sich zu erholen. Übergehen Sie ihn nicht und unterdrücken Sie die Signale keinesfalls mit Medikamenten – weder mit chemischen noch mit natürlichen! Legen Sie sich ins Bett und genießen Sie Ihr Kranksein! Regenerieren Sie sich und sammeln Sie neue Kräfte! Nur so können Sie den entstandenen Schaden ausheilen und wirklich gesund werden. Jede andere Lösung ist nur ein fauler Kompromiß, der das Krankheitsbild verschlimmert und auf einen anderen Zeitpunkt verschiebt.

HEPATITIS (LEBERENTZÜNDUNG)

■ Medizinische Aspekte

Man unterscheidet vier Arten von Hepatitis – die infektiöse, die serogene, die Hepatitis Non-A-non-B und die toxische. Die ersten drei sind Infektionskrankheiten, die durch Viren (Hepatitisvirus A, B oder C) ausgelöst werden. Die toxische Hepatitis dagegen ist auf Vergiftungen zurückzuführen aufgrund falscher Ernährung oder Mißbrauchs von Tabak, Alkohol und/oder Medikamenten. Die Leber wird durch den maßlosen Drogenkonsum überfordert und erkrankt.

Die Symptome, die mit der Hepatitis einhergehen, sind Abgeschlagenheit, Kopfschmerz, Appetitlosigkeit, Neigung zu Erbrechen und Verstopfung, Schmerzen im rechten Oberbauch, Leberschwellung, Gelbfärbung der Haut und Braunfärbung des Harns. In extremen Fällen kommt es zu Bewußtlosigkeit.

■ Psychosomatische Aspekte

Die ständige Überforderung der Leber macht sich auch im seelisch-geistigen Bereich bemerkbar. Die Gefühle, die mit der Leber verbunden sind, sind Zorn, Wut und Aggression. Der Leberkranke ist in vielen Fällen ein Mensch, der leicht zu kränken ist. Er regt sich über alles und jeden auf und ärgert sich ständig. Dabei kann er die Wut, die er empfindet, zwar artikulieren und verbalisieren, aber dennoch bekommt er sie nicht richtig aus seinem tiefsten Inneren heraus. Er ärgert sich nämlich nicht über die anderen, die er anschreit und an denen er seine Wut ausläßt, sondern über sich selbst. Er ist ein Mensch, dem die Freude fehlt, die oberflächliche Leichtigkeit des Seins, und der meistens dazu neigt, die Dinge anzuzweifeln, sie schlechtzumachen und sich darüber zu ärgern. Er lebt in einer Situation, in welcher ihm ständig eine Laus über die Leber zu laufen scheint.

Wenn man den Aggressionen auf den Grund geht, stellt sich in vielen Fällen heraus, daß solche Menschen nicht in der Lage sind, sich ihren alltäglichen Problemen zu stellen, um sie aus der Welt zu schaffen. Sie sind empfindlich und sensibel und zerbrechen an der harten Realität des Lebens. Kummer und Sorge sind tabu für sie, ebenso Trauer und Niedergeschlagenheit. Sie sind zu schwach, sich ihre Schwächen einzugestehen, und setzen alles daran, sie zu überspielen. Nach außen hin erscheinen sie stark, aber in ihrem Inneren sind sie hilflos und schwach.

Der Alkoholiker, der früher oder später zum Leberkranken wird, ist ein Paradebeispiel dafür. Sobald ein Problem auftaucht, greift er zur Flasche. Damit signalisiert er, daß er die Schwierigkeiten und die damit verbundenen Gefühle nicht bewältigen kann, und schluckt sie hinunter. Er beauftragt seine Leber, sich mit dem Problem auseinanderzusetzen und es für ihn zu lösen. Nach außen hin aber, wenn er sich genügend Mut angetrunken hat, spielt er den *starken Mann*. Er singt und lacht und lügt das Blaue vom Himmel herunter. Er fühlt sich als Held und versucht dadurch seine Schwächen zu kompensieren.

An der chinesischen Jahreszeiten-Organuhr können wir die Entwicklung der Gefühle verfolgen und einen tieferen Einblick in die emotionale Dynamik gewinnen. Im Herbst, wenn Lunge und Dickdarm ihr energetisches Maximum durchlaufen, sind Kummer und Sorge, Verzweiflung und Depression die dominierenden Emotionen. Im Winter werden diese schwer zu ertragenden Gefühle mit Hilfe der Nieren und der Blase in Angst umgewandelt. Der Mensch durchlebt seine Machtlosigkeit und seine Hilflosigkeit. Im Anschluß daran gelangt die Leber im Frühling an ihren energetischen Höhepunkt. Sie gibt dem Menschen wieder sein Selbstvertrauen und seine Größe zurück. Sie reinigt seine Seele, verwandelt die selbstzerstörerischen Gefühle in Zorn und Aggression und animiert den Menschen dazu, sie in Form von Schreien, Rennen oder Schlagen auszuleben, also nach außen hin abzugeben.

Diese drei Phasen können allerdings nur dann in der entsprechenden Weise ablaufen, wenn sich die Leber an ihren natürlichen Zyklus hält und im Herbst tatsächlich ihre Ruhephase durchläuft. Kummer und Sorge, Trauer und Melancholie können nur dann bewußt erlebt werden, wenn sie nicht durch Aggressionen verdrängt oder überspielt werden. Und genau hier liegt bei vielen Leberkranken das wirkliche Problem. Sei es, daß sie zu sensibel sind, oder daß sie in ihrer Kindheit nicht genügend darauf vorbereitet wurden. Jedenfalls beanspruchen sie ihre Leber, sowohl körperlich als auch seelisch und geistig, über die Maßen und provozieren dadurch eine ständige energetische Überversorgung. Sie sind nicht in der Lage, Niedergeschlagenheit und Depression, Kummer und Sorge zu erleben und verdrängen sie mit Aggression, genauer gesagt, mit Autoaggression. Sie sind unfähig, Probleme zu lösen, ärgern sich darüber und richten die daraus resultierenden Aggressionen auf sich selbst – und zerstören sich.

Psychologen haben festgestellt, daß Hepatitispatienten während ihrer Krankheit starke depressive Gefühle und Ängste erleben. Es scheint, als würde die Hepatitis dem Patienten eine Chance geben, endlich einmal seine Depressionen und Ängste bewußt zu erleben und zu sich selbst zu stehen. Sie setzt ihn außer Gefecht und nimmt ihm jegliche Möglichkeit zur Flucht – Drogen und Gifte aller Art sind strengstens verboten. Dank der Schonkost kommt die Leber zur Ruhe, und das Aggressionspotential verringert sich. Der Patient kann sich nicht mehr ablenken und wird mit seinem verdrängten Innenleben konfrontiert.

■ Chronomedizinische Aspekte

Die Leber erreicht im Frühling ihr energetisches Maximum und im Herbst ihre Regenerationsphase. Die Energiekurve, die der Leberentzündung zugrunde liegt, verläuft aufgrund der ständigen Überforderung oberhalb derjenigen eines Gesunden. Graphisch sieht sie folgendermaßen aus: (siehe folgende Seite)

Wäre die Leberentzündung ein rein organisches Leiden, müßte man die Zeit, in welcher die meisten Krankheitsfälle auftreten, im Frühling vermuten, dann nämlich, wenn die Leber von Natur aus ihre aktive Phase durchläuft und aufgrund der Zusatzbelastung weit über das gesundheitsverträgliche Maß hinaus belastet wird. In Wirklichkeit aber ist die Jahreszeit, in welcher die meisten Leberentzündungen auftreten, der Herbst.

Die emotionale Situation, die dem Leiden zugrunde liegt ist die, daß die neu hinzukommenden Herbstgefühle das Faß zum Überlaufen bringen und die Entzündung einleiten.

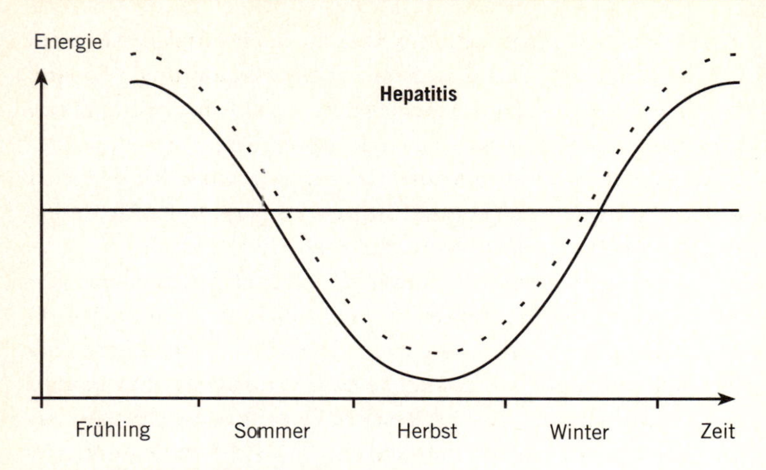

■ Chronotherapeutische Aspekte

Die Hepatitis ist eine schwere Krankheit und sollte keinesfalls auf die leichte Schulter genommen werden. Sobald die ersten Anzeichen auftreten, muß ein Arzt hinzugezogen werden. Psychologisieren, meditieren und gesundbeten hilft hier nicht weiter. Das erste Ziel muß auf jeden Fall das Abklingen der akuten Entzündung sein. Nach Angaben von Ärzten sind die Heilungschancen sehr hoch. Etwa 80 Prozent der Entzündungen heilen voll aus, 10 bis 20 Prozent gehen in einen chronischen Krankheitsverlauf über.

Der zweite Schritt sollte die Aufarbeitung des psychologischen Hintergrundes sein. Nur so kann eine Verschlimmerung des Leidens oder eine Wiedererkrankung verhindert werden. Wichtige Zeiten für die Therapie sind der Sommer und der Herbst. Im Sommer sollte sich der Patient bewußt den Freuden des Lebens zuwenden und sich öffnen. Er sollte die extravertierenden Übungen praktizieren und die schönen Seiten des Lebens kennenlernen – dadurch entzieht er dem Lebermeridian Energie und bereitet seine Leber auf die Regenerationsphase vor.

Im Herbst sollte der Patient die introvertierenden Kräfte der Natur ausnutzen und sich seinem Innenleben zuwenden. Er muß sich darüber bewußt werden, daß er sich den Aufgaben des Lebens stellen muß. Denn nur so kann er sie bewältigen und die Freuden des Erfolgs, die Freuden seiner eigenen Persönlichkeit genießen.

Dethlefsen und Dahlke weisen in ihrem Buch «Krankheit als Weg» noch auf einen anderen interessanten psychologischen Aspekt hin. Eine wichtige Aufgabe der Leber ist der Eiweißstoffwechsel. Sie zerlegt das tierische und pflanzliche Eiweiß der aufgenommenen Nahrung in seine Bestandteile (Aminosäuren) und baut daraus das menschliche Eiweiß auf, das anschließend in den menschlichen Organismus eingebaut wird. Bezugnehmend auf diese Funktion der Leber schreiben sie: «Die Eiweißsynthese ist ein vollkommenes mikrokosmisches Abbild dessen, was wir im Makrokosmos Evolution nennen. Durch Umstellung und Veränderung des qualitativen Musters wird aus den immer gleichen ‹Urbausteinen› die unendliche Vielzahl der Formen geschaffen. Durch die Konstanz des ‹Materials› bleibt immer alles miteinander verbunden, weshalb die Weisen lehren, daß alles in einem und eins in allem ist …

Ein anderer Ausdruck für diese Erkenntnis ist *religio*, wörtlich ‹Rückverbindung›. Die Religion sucht die Rückverbindung zum Urgrund, zum Ausgangspunkt, zum All-Einen, und sie findet sie, weil die Vielheit, die uns von der Einheit trennt, letztlich nur eine Illusion (Maya) ist … Deshalb kann nur der den Weg zurückfinden, der die Illusion der unterschiedlichen Formen durchschaut. Das viele und das eine – in diesem Spannungsfeld arbeitet die Leber.»[16]

Menschen, die nicht genügend Kraft haben, das Leben zu meistern, haben oftmals auch keine Kraft im Glauben. Sie haben keinen Halt, keine Zuflucht, wo sie endlich einmal frei von der Leber reden können. Sie fühlen sich, als seien sie in die Welt geworfen, ohne Sinn, ohne Ziel und ohne Plan. Es fehlt ihnen der Überblick, die Orientierung in der Unendlichkeit. Sie scheitern an den großen Fragen der Philosophie und der Religion. Entweder sie machen sich überhaupt keine Gedanken darüber, oder sie favorisieren eine materialistische Sichtweise, die jegliche immaterielle, göttliche Realität leugnet. Sie resignieren, verzweifeln und gehen innerlich kaputt daran. Sie sterben langsam ab, weil sie das ewige Leben nicht erkennen.

Philosophie und Religion können die akute Leberentzündung zwar nicht heilen, aber sie können dem Menschen den Halt geben, den er benötigt, um den alltäglichen Problemen begegnen zu können. Sie fangen ihn auf, spenden ihm Trost in schwierigen Zeiten und zeigen ihm einen neuen Weg, einen neuen Anfang.

MAGEN- UND ZWÖLFFINGERDARMGESCHWÜR

■ Medizinische Aspekte

Im allgemeinen Sprachgebrauch versteht man unter einem Geschwür eine Wucherung, so zum Beispiel beim Krebsgeschwür, wo sich eine Geschwulst bildet, die ständig wächst und immer größer wird. Beim Magen- und Zwölffingerdarmgeschwür trifft diese Bedeutung jedoch nicht zu. Ganz im Gegenteil. Hier wird der Begriff *Geschwür* im Sinne von *Zerstörung* oder *Verlust* verwendet. Ein Magengeschwür ist ein Loch in der Magenschleimhaut, im fortgeschrittenen Stadium gar ein Loch in der Magenwand.

Der Magen produziert täglich etwa zwei bis drei Liter Magensaft, mit welchem er die Nahrung vorverdaut und in kleinere Bestandteile zerlegt. Der Magensaft besteht aus Enzymen, Eiweißen und Salzsäure und ist sehr sauer – sein pH-Wert beträgt ungefähr 1,0. Damit der Magen sich nicht selbst verdaut, muß er sich vor dem Magensaft schützen, indem er Schleim produziert und seine Innenseite mit einer Schleimschicht auskleidet.

Bei einem Gesunden befinden sich der Magensaft und der Schleim im fließenden Gleichgewicht. Je mehr Nahrung gegessen wird, desto mehr Magensäure wird produziert, und desto dicker ist die Schleimschicht. Bei Menschen, die an einem Magen- oder Zwölffingerdarmgeschwür leiden, ist dieses Gleichgewicht gestört und in den meisten Fällen zugunsten des Magensaftes verschoben. Was zu dieser Verschiebung führt, ob es eine Überproduktion der Magensäure ist oder eine zu geringe Schleimproduktion, ist individuell verschieden. Jedenfalls dominieren die aggressiven, sauren Tendenzen, mit der Folge, daß sich der Magen nicht mehr gegen sich selbst zur Wehr setzen kann und sich daraufhin selbst verdaut. Die Salzsäure frißt sich in die Magenwand und hinterläßt heftige, teils blutende Wunden.

Patienten, die ein Magen- oder ein Zwölffingerdarmgeschwür erleiden, klagen über brennende, bohrende Schmerzen in der Magengegend, Sodbrennen und Völlegefühl. Teilweise kommt es auch zu Magenkrämpfen. Je nachdem, wann die Schmerzen auftreten, kann man darauf schließen, welche Art von Geschwür vorliegt. Wenn die Schmerzen auf nüchternen Magen erfolgen und nach dem Essen abklingen, liegt in der Regel ein Zwölffingerdarmgeschwür vor. Treten sie dagegen direkt nach dem Essen auf, handelt es sich aller Wahrscheinlichkeit nach um ein Magengeschwür. Der sogenannte Spätschmerz wiederum, der ein bis drei Stunden nach dem Essen auftritt, deutet auf ein Geschwür am Magenausgang (Magenpförtner) hin.

Der Appetit ist im allgemeinen gut. Allerdings ist der Patient oftmals nicht in der Lage, so viel zu essen, daß er richtig satt wird. Sobald er nur ein wenig zuviel ißt, rebelliert sein Magen – im Anfangsstadium mit Schmerzen, später mit Erbrechen. Leichtverdauliche, gekochte Speisen, die der Patient in Form von Suppe oder Brei zu sich nimmt, werden in der Regel besser vertragen als gebratene und fette Speisen. Oft stellen auch Vollkornprodukte eine zu starke Belastung für den Magenkranken dar.

Wenn der Patient das Geschwür nicht in den Griff bekommt, sei es durch Medikamente oder durch Umstellen seiner Lebensgewohnheiten, verschlimmern sich die Symptome. Es folgen heftige Schmerzen, Gewichtsverlust und der typische, leidende

Gesichtsausdruck. Ein Merkmal sind die fahle, blasse Haut und die ausgeprägten Naso-labial-Falten.

In Extremfällen kann es zu Magenblutungen (teerschwarzer Stuhl), Verschluß des Magenausgangs und Magendurchbruch kommen. Die Mortalitätsrate beträgt in diesen Krisensituationen auch heute noch etwa 10 Prozent.

Als Auslöser werden starke körperliche Belastungen angesehen. Schwerarbeiter erkranken häufiger als andere. Auch Alkohol, Kaffee, Süßigkeiten, salzreiche Kost und vor allem Tabak spielen eine entscheidende Rolle, ebenso bestimmte Medikamente wie Aspirin (Azetylsalizylsäure!) und nichtsteroidale Antirheumatika, die über einen längeren Zeitraum hinweg eingenommen werden.

Magengeschwüre können sich nur dort entwickeln, wo bereits eine Magenschleimhautentzündung vom Typ B besteht, die durch das Bakterium *Helicobacter pylori* ausgelöst wurde. Dies legt nahe, daß auch das Magengeschwür in direktem Zusammenhang mit diesem Bakterium gesehen werden muß.

Eine andere Theorie besagt, daß eine mangelhafte Durchblutung der Schleimhaut für die Entstehung des Geschwürs verantwortlich ist. Angeblich kommt es dadurch zu einer Minderversorgung der Nebenzellen und als Folge davon zu einer zu geringen Schleimproduktion.

Es wurde auch nachgewiesen, daß Magengeschwüre vererbt werden können. Bereits bei Neugeborenen konnte eine Magensäureüberproduktion festgestellt werden. Das Blut in der Nabelschnur wies eine Pepsinogenkonzentration auf, wie sie normalerweise bei erwachsenen Ulkuspatienten gemessen wird.

In der Schulmedizin gelten das Magen- und das Zwölffingerdarmgeschwür bislang als unheilbar. Die akuten Symptome kann der Arzt zwar mit entsprechenden Medikamenten auskurieren, aber es ist ihm nicht möglich, den chronischen Verlauf zu unterbinden. In der Regel kommt es nach mehreren Wochen bzw. Monaten zu einem neuen Geschwür.

Erfreulich ist, daß die Anzahl der Ulkuserkrankungen in den letzten Jahrzehnten stark zurückging.

■ Psychosomatische Aspekte

Das Magen- und das Zwölffingerdarmgeschwür gelten seit langem als psychosomatisches Leiden. Selbst in schulmedizinischen Kreisen geht man heute davon aus, daß starke seelische Belastungen zu einem Geschwür führen können. Während man jedoch früher von einer Ulkuspersönlichkeit bzw. einem Ulkuscharakter sprach, nimmt man heute an, daß dem Leiden ein spezifischer Konflikt zugrunde liegt. Nach außen hin wirkt der Ulkuspatient souverän und selbstsicher. Er setzt alles daran, selbständig und unabhängig zu erscheinen. Er ist aktiv, nimmt Verantwortung auf sich, hilft anderen Menschen und spielt sich gerne als Führer auf. Teilweise ist er auch aggressiv und herrschsüchtig. In seinem Unterbewußtsein jedoch ist er genau das Gegenteil. Hier ist er der Säugling, der er früher einmal war. Er sehnt sich danach, bemuttert und versorgt zu werden. Er möchte sich anlehnen und ausweinen. Er möchte zurück in die Vergangenheit, in die Zeit, in der er noch ein kleines Kind war. Er hat ein starkes Bedürfnis nach Abhängigkeit und Passivität und ein tiefes Verlangen, bedingungslos geliebt zu werden. Die endlose Liebe seiner Mutter, die ihm damals zuteil wurde, will er wieder spüren. Es war eine Liebe, die keine Grenzen hatte, eine Situation, die keine Konflikte kannte, ein Dasein, das keine Anstrengungen erforderte. Es war ein Paradies – nur Leben, Dasein und endlose Liebe –, und dahin möchte er zurück.

Das Problem des Ulkuskranken ist es, daß dieses innere Bedürfnis nicht mit seinem Idealbild eines Erwachsenen vereinbar ist. Der Erwachsene hat seiner Meinung nach selbständig zu sein. Er hat Aufgaben und trägt Verantwortung und hat nicht das Recht, seine Abhängigkeitswünsche auszuleben. Außerdem hat er Angst vor dieser Abhängigkeit, Angst davor, sich in der Abhängigkeit und der grenzenlosen Liebe zu verlieren. Darum setzt er alles daran, diese unbewußte Sehnsucht zu überwinden und zu kompensieren. All seine Energien richtet er darauf, unabhängig und selbständig zu sein.

Auf der geistigen Ebene mag ihm dies mehr oder weniger gut gelingen, nicht aber auf der körperlichen. Seit Pawlows Versuchen über den bedingten Reflex wissen wir, daß nicht nur die Nahrungsaufnahme die Magensaftsekretion erhöhen kann, sondern auch die Vorstellung von Nahrung. Wenn uns das Wasser im Mund zusammenläuft, wenn wir uns unser Leibgericht vorstellen, dann erhöht dies nachweislich die Produktion des Magensaftes. Der Hunger nach Liebe, den der Ulkuspatient unbewußt verspürt, hat dieselbe Wirkung. Er aktiviert die Magensäureproduktion und bereitet den Magen auf die Nahrungsaufnahme vor. Da aber keine Nahrung in den Magen gelangt und die produzierte Magensäure nicht an Nahrung gebunden und neutralisiert wird, erhöht sich die Magensäurekonzentration – der Magen verdaut sich selbst.

Diese Überproduktion von körperlicher Säure geht mit einer Überproduktion von Säure im seelisch-geistigen Bereich einher. Der Mensch wird sauer und aggressiv, weil sein innigster Wunsch nicht erfüllt wird, genauer gesagt, weil er sich seinen innigsten Wunsch nicht selbst erfüllt. Er ist voller Groll gegen sich selbst. Die Folge ist eine auffällige selbstzerstörerische Autoaggression auch im seelisch-geistigen Bereich. Er neigt zu übertriebener Bescheidenheit, die auch einen Zug von Selbstbestrafung annehmen kann. Solche Menschen haben brennende Wünsche, die sie sich nicht erfüllen. Sie gehen ins Kaufhaus, schauen sich zehnmal den gleichen Mantel an, schwärmen davon, wie toll sie in diesem Mantel aussehen würden, und verlassen dann das Kaufhaus, ohne den Mantel zu kaufen. Dabei denken sie sich, daß sie den Mantel ja gar nicht brauchen und auch ohne ihn glücklich sein können. Aber beim nächsten Mal kommen sie nicht umhin, sich diesen Mantel erneut anzuschauen. Und wenn er dann verkauft ist, sind sie enttäuscht.

Eine solche Selbstversagung kann sich auch auf der emotionalen Ebene abspielen. Viele Ulkuskranken haben keinerlei Schwierigkeiten damit, ihre Unzufriedenheit zu artikulieren. Sie sind notorische Nörgler. Sie haben immer etwas auszusetzen und finden immer etwas, das ihnen die Laune verdirbt. Dagegen fällt es ihnen sehr schwer, begeisterte Freude zu empfinden, und noch viel schwerer fällt es ihnen, zu ihrer Freude zu stehen. Wenn man sie fragt, ob sie glücklich und zufrieden sind, können sie es oftmals nicht zugeben. Manchmal sind sie dann sogar wie umgedreht. Sie ziehen sich zurück, ihr schönes Lachen verschwindet und der typische griesgrämige, unzufriedene Gesichtsausdruck kommt wieder zum Vorschein.

Ulkuskranke erleben häufig einen Konflikt zwischen ihren Besitzansprüchen und ihrem Geltungsbedürfnis. Sie haben es nicht gelernt, zu ihren Wünschen zu stehen und sie in die Tat umzusetzen, oder aber auf sie zu verzichten. Sie erleben ihren Wunsch, kommen zu dem Schluß – bewußt oder unbewußt –, daß sie sich diesen aus irgendwelchen Gründen nicht erfüllen dürfen und schlucken ihn hinunter.

Vor diesem Hintergrund wird es auch verständlich, warum Ulkuskranke nicht in der Lage sind, ihre Aggressionen auszuleben. Schon in ihrer Kindheit fallen sie wegen ihrer Bravheit und ihrer Fügsamkeit auf. Sie geraten zwar hin und wieder in Wut, die sich dann in einem unkontrollierten Tobsuchtsanfall äußert, aber damit bekommen sie die Aggressionen nicht aus sich heraus – die entsprechende seelisch-geistige Verarbeitung fehlt. Außerdem sind die Aggressionen, die sie empfinden, nicht für ihre Umwelt gedacht. Es sind aggressive Impulse, die sie sich selbst gegenüber empfinden und die sie gegen sich selbst richten müssen. Denn nur mit ihrer Hilfe können sie sich aufbäumen und gegen die innere Instanz zur Wehr setzen, die es ihnen verbietet, sich ihre ureigensten Wünsche zu erfüllen. Nur wenn sie genügend Schmerzen durchlebt haben, wenn sie erfahren haben, wie schmerzhaft es ist, sich natürliche Bedürfnisse zu versagen, nur dann können sie die notwendigen Kräfte entwickeln, die sie benötigen, um die selbstzerstörerischen Strukturen zu überwinden.

Solange der Ulkuspatient keine aktuellen Krankheitszeichen hat, ist er weit davon entfernt, sich seinen innersten Wunsch nach Abhängigkeit und Zuwendung zu erfüllen. Sobald er aber krank wird, fällt er automatisch in die Situation des Kleinkindes zurück. Er legt sich ins Bett, ißt Brei und Haferschleim, klagt über seine Schmerzen und geht jedem Konflikt aus dem Weg. Die Menschen, die um ihn herum sind, bedauern ihn und kümmern sich um ihn. Sie versorgen und bemuttern ihn und geben ihm das Gefühl, geliebt zu werden.

Nach einigen Wochen hat der Patient sein Geschwür überwunden. Er hat sich seinen innersten Wunsch erfüllt und sich mit Liebe und Zuwendung versorgt. Jetzt hat er Kraft, die nächsten Wochen und Monate zu überstehen – so lange, bis das Gefühl des Geliebtwerdens aufgebraucht ist, und er es mit einem neuen Geschwür auffrischen muß.

Wie aber kommt es dazu, daß der Mensch eine solche psychische Struktur entwickelt? Neben der Persönlichkeit und der körperlichen Konstitution, die immer am Krankheitsprozeß beteiligt sind, entwickelten Psychosomatiker folgendes psychodynamisches Modell. Sie gehen davon aus, daß das Kind in einer Familie aufgewachsen ist, in welcher es seine natürlichen Bedürfnisse nicht ausleben konnte. Wünsche und Ansprüche waren tabu und wurden verdrängt. Dabei kann es sich um emotionale, seelisch-geistige Bedürfnisse handeln oder um körperliche, materielle. «Das brauchen wir nicht!» ist ein Motto, das in diesen Familien besonders häufig vorkam. Im Fall von materieller Armut lautet es: «Das können wir uns nicht leisten.» Wichtig dabei ist, daß dem natürlichen Wunsch gegenüber eine feindselige Haltung eingenommen wird und das Kind schließlich negative Assoziationen mit seinem eigenen Bedürfnis entwickelt. «Das darf ich nicht.»

In der Fachliteratur wird immer wieder darauf hingewiesen,

daß dem Kind die Trotzphase verweigert wurde. Es hatte keine Möglichkeit aufzubegehren und dadurch seine Größe und seine Grenzen kennenzulernen. Jedes Wort und jede Geste, die das Kind gegen seine Eltern richtete, wurden im Keim erstickt und übermäßig stark bestraft. Gleichzeitig mit dem Unterdrücken der natürlichen Regungen boten ihm die Eltern eine Lösung des Konflikts an. «Sei fleißig und arbeite. Vollbringe etwas in deinem Leben.» Hieraus entwickelten sich dann der starke Leistungswille, die Aufopferungsbereitschaft und der übermäßige Ehrgeiz.

Der Ulkuskranke will immer der Beste sein. Sein Dilemma ist es, daß er nur in den seltensten Fällen wirklich der Beste ist. In den meisten Situationen ist er der *ewige Zweite*. Für sein Magenleiden entwickelt sich hieraus ein Teufelskreis. Er ärgert sich über sich selbst und entwickelt aggressive Impulse, die er gegen sich selbst richtet. Weil er sich seinen großen Wunsch, endlich einmal der Beste zu sein, verweigert, kann er sich mit der Zeit – bewußt oder unbewußt – immer weniger leiden. Die Folge ist, daß er sich auch die Erfüllung anderer Wünsche verweigert.

Dieser Ablauf ist eine Wiederholung des Urkonfliktes. Man kann davon ausgehen, daß das Unterbewußtsein des Patienten den Wunsch, der Beste zu sein, nur deshalb entwickelt, weil es dem Patienten eine Chance geben möchte, den Urkonflikt bewußt zu erleben. Die Gefühle, die dadurch aufgewirbelt werden, sind exakt diejenigen, die seit dem Austritt aus der frühesten Kindheit unterdrückt wurden. Aufgrund dieser Konstellation besteht die Möglichkeit, die Emotionen abzutragen und zu einem neuen, gesunden Selbstbild zu gelangen.

■ Chronomedizinische Aspekte

Die chronobiologische Betrachtung des Ulkusgeschehens bekräftigt die bisher geschilderten tiefenpsychologischen Zusammenhänge. Die häufigsten Ulkuserkrankungen brechen im Herbst aus. Ein zweiter Gipfel läßt sich im Frühling feststellen.

Das Charakteristische an diesen beiden Jahreszeiten ist die

Tatsache, daß sie Übergangsjahreszeiten sind. Sie stehen für Abschied und Neubeginn. Im Frühling endet die dunkle Jahreszeit. Die Sonne kehrt zurück in den Norden, und die Tage werden länger als die Nächte. Wir selbst treten aus den Tiefen unseres Bewußtseins und öffnen uns dem oberflächlichen Leben. Ein neues Jahr beginnt. Im Herbst dagegen vertauschen sich die Vorzeichen. Die Natur zieht sich zurück in ihr Inneres und besinnt sich auf ihre Wurzeln. Wir selbst verlassen unser oberflächliches Bewußtsein und ziehen ein in das Reich der Finsternis, in das Schattenreich unserer Seele.

Auch für den energetischen Verlauf des Magenmeridians bedeuten diese beiden Jahreszeiten Grenzsituationen. Im Frühling erreicht der Magenmeridian seinen energetischen Tiefpunkt, was bedeutet, daß die energieabgebende Phase in die energieaufnehmende übergeht. Im Herbst dagegen findet genau das Gegenteil statt. Die energieaufnehmende Phase geht in die energieabgebende über.

Graphisch läßt sich dies folgendermaßen darstellen:

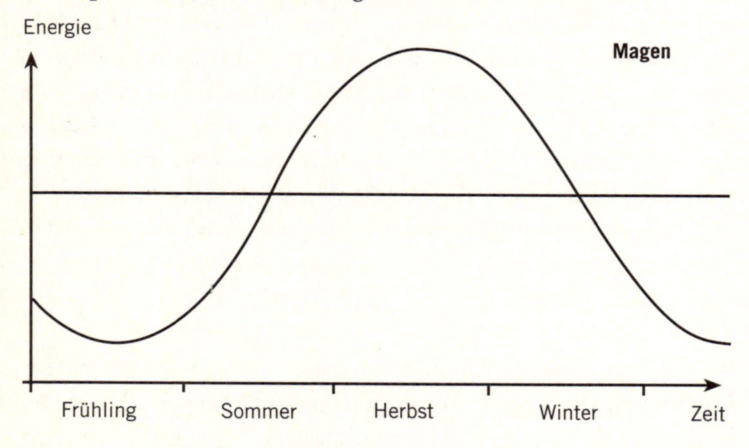

Abschied und Neubeginn, Wandlung und Entwicklung sind die charakteristischen Merkmale von Frühling und Herbst – und damit hat der Ulkuskranke seine Schwierigkeiten. Er ist ein konservativer Mensch, dem es schwerfällt, sich auf neue Situationen einzustellen. So wie er unbewußt am emotionalen Befinden seiner frühesten Kindheit festhält, so hält er als Erwachsener auch am Althergebrachten fest, an dem, was er kennt und liebt, und geht Veränderungen gerne aus dem Weg. Eine Neigung, die häufig bei Ulkuspatienten festgestellt werden kann, ist, daß sie zäh am Besitz festhalten und alles daransetzen, einen materiellen Verlust zu vermeiden. In ihrer Kindheit wurden sie vielfach enttäuscht. Zu viele Bedürfnisse blieben unerfüllt, so daß sie jetzt auf das, was sie haben, ganz besonders gut aufpassen.

Auch im emotionalen Bereich, im Freundes- und Bekanntenkreis, werden diese Tendenzen deutlich. Die soziale Gruppe hat für den Ulkuskranken eine besondere Bedeutung. Sie gibt ihm Halt und Sicherheit, auch ein Gefühl von Geborgenheit. Wird er aus irgendeinem Grund aus dieser Gruppe herausgerissen, zum Beispiel durch Versetzung oder Beförderung am Arbeitsplatz, oder wird er von den Mitgliedern dieser Gruppe nicht mehr akzeptiert, kommt es zu Schwierigkeiten. Alles, was Veränderungen mit sich bringt, bedeutet dem Ulkuskranken Gefahr und erhöht die Wahrscheinlichkeit einer neuen Erkrankung. Auszug aus dem Elternhaus, Militärdienst, Eintritt in die Berufswelt, Berufswechsel, Hochzeit, Beförderung, Klimakterium, Beginn des Rentnerdaseins und viele andere Situationen sind charakteristische, ulkusauslösende Situationen. Die natürlichen Impulse, die im Frühling und im Herbst auf uns einwirken, haben den gleichen Charakter.

■ Chronotherapeutische Aspekte

Was die Therapie des Ulkuskranken von vornherein erschwert, ist die Tatsache, daß der Patient kein Konfliktbewußtsein besitzt. Er weiß nicht, daß er einen Konflikt hat, und daß er sich nach Abhängigkeit und Versorgtwerden sehnt. Für ihn ist seine Krankheit auf alle möglichen materiellen Faktoren zurückzuführen; auf die vielen Zigaretten, den hohen Alkoholkonsum, das üppige Essen oder den starken Kaffee. Viele Ulkuspatienten versteifen sich auch darauf, daß ihr Geschwür eine Erbkrankheit sei. Sie berufen sich auf ihren Vater und ihren Großvater und ruhen sich auf dem Gedanken aus, daß sie dagegen sowieso nichts unternehmen können – außer Medikamente zu schlucken (womit sie wieder einen Teil ihres Abhängigkeitsbedürfnisses befriedigen). Das einzige, was sie vielleicht noch als äußere Ursache gelten lassen, ist Streß und Überforderung.

Wenn sich ein Ulkuspatient dennoch in psychotherapeutische Behandlung begibt, besteht die Hauptaufgabe darin, ihm seinen innersten Wunsch bewußt zu machen. Er sollte seine bis dahin unbewußte Sehnsucht bewußt erleben und diesen Teil seiner inneren Wirklichkeit in sein Selbstbild integrieren. Er sollte erkennen, daß es nicht nur Aktivität gibt, sondern auch Passivität, nicht nur *Geben*, sondern auch *Nehmen*. Ganz bewußt sollte er sich einem oder mehreren Menschen hingeben und sich verwöhnen lassen. Er sollte lernen zu empfangen.

Die beste Jahreszeit für diesen Abschnitt ist der Herbst. Introversion und Passivität werden dann von der Natur ganz besonders gefördert. Es ist die Zeit der Ernte, die Zeit des Empfangens.

Der zweite Teil der Therapie bezieht sich auf die Aggressionen. Der Ulkuskranke hat ein überdurchschnittlich starkes Aggressionspotential. Es ist unbedingt notwendig, daß er lernt, mit seinen Aggressionen umzugehen und sie nach außen hin abzugeben. Allerdings ist dies nur in Verbindung mit dem ersten Teil der Therapie sinnvoll. Nur so kann die übermäßige (Auto-)Aggressionsproduktion gestoppt und auf ein normales Maß reduziert werden.

Zuerst muß der Patient erkennen, warum er so viele Aggressionen sich selbst gegenüber empfindet. Diese Aggressionen sollte er nicht nach außen hin abgeben. Sie haben einen Sinn, eine Aufgabe, und diese können sie nur dann erfüllen, wenn sie in vollem Umfang erlebt werden. Nur durch sie kann der Patient erfahren, wie schädlich er sich gegen sich selbst verhält, und wie wichtig es ist, einen anderen Weg einzuschlagen.

Wenn die Aggressionen ein normales, verträgliches Maß angenommen haben und a priori keine Autoaggressionen mehr sind, ist es wichtig, daß der Patient lernt, mit seinen Aggressionen umzugehen und sie nach außen hin abzugeben. Jeder Mensch hat Aggressionen und jeder hat das Recht dazu, sie in einer adäquaten, umweltverträglichen Art und Weise zu artikulieren. Für den Ulkuskranken ist diese Einsicht ein entscheidender Schritt auf dem Weg zur Gesundheit. Wenn es ihm damals verwehrt wurde, seine Trotzphase zu durchleben, so sollte er sie im Erwachsenenalter nachholen. Er sollte Konflikte, Diskussionen und andere Auseinandersetzungen suchen, sich in ihnen ausprobieren und sie bewußt für seine Entwicklung nutzen.

Die Jahreszeit, in welcher dieser Teil der Therapie ins Auge gefaßt werden sollte, ist der Frühling. Dann ist die Natur auf unserer Seite und animiert uns dazu, unsere Aggressionen auszuleben und nach außen zu schreien.

Der Sommer und der Winter sollten als therapeutische Ruhepausen genutzt werden.

MIGRÄNE

■ Medizinische Aspekte

Migräne ist ein anfallartiger Kopfschmerz, der normalerweise nur eine Kopfhälfte befällt. Der Begriff *Hemikranie* stammt aus dem Griechischen und bedeutet wörtlich übersetzt *Halbköpfigkeit*, sinngemäß also *halbseitiger Kopfschmerz.*

Die Anfälle werden durch eine Verkrampfung der Gehirnarterien ausgelöst. Die Folge ist, daß sich das Volumen der Gefäße verengt und die Durchblutung des Gehirns herabgesetzt wird. Das Blut staut sich und entwickelt einen Druck, der an die angrenzenden Hirnareale weitergegeben wird. Wenn der Druck einen bestimmten Wert erreicht hat, preßt sich das Blut durch das verkrampfte Gefäß und löst dadurch heftige Schmerzattacken aus. In komplizierten Fällen dringt Blutflüssigkeit aus der Arterie ins Gehirn und es kommt zum Hirnödem.

Die Symptome der Migräne sind vielfältig und können oftmals nicht scharf gegen andere Kopfschmerzarten abgegrenzt werden. Wenn der Patient keine therapeutischen Maßnahmen ergreift, dauert der Anfall mindestens drei Stunden, längstens jedoch zwei Tage.

Typisch für den Verlauf ist ein langsames Ansteigen und ein ebenso langsames Abflauen der Schmerzzustände. Neben heftigen Kopfschmerzen kommt es häufig zu Sehstörungen (Blitze und Funken vor den Augen), Magen-Darm-Beschwerden, Übelkeit, Erbrechen und Überempfindlichkeit gegen akustische, optische und olfaktorische (den Geruchssinn betreffende) Reize. Der Mensch möchte mit sich allein sein und sich in ein dunkles, ruhiges Zimmer zurückziehen. In extremen Fällen kommt es zu Taubheit, Lähmungserscheinungen und Bewußtseinstrübungen.

Als Ursache wird eine übersteigerte Reaktionsbereitschaft der Gehirnarterien angesehen, wobei diese erblich bedingt oder im Lauf der Entwicklung erworben sein kann. Physiologische Besonderheiten vermutet man im nervösen oder hormonellen Bereich. Oftmals liegt dem Migräneleiden auch eine Allergie zugrunde.

Die Faktoren, die einen Migräneanfall auslösen können, sind zahlreich. Zu ihnen rechnet man beispielsweise meteorologische Einflüsse wie Luftdruckänderungen, Föhnlagen und plötzliche Wetterumschwünge. Auch bestimmte Nahrungs- und Genußmittel wie Alkohol, Tabak und Süßigkeiten zählen dazu. Ein besonderes Phänomen ist das China-Restaurant-Syndrom, bei welchem der Patient nach einer Mahlzeit im China-Restaurant einen Anfall erleidet. Die Ursachen dafür sind nicht bekannt, aber man vermutet eine Überempfindlichkeit gegen Glutamat. Ein weiterer großer Bereich, der den Migränikern

Probleme bereiten kann, ist der medizinische. Es kommt vor, daß ein Patient, dem künstliche Herzklappen eingesetzt wurden, plötzlich Migräneanfälle erleidet. Auch bestimmte Medikamente können einen bis dahin Gesunden zum Migräniker machen.

■ Psychosomatische Aspekte

Es werden auch zahlreiche psychische Situationen genannt, die einen Anfall auslösen können. Zu ihnen gehören zum Beispiel starke Affekte wie Freude, Angst und Ärger. Aber auch Aggressionen und Feindseligkeiten, die lange Jahre nicht ausgelebt wurden und sich im Bewußtsein angesammelt haben, zählen dazu. Ganz allgemein kann man sagen, daß Migräniker Menschen sind, die einen Konflikt zwischen Trieb und Intellekt erleben. Sie sind theoretische Menschen, die lieber denken als handeln, und die danach streben, ihre Emotionen und Triebe auf geistiger, theoretischer Ebene zu kompensieren. Freud wies darauf hin, daß Denken ein Probehandeln ist, bei welchem man die Gefahren kennenzulernen versucht, ohne sie erleben zu müssen. Der Migräniker versteift sich auf diese Methode und versucht einen Großteil seiner Triebwelt im Gehirn auszuleben, ohne mit deren Schattenseite konfrontiert zu werden. Er hat Angst vor seinen Gefühlen, Angst vor den Reaktionen, die diese Gefühle auslösen könnten.

Franz Alexander entwickelte bereits während dem Zweiten Weltkrieg ein triebdynamisches Modell, mit dessen Hilfe er die Migräne und auch andere Krankheiten zu erklären versuchte. Am Anfang seiner Theorie steht die Aggression. Er geht davon aus, daß diese im Normalfall ausgelebt wird und dann keine weiteren pathologischen Wirkungen auf den Menschen hat. Von der Entstehung bis zur Veräußerlichung der Aggression unterscheidet er drei Phasen:

1. Vorstellungsphase
   In dieser Phase erlebt der Mensch seine Aggression, überlegt sich eine Strategie, wie er sie verbalisieren und artikulieren kann, und bereitet sich mental darauf vor.
2. Vegetative Phase
   In dieser Phase wird der Körper auf die aggressive Handlung vorbereitet. Das Blut strömt in die Körperteile, wo es am dringendsten benötigt wird – z. B. Lunge, Herz, Beine und Arme.
3. Neuromuskuläre Phase
   In dieser Phase laufen die Nervenimpulse vom Gehirn zu den Muskeln, worauf die aggressive Handlung ausgeführt und die Aggressionen nach außen hin ausgelebt werden.

Je nachdem, in welcher Phase die aggressive Handlung unterbrochen und die Gefühle unterdrückt werden, kommt es zu unterschiedlichen Krankheitsbildern. Findet die Unterbrechung immer wieder in der dritten Phase statt, so daß sich die Aggressionen in den Gelenken und Knochen anlagern, führt dies, über Jahre hinweg, zu arthritischen Beschwerden. Findet sie dagegen in der zweiten Phase statt, so daß der Organismus immer wieder vermehrt durchblutet wird, ohne daß die vermehrte Energie nach außen weitergeleitet wird, kommt es mit der Zeit zu Bluthochdruck.

Beim Migräniker dagegen werden die Aggressionen bereits in der Vorstellungsphase gehemmt. Er erlebt zwar die Aggressionen bewußt, unterdrückt sie aber bereits in seinem Bewußtsein, in seinem Gehirn. Er kann nicht zu ihnen stehen und erlaubt sich nicht, sie zu artikulieren – nicht einmal in seinen Vorstellungen. Was er normalerweise mit seinen Händen, seinen Füßen oder seinem Mund in Form von Schlagen, Rennen oder Schreien ausleben müßte, behält er in seinem Gehirn und versucht es dort abzureagieren. Die Folge ist, daß sich die Energie im Gehirn ansammelt und einen emotionalen Druck entwickelt. Auf der körperlichen Ebene zeigt sich dieser Druck als Kopfdruck. Die Verkrampfung der Gehirnarterie, die einem Migräneanfall zugrunde liegt, ist die Folge einer übermäßigen Ansammlung von Energie. Wenn Migräniker sagen, sie stehen unter Druck, so ist dies eine treffende Umschreibung für ihren körperlichen und seelischen Zustand.

In der Psychotherapie stellt sich oftmals heraus, daß die Migräniker puritanisch erzogen wurden. Gefühle und Triebe, Aggressionen und Ärger waren tabu für sie und wurden von ihren Eltern – vor allem der Mutter – mit negativen Attributen belegt. «Das macht man nicht» oder «Darüber redet man nicht», sind gebräuchliche Redensarten in solchen Familien. Die Natur des Menschen wurde ausgespart, und es wurde versucht, sie mit hohen Idealen zu kompensieren. Das Kind stand von Anfang an unter starkem (Leistungs-)Druck. Es mußte sich an die Norm anpassen, jedem gefallen und es jedem recht machen, und später, so sagte man ihm, sollte es einmal Karriere machen und viel Geld verdienen. Das Kind durfte niemals Kind sein. Von Anfang an mußte es wie ein Erwachsener funktionieren und seine Gefühle, seine menschliche Note, seinen Wunsch nach Geborgenheit und Zuwendung überspielen.

Solche Kinder müssen nicht nur auf Geborgenheit und Zuwendung verzichten. Darüber hinaus wird ihnen auch noch ihre ureigenste Natur, ihre Sexualität und vor allem auch die Freude an ihrer Sexualität, genommen. Sie bekommen vermittelt, daß Sex etwas Schmutziges und Unanständiges sei.

Vor diesem Hintergrund ist es verständlich, warum die meisten Migräniker in ihrer Pubertät die ersten Anfälle erleben. Ihr Körper konfrontiert sie mit ihrer Sexualität, mit ihrer «Unanständigkeit», und darüber kommen sie nicht hinweg. Sie geraten in einen Konflikt zwischen Wunsch und Realität, zwischen Erziehung und Natur und zerbrechen sich darüber, im wahrsten Sinne des Wortes, den Kopf. Weil sie diesen Konflikt nicht auflösen können, kommt es zum Migräneanfall.

Manche Psychologen sehen sich durch diese Zusammenhänge dazu veranlaßt, Migräne allgemein als sexuelles Problem aufzufassen und darin einen ödipalen Konflikt zu sehen. Sie berufen sich auf Freud, der den Kopf als Sinnbild eines Phallus gesehen hat, und interpretieren den Migräneanfall als eine Verschiebung der Libido von den Geschlechtsteilen in den Kopf. Weil der Patient nicht fähig ist, sich seine sexuellen Wünsche einzugestehen und seine Sexualität auszuleben, staut sich ihrer Meinung nach diese Energie im Kopf und verursacht dort Migräne.

Als Erwachsene stellen sich Migräniker oft unter denselben Druck, dem sie auch in ihrer Kindheit schon ausgesetzt waren. Es gelingt ihnen nicht, ihre Vergangenheit abzulegen und ein normales Leben zu führen. Sie sind unfähig, sich zu entspannen und auszuruhen. Sie haben ihre Mutter verinnerlicht und sprechen sich nun selbst die Verbote aus, die sie früher von ihrer Mutter zu hören bekamen. Sie legen eine perfektionistische Arbeitshaltung an den Tag, wollen hoch hinaus, überfordern sich ständig und suchen regelrecht nach Rivalität und Konkurrenz. Sie steigern sich in die Spannung und in den Druck, als ob sie süchtig danach wären. Die Zuwendung, die ihnen damals vorenthalten blieb, suchen sie nun mit Leistung zu erarbeiten – doch in ihrem Inneren sehnen sie sich danach, endlich einmal ihrer selbst wegen geliebt zu werden.

■ Chronomedizinische Aspekte

Wie bei kaum einer anderen Krankheit führt die chronobiologische Betrachtung hier zu einem neuen Verständnis der tiefenpsychologischen Zusammenhänge. Migräne ist ein Krankheitsgeschehen, das sehr eng mit den Rhythmen des Lebens verbunden ist. Sie tritt vor allem dann auf, wenn ein alter Zyklus abgeschlossen wird und ein neuer Zyklus beginnt. Typische Situationen, die dem Migräniker bzw. den Migränikerinnen Probleme bereiten, sind:

– kurz vor oder während der Monatsblutung

- frühe Morgenstunden
- Wochenende oder Urlaub
- Januar

Das Bild, das den Charakter dieser Situationen widerspiegelt, ist der Januskopf, nach welchem der Januar benannt ist. Es ist ein Kopf mit zwei Gesichtern. Das eine schaut nach vorne in die Zukunft und das andere zurück in die Vergangenheit. (Man erinnere sich an den griechischen Namen der Migräne, *Hemikranie* bzw. *Halbköpfigkeit.*) Die Anforderungen, die an einen Menschen gestellt werden, der sich in einer solchen Januskopf-Situation befindet, sind tatsächlich zweigeteilt. Zum einen sollte man sich zurücklehnen und sich von den geleisteten Strapazen erholen, den alten Zyklus Revue passieren lassen, seine Lehren für die Zukunft daraus ziehen und ihn abschließen. Danach sollte man sich von ihm verabschieden und ihn in die Vergangenheit eingehen lassen. Traurigkeit und melancholisches Gestimmtsein sind seelische Größen, die oftmals mit diesem Abschied einhergehen.

Was den zweiten Teil der Situation betrifft – das zweite Gesicht, das in die Zukunft schaut –, so sollte man sich mental oder körperlich auf den neuen Zyklus vorbereiten, sei es, daß man sich Mut zuspricht und sich Hoffnung macht, oder einfach dadurch, daß man alltägliche Vorbereitungen trifft und sich einen Terminkalender anlegt.

Aber genau mit diesen beiden Situationen hat der Migräniker seine Schwierigkeiten. Den alten Zyklus kann er nicht abschließen und vollenden, weil er sich nicht zurücklehnen und entspannen kann. Er kann die Lorbeeren nicht ernten und sich ganz normal von der Situation verabschieden. Er hat Angst vor der Trennung, Angst vor dem Abschiedsschmerz. Nach wie vor sitzt ihm die Mutter im Nacken und verbietet es ihm, die natürlichen Emotionen, die mit dem Abschied verknüpft sind, zu erleben. Traurigkeit und melancholisches Gestimmtsein sind tabu für ihn.

Und dem neuen Zyklus kann er nicht locker und entspannt

entgegengehen, weil er angespannt ist und einem enormen Leistungsdruck standhalten muß. Mit panischem Schrecken starrt er – mehr oder weniger bewußt – auf den zukünftigen Zyklus. Er hat Angst zu versagen, Angst, die geforderte Norm nicht erfüllen zu können. Darüber hinaus erahnt er die Möglichkeit, daß er sich in dem neuen Zyklus verändern und mit neuen Teilen seiner Persönlichkeit konfrontiert werden könnte – und davor schreckt er, bewußt oder unbewußt, zurück. Er hat Angst, seine altbewährten individuellen Strukturen einzubüßen, Angst vor der Wandlung.

Neben diesen psychologischen Größen gibt es auch noch eine physiologische, die dafür verantwortlich ist, warum die meisten Migräneanfälle im Januar auftreten. Wie die anderen Organe durchläuft auch das Gehirn einen jahreszeitlichen Rhythmus. Seinen energetischen Tiefpunkt erreicht es im Sommer, seinen Höhepunkt im Winter. Die Gehirndurchblutung verläuft parallel dazu. Sie erreicht ihren höchsten Wert im Januar.

Der Migräniker ist ein theoretischer Mensch. Er möchte mit seinem Kopf nicht nur denken, sondern auch Emotionen in den Griff bekommen, für die normalerweise andere Organe zuständig sind. Man muß davon ausgehen, daß die Durchblutung und die Energieversorgung seines Gehirns ständig über dem Normalwert liegen.

Graphisch sieht das wie folgt aus: (siehe folgende Seite)

In allen Monaten, außer dem Januar, hat sein Gehirn einen gewissen Spielraum, mit welchem es seine Mehrversorgung kompensieren kann. Es liegt zwar eine pathologische Situation vor, aber diese macht sich erst mit den Jahren bemerkbar – ein ansonsten gesunder Organismus kann sie ausbalancieren. Sobald aber die Versorgung im Winter, vor allem im Januar, ihren natürlichen Höhepunkt erreicht, schießt der Migräniker über das Ziel hinaus, so daß es zu einer Überversorgung mit Blut und Energie kommt und daraufhin zu einer Verkrampfung der zuführenden Blutgefäße.

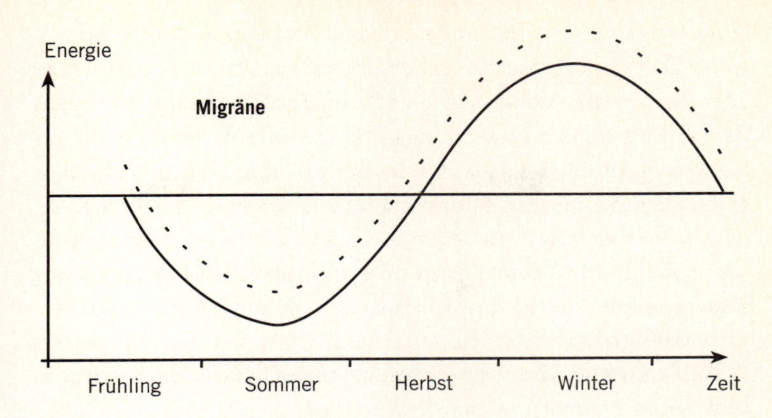

■ Chronotherapeutische Aspekte

Wie bei vielen anderen Krankheiten kommt es auch bei der Migräne zu einem Teufelskreis. Die migränekranken Eltern übertragen ihr Leiden auf die Kinder, die es mit in ihr Erwachsenenalter nehmen und wiederum auf ihre Kinder übertragen. Die Schulmedizin geht davon aus, daß viele Migränekranke ihre Krankheit vererbt bekamen. In manchen Fällen mag dies auch zutreffen, aber in Wirklichkeit kann man diese Vermutung nicht bestätigen, denn es kann sich genausogut um eine anerzogene oder übertragene Krankheit handeln. Wenn es sich bei dem Patienten um ein Kind handelt, sollte deshalb zuallererst der migränekranke Elternteil therapiert werden. Nur wenn dieser einsieht, daß er ein Mensch ist wie jeder andere, mit Gefühlen und Ängsten, mit Trauer und sexuellem Verlangen, kann das Kind einen gesunden Bezug zu diesen fundamentalen, natürlichen Größen gewinnen und sich von seinem Leiden befreien.

Wenn der Patient ein Erwachsener ist, steht er vor der schwierigen Aufgabe, den Abschied von seiner Mutter zu vollziehen. Manche Psychologen sehen den Migräneanfall als Wiedererleben des Trennungsschmerzes von der Mutter, als immerwiederkehrenden Versuch des Unbewußten, sich endlich von der Mutter loszusagen. Ein Trennungserlebnis wird nicht als normale

Trennung erlebt, sondern ruft oftmals den großen, unverarbeiteten Trennungsschmerz von der Mutter ins Bewußtsein. Da er aber dort immer wieder auf die Dominanz der Mutter stößt, auf das Verbot, sich den Trennungsschmerz einzugestehen oder gar auszuleben, kommt es zu einem schmerzhaften Konflikt und als Folge davon zu einem Migräneanfall.

Abschied von der Mutter ist das große Thema der Psychotherapie, die im Herbst beginnen und bis in den Februar hinein andauern sollte. Der Patient sollte in dieser Zeit erfahren, daß er – unbewußt – den Migräneanfall dazu benutzt, um sich von seinen Gefühlen, seiner Trauer, seinem melancholischen Gestimmtsein und seiner Depression abzulenken.

Auch wenn dieses Ziel während der ersten Phase nicht erreicht wird, was sehr wahrscheinlich ist, sollte man sich im Frühling einem anderen Problemkreis des Migränikers zuwenden – seinen Aggressionen und seiner Sexualität. Er hat Angst davor, sich zu öffnen. Er verschließt sich und zieht sich zurück in seinen Kopf. Dadurch kommt es aber, wie erwähnt, zu einer übermäßigen Versorgung des Gehirns und zu einem stetigen Anstieg des inneren Drucks. Würde es ihm gelingen, einen Weg hinab in seinen Körper zu finden und sich zu öffnen, könnte er diesen Druck abbauen und nach außen hin abgeben. Im Frühling sollte er deshalb die natürlichen Energien nutzen, die extravertierenden Übungen praktizieren und alles daransetzen, sich in die aufwärtsstrebende Frühlingslust zu integrieren. Sein Blut sollte aus dem Kopf in den Rumpf und die Geschlechtsteile entweichen und dort das Bewußtsein auf die oberflächliche Leichtigkeit des Seins, auf die sich entfaltende Sinnenlust, richten. Auch sollte er sich über seine Aggressionen bewußt werden, die in ihm schlummern. Jahrelang konnte er sie nicht ausleben, jahrelang hat er sie in seinem Kopf zurückgehalten – es ist jetzt an der Zeit, sie nach außen zu schreien. Er sollte seine Aggressionen visualisieren und sehen, wie er sie aus sich herausbrüllt. Seine Mutter, mit all ihren Sätzen, die sie ihm eingebleut hat, mit all ihren hohen Idealen und ihrem ständigen Leistungsdruck, sollte er aus sich herausschreien und endlich einen Zugang zu sich selbst, zu seiner Aggressivität und seiner Sexualität finden. Keine Jahreszeit ist dafür besser geeignet als der Frühling. Wenn ihm dieser Schritt gelingt, findet er seine innere Ruhe und mit dieser auch die Fähigkeit, sich zu entspannen, ohne gleich ein schlechtes Gewissen bekommen zu müssen. Sonntage, Urlaube und die Winterzeit werden für ihn dann endlich, was sie auch für die anderen Menschen sind – angenehme Zeiten, auf die man sich freut, in denen man zur Ruhe kommt, sich regeneriert und neue Kräfte sammelt.

RHEUMATISCHE ERKRANKUNGEN

■ Medizinische Aspekte

Rheuma ist ein Sammelbegriff für zahlreiche Erkrankungen des Bewegungsapparates. Krankheiten des Binde- und Nervengewebes zählen ebenso dazu wie Krankheiten an Muskeln und Sehnen, Knochen und Gelenken. Das typische am Rheumatismus ist die Tatsache, daß der Schmerz nicht kontinuierlich eine einzige Körperstelle befällt, sondern daß er springt. Der Begriff *Rheuma* geht auf das griechische *Rheo* zurück, was übersetzt *fließen* bedeutet. Der Schmerz fließt sozusagen durch den Körper und befällt nacheinander verschiedene Gelenke und Muskeln.

Früher unterteilte man die rheumatischen Erkrankungen in zwei Formenkreise – einen entzündlichen und einen degenerativen. Heute ist man dazu übergegangen, nur die entzündlichen Formen als wirkliche rheumatische Erkrankungen anzusehen. Die degenerativen Formen (Arthrosen), bei welchen die Gelenke durch Fehl- und/oder Überbelastungen abgenutzt wurden, rechnet man zu den *Krankheiten mit Rheumasymptomen*, wobei man hierunter *Schmerzen an den Bewegungsorganen* versteht. Eine genaue Abgrenzung ist jedoch oftmals nicht möglich.

Zu den entzündlichen Formen zählen:

- Akuter Gelenkrheumatismus (akute Polyarthritis)
- Chronischer Gelenkrheumatismus (chronische Polyarthritis)
- Weichteilrheumatismus

Akuter Gelenkrheumatismus

Der akute Gelenkrheumatismus, auch rheumatisches Fieber genannt, spielt für die psychosomatische und die chronomedizinische Betrachtung nur eine untergeordnete Rolle. Er betrifft hauptsächlich Kinder und Jugendliche und heilt in der Regel, bei entsprechender ärztlicher Betreuung, nach sechs bis acht Wochen ab, ohne Spätschäden zu hinterlassen. Als Auslöser wird eine nicht ausgeheilte Streptokokkeninfektion (Hals-, Nasen- oder Rachenentzündung) angesehen. Die Streptokokken (Bakterienart) können vom Immunsystem nicht unschädlich gemacht werden, gelangen ins Blut und werden von diesem über den gesamten Organismus verteilt. Sie lagern sich in den Gelenken an und lösen dort Entzündungen aus. Bei Nichtbehandlung geht der akute Gelenkrheumatismus in eine chronische Verlaufsform über.

Symptome, die auf einen akuten Gelenkrheumatismus hinweisen, sind heftige Gelenkschmerzen, Rötung und Schwellung des Gelenks, Schüttelfrost und hohes Fieber. Das Allgemeinbefinden ist stark beeinträchtigt. Es kommt zu Verdauungsstörungen, Appetitlosigkeit, Durchfall und Schwächeanfällen. Gleichzeitig kann es zu Herzerkrankungen und Nierenentzündungen kommen.

Chronischer Gelenkrheumatismus

Während der akute Gelenkrheumatismus die großen Gelenke (z. B. Hüft- und Schultergelenk) befällt, betrifft der chronische Gelenkrheumatismus vor allem die kleinen Gelenke (Finger- und Zehengelenke). Auch die kleinen Gelenke der Wirbelsäule können davon betroffen sein. Die Krankheit verläuft schubweise und fortschreitend. Über Monate und Jahre hinweg tritt eine stete Verschlechterung ein, wobei es zwischen den einzelnen Schüben

immer wieder zu völliger Beschwerdefreiheit kommen kann. In der Regel werden zuerst die Grund- und Mittelgelenke von Fingern und Zehen befallen, später auch die Hand- und Fußgelenke. Durch die Entzündung kommt es zu den typischen Symptomen Rötung, Hitzeentwicklung, Schwellung und Schmerz.
Ganz allgemein klagen die Patienten über eine mehr oder weniger starke Beeinträchtigung ihres Allgemeinbefindens. Fieber, Schwäche, Müdigkeit, Gewichtsverlust und allgemeines Unlustempfinden sind häufige Krankheitszeichen.
Für eine gesicherte Diagnose müssen vier der folgenden klassischen Rheumasymptome vorliegen:

- Morgensteifigkeit
- drei oder mehr Gelenkregionen sind betroffen
- Entzündungen an Hand- oder Fingergelenken
- Entzündungen treten beidseitig auf
- Rheumaknoten
- Nachweis von Rheumafaktoren
- Veränderungen im Röntgenbild

Mit dem Auftreten der Schmerzen setzt ein pathologischer Kreislauf ein, der es dem Patienten sehr schwermacht, selbst eine Heilung einzuleiten. Der Schmerz veranlaßt den Patienten, automatisch eine Schonhaltung einzunehmen und die betreffenden Gelenke weniger zu beanspruchen. Dadurch kommt es zu einer verminderten Durchblutung und Muskelschwund, was das Voranschreiten der Versteifung unterstützt.

Wenn gegen den chronischen Gelenkrheumatismus nichts unternommen wird, kommt es im fortgeschrittenen Stadium zu Fehlstellungen der Gliedmaßen und zu Versteifungen und Verknöcherungen der Gelenke.

Die Ursachen sind von seiten der Schulmedizin noch nicht eindeutig geklärt. Man geht davon aus, daß mehrere Faktoren bei ihrer Entstehung zusammenwirken. Einer der grundlegendsten dürfte eine allgemeine Schwächung sein, die dazu führt, daß sich der Organismus nicht mehr ausreichend gegen rheumatische Reize wie Viren und Bakterien, Kälte und Nässe zur Wehr setzen kann. Auch Giftstoffe, die über einen langen Zeitraum auf den Menschen einwirken, oder bestimmte Medikamente, die jahrelang eingenommen werden, begünstigen die Entstehung von chronischem Gelenkrheumatismus.

Neben den äußeren Einflüssen können dem chronischen Rheumaleiden auch innere Ursachen zugrunde liegen, wie zum Beispiel Störungen des Stoffwechsels, des Hormonsystems oder des Kreislaufs. Vor allem das Immunsystem spielt eine wesentliche Rolle. Im Gegensatz zum akuten Gelenkrheumatismus, wo eine Schwäche des Immunsystems die Krankheit mit verursachte, liegt dem chronischen Gelenkrheumatismus ein überaktives Immunsystem zugrunde. Heute rechnet man dieses Rheumaleiden zu den Autoaggressionskrankheiten, die dadurch gekennzeichnet sind, daß sich der an ihnen erkrankte Organismus selbst zerstört. Sein Immunsystem kann nicht mehr zwischen körperfremden und körpereigenen Substanzen unterscheiden und regt seine Abwehrzellen an, das eigene Gewebe anzugreifen. Entzündungen der Gelenke und degenerative Erscheinungen sind die Folge.

Darüber hinaus ist der Rheumatismus eine Erkrankung, die in direktem Zusammenhang mit den Nerven, genauer gesagt, mit dem vegetativen Nervensystem gesehen werden muß. Gelähmte Glieder, die keine Nervenimpulse mehr vom Gehirn erhalten, werden nicht von Rheuma befallen.

Weichteilrheumatismus

In der Schulmedizin werden mehrere rheumatische Erkrankungen zu dem Sammelbegriff *Weichteilrheumatismus* zusammengefaßt. Zu ihnen zählen unter anderem

- Muskelrheumatismus (Myalgia rheumatica)
- Rheuma des Binde-, Fett- und Nervengewebes (Fibrositis)
- Rheuma des Unterhautfettgewebes (Panniculitis)

Die Krankheitszeichen des Weichteilrheumatismus sind anfallweise auftretende Schmerzen und druckschmerzhafte Verhärtungen und Verspannungen der Muskulatur. Vorwiegend werden Schulter- und Beckengürtel, Rücken, Arme und Beine befallen. Als Ursache gelten Allergien, Stoffwechselschäden, Erkältungen, Wirbelsäulenerkrankungen und Überbelastung (z. B. Tennis- und Golfellenbogen).

■ Psychosomatische Aspekte

Der Rheumatismus zählt zu den klassischen psychosomatischen Erkrankungen. Seine Erforschung reicht zurück bis zu den Anfängen der Psychosomatik. Viele Psychologen haben sich bisher mit ihm beschäftigt und gemeinsam seine psychologischen Grundlagen erforscht.

Man geht heute davon aus, daß vor allem folgende Charakterzüge für einen Rheumatiker typisch sind:

1. ein zwanghafter Zug mit Übergewissenhaftigkeit, Perfektionismus und scheinbarer Gefügigkeit. Als besonders auffallend wird die Neigung beschrieben, alle aggressiven und feindseligen Impulse zu unterdrücken.
2. ein masochistisch-depressiver Zug mit einem auffallenden Bedürfnis nach Selbstaufopferung und übertriebenem Helferwillen, verbunden mit übermoralischem Verhalten und einer Neigung zu depressiven Verstimmungen.
3. ein starkes Bedürfnis nach körperlichen Aktivitäten vor Ausbruch der Krankheit, das sich in Formen aller Art von Sport und Schwerarbeit in Garten und Haushalt zeigt.

Dreh- und Angelpunkt dieser Persönlichkeitsstruktur ist die Unfähigkeit, aggressive und feindselige Impulse auszuleben. Häufige Aussagen von Rheumatikern sind unter anderem:

- Wenn ich wütend werde, schlucke ich es hinunter.
- Ich explodiere nie.
- Ich bin nachgiebig und kann mich nicht wehren.

– Ich habe Angst davor, Aggressionen auszuleben. Ich behalte sie lieber in mir und schade mir selbst.

Wenn Rheumatiker spüren, daß Aggressionen in ihnen aufsteigen, bekommen sie ein schlechtes Gewissen. Anstatt aufzubrausen, reagieren sie mit Unterwürfigkeit und Selbstaufopferung, mit Schüchternheit und Unterlegenheit. Sie ziehen sich zurück. Im allgemeinen sind sie introvertiert. Außerdem besteht eine auffällige Neigung zu Angst und depressiver Verstimmung. Sie haben nicht gelernt, mit ihren aggressiven Bedürfnissen und ihrem Geltungsstreben umzugehen und ziehen sich deshalb zurück.

Im Gegensatz zur Migräne, wo die Aggressionen bereits im Kopf unterdrückt werden, gelangen sie beim Rheumatiker bis zu den Muskeln. Die seelisch-geistige Konfliktsituation stellt sich im Körper wie folgt dar. Die Aggressionen mobilisieren den Sympatikus, bereiten den Organismus auf *Angriff* oder *Flucht* vor und sorgen dafür, daß die entsprechenden Muskeln besser durchblutet werden. Daraufhin spannen sich die Muskeln an und sind kurz davor zuzuschlagen, zuzutreten oder fortzurennen.

Ein gesunder Mensch gibt seine Aggressionen durch die entsprechenden Aktivitäten nach außen hin ab. Der Rheumatiker dagegen ist dazu nicht fähig. In ihm tritt gleichzeitig mit den Aggressionen das schlechte Gewissen auf den Plan. Dieses aktiviert den Parasympatikus und mit diesem alle Kräfte, die der oben geschilderten Situation entgegenwirken. Im Bereich der Muskulatur bedeutet dies, daß die Gegenspieler derjenigen Muskeln aktiviert werden, die darauf vorbereitet wurden, die Aggressionen abzubauen. Hieraus entwickelt sich dann die Verspannung – die muskuläre Konfliktsituation. Die beiden Gegenspieler sind aktiviert, arbeiten in entgegengesetzte Richtungen, ohne daß es zu irgendeiner Bewegung kommt und die Aggression setzt sich fest. Es kommt zu energetischen Blockaden und mit diesen zu Verspannungen und Muskelverhärtungen. Die Verspannungen wiederum wirken auf die Gelenke und setzen dort entzündliche, rheumatische Prozesse in Gang.

Darüber hinaus wurde festgestellt, daß Menschen, die an Weichteilrheuma leiden, nicht nur Aggressionen unterdrücken, sondern auch andere Gefühle. Sie werden in der psychosomatischen Fachliteratur allgemein als *emotional gehemmt* beschrieben. Sie sind unsicher, trauen sich nicht, ihre Gefühle nach außen zu leben und halten sie in sich zurück. Je nachdem, in welchem Körperteil sich die rheumatischen Entzündungen entwikkeln, kann man auf eine entsprechende Grundproblematik im seelischen Bereich schließen. Die *Zervikalgie* (Rheuma im Bereich der Halswirbelsäule) deutet auf Schwierigkeiten im Bereich der Behauptung. Die *Dorsalgie* (Rheuma im Rücken) verweist auf Trauer, Verzweiflung, Mutlosigkeit. Die *Lumbalgie* (Rheuma im Bereich der Lendenwirbelsäule, z. B. Hexenschuß) ist Ausdruck von psychischer Überlastung und Frustration. Die *Brachialgie* (Rheuma im Bereich des Oberarms) läßt auf gehemmte Aggressionen, Wut und Zorn schließen.

Die Gefühle wirken sich nicht nur bei der Entstehung rheumatischer Krankheiten aus, sondern auch auf den Verlauf bereits existierender. Es konnte gezeigt werden, daß die Stimmungslage die Schmerzempfindlichkeit an den Gelenken direkt beeinflußt. Je stärker die Gefühle Angst, Mißtrauen und Feindseligkeit ausgeprägt sind, desto stärker sind die Schmerzen. Auch das Gefühl der Hilflosigkeit erhöht die Schmerzempfindlichkeit.

Aus diesen Zusammenhängen erklärt es sich auch, warum der Rheumatiker vor seiner Erkrankung ein starkes Bedürfnis nach Bewegung hat. Bewegung ist ein probates Mittel, um angestaute Aggressionen und Ängste zu kompensieren. Die Verspannungen werden dabei aufgelöst, und das produzierte Adrenalin wird abgebaut und ausgeschieden, ohne daß Spätschäden auftreten.

Warum aber ist der Rheumatiker unfähig, zu seinen Gefühlen, vor allem den Aggressionen, zu stehen und sie auszuleben? Die Psychologen haben festgestellt, daß die Ursache zum einen in der Persönlichkeit des Patienten liegt und zum anderen in der familiären Situation, in welcher er aufgewachsen ist. In vielen Fällen wird die Mutter als ein Mensch beschrieben, der es dem Kind sehr schwermachte, eine tiefergehende Beziehung mit ihr aufzubauen oder sich mit ihr auseinanderzusetzen. Sie war streng, aufopfernd und überfürsorglich. Zudem konfrontierte sie das Kind mit hohen moralischen Ansprüchen, die oftmals auch einen religiösen Hintergrund hatten.

Anfänglich reagierte das Kind mit Angst und Protest auf die strenge Mutter. Später realisierte es seine Abhängigkeit von der Mutter und erkannte, daß es keine Chance gegen sie hat. Schließlich wurde es aufgrund der Opferhaltung und der Überfürsorglichkeit seiner Mutter in der Artikulation seiner aggressiven Impulse immer stärker gehemmt. Diese Grundkonstellation führt schließlich dazu, daß der Mensch als Erwachsener in eine selbstaufopfernde Helferrolle gedrängt wird, die ihn dazu veranlaßt, lieber sich selbst Schmerzen zuzufügen, als den anderen. Er hat Angst davor, seine Unselbständigkeit wahrzunehmen und setzt alles daran, zumindest nach außen hin, seine Selbständigkeit zu wahren. Er unterdrückt seine Bedürfnisse und fügt sich in sein Schicksal. Auf der körperlichen Ebene führt dies zu der bereits im medizinischen Teil besprochenen Autoaggression.

Die Situationen, die eine rheumatische Erkrankung auslösen, können in zwei Kategorien unterteilt werden. Zur einen Kategorie gehören all diejenigen Situationen, die im Patienten aggressive Impulse aktivieren und dadurch die bisher unterdrückten Aggressionen mobilisieren – z. B. Verleumdung, Ungerechtigkeit, Zurücksetzung, Enttäuschung, Verlust oder Benachteiligung. Zur anderen Kategorie gehören solche Situationen, die dem Patienten die Möglichkeit nehmen, seine Schuldgefühle abzureagieren – z. B. wenn seine Überfürsorglichkeit abgelehnt wird, oder wenn die Person, welcher diese Überfürsorglichkeit zuteil wurde, stirbt.

In beiden Fällen wird der Patient unvorbereitet mit seinen Aggressionen bzw. seinen Angst- und Schuldgefühlen konfrontiert. Die innere Spannung steigt an, und der rheumatische Prozeß bricht durch.

■ Chronomedizinische Aspekte

Der Rheumatiker ist ein Mensch, bei dem die Wesenszüge der dunklen Jahreszeit übermäßig stark ausgeprägt sind – Depression, Rückzug, Introversion, Selbstaufopferung, moralisches Verhalten, verminderte Aggressionsbereitschaft und Angst. Selbst die Sexualität, die im Winter aufgrund der verminderten Produktion der Sexualhormone an ihr energetisches Minimum gelangt, paßt in dieses Bild. Viele Rheumatiker sehen sie als etwas Schmutziges. Aufgrund ihrer Erziehung und ihrer moralischen Vorstellungen sind sie nicht in der Lage, ihre Partner sexuell zu befriedigen. Auch in diesem Punkt neigen sie dazu, ihre Gefühle und Wünsche zu unterdrücken und sich damit selbst zu zerstören. Häufig werden bei ihnen Frigidität, Impotenz und Angst vor der Sexualität beschrieben.

Graphisch lassen sich diese Zusammenhänge folgendermaßen darstellen. Dabei gilt es zu berücksichtigen, daß Rheumatismus ein Leiden ist, das den ganzen Körper befällt und sich in allen Muskeln und allen Gelenken niederschlagen kann. Die Kurve bezieht sich nicht auf ein einziges Organ oder einen einzigen Meridian, sondern auf den gesamten Energiehaushalt. (s. S. 298)

Die Zeit, in welcher die häufigsten Rheumaerkrankungen auftreten, fällt in die Monate Oktober bis Februar. Die Gründe dafür lassen sich an der Energiekurve ablesen. Das Problem des Rheumatikers ist es, daß er nicht aus sich heraus kommt und immer weiter in sich zurückgedrängt wird. Obwohl er das Bedürfnis hat, nach außen zu gehen und alles aus sich herauszuschreien, was in ihm ist, wird er durch eine innere Instanz daran gehindert.

Im Herbst und im Winter fördert die Natur unsere Introversion und drängt uns in unser Inneres zurück – und das ist genau der Impuls, der das Faß zum Überlaufen bringt. Der Rheumati-

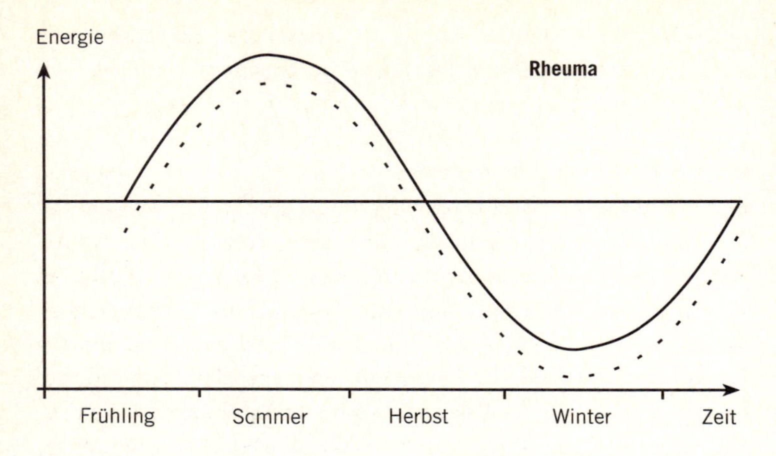

ker wird in der psychoanalytischen Herbstphase mit sich selbst konfrontiert, mit vielen seiner angestauten Aggressionen. Dadurch werden seine Ängste, seine Schuldgefühle und seine Unsicherheit verstärkt, und er wird noch mehr daran gehindert, aus sich herauszugehen und die Aggressionen nach außen hin abzugeben. Es setzt ein Teufelskreis ein, der schließlich im Rheumatismus endet.

■ Chronotherapeutische Aspekte

Die Probleme des Rheumatikers lassen sich auf zwei Jahreszeiten beschränken. Die erste und wohl augenscheinlichste ist der Frühling. Im Frühling fordert uns die Natur regelrecht dazu auf, aggressiv zu sein. Den Keimlingen gleich sollen wir durch die Oberfläche unseres Wesens stoßen, um uns anschließend der oberflächlichen, äußeren Seite des Lebens zuwenden zu können. Auf der körperlichen Ebene hat der Rheumatiker keinerlei Probleme mit diesen Anforderungen. Ganz im Gegenteil – er hat ein ausgeprägtes Bewegungsbedürfnis und bewegt sich eher zuviel als zuwenig. Seine Schwierigkeiten liegen im Frühling im seelisch-geistigen Bereich. Er ist unfähig zu schreien und die Aggressionen aus sich herauszubrüllen. Die Aufgabe, die sich ihm deshalb im Frühling stellt, ist das Erlernen des Schreiens – die Wiederentdeckung des natürlichen Urschreis.

Mit diesem Schrei und mit der Fähigkeit, seine Aggressionen auch im alltäglichen Leben abzureagieren, kann er sein energetisches Niveau anheben und seine Energiekurve derjenigen eines Gesunden angleichen. Um sich diesen Schrei allerdings eingestehen zu können, muß er sich im Herbst mit Hilfe der Psychoanalyse darüber bewußt werden, warum er sich selbst verbietet, zu schreien, oder, um es mit Becks Worten auszudrücken, warum er sich sein aggressives Bedürfnis verweigert. Jeder Mensch hat Aggressionen, und es ist ganz normal, ganz natürlich und gesund, sich diese Aggressionen einzugestehen und sie auszuleben. Dies gilt auch und vor allem für den Rheumatiker. Die Herbsttage sollte er deshalb dazu nutzen, sich über sein Innenleben und seine Bedürfnisse klarzuwerden. Dabei ist es wichtig abzuklären, welche Bedürfnisse und Ansichten er von seiner Mutter anerzogen bekam und welche aus seinem eigenen Wesen, aus seiner eigenen Natur stammen.

Im Winter ist es ratsam, den Rheumatiker psychologisch zu begleiten, damit er nicht allein ist, wenn er mit seinen Ängsten und Schuldgefühlen konfrontiert wird. Eine Therapie im eigentlichen Sinne sollte jedoch nicht stattfinden.

Im Sommer sollte auf jeden Fall eine therapeutische Ruhepause eingelegt werden, damit der Patient sein Leben genießen und sich mit neuem Lebensmut und frischer Energie aufladen kann.

SCHILDDRÜSENÜBERFUNKTION

■ Medizinische Aspekte

Die Schilddrüse ist eine Hormondrüse, die zwei Hormone produziert – Thyroxin (T_4) und Trijodthyronin (T_3). Während der Wachstumsphase ist sie mitverantwortlich für das Wachstum und die normale Entwicklung des Organismus. In der Fachliteratur wird sie als Reifungs- bzw. Wachstumsdrüse beschrieben.

Im Erwachsenenalter beschränken sich ihre Aufgaben auf die Regulation des Wärme- und Energiehaushalts. Die beiden Schilddrüsenhormone, vor allem das Thyroxin, forcieren den Stoffwechsel und erhöhen den Sauerstoffverbrauch vieler Gewebe und Organe. Herz, Leber und Nieren sind davon ebenso betroffen wie die Haut und die quergestreifte Muskulatur. Die Folge der Hormonausschüttung ist ein gesteigerter Grundumsatz und eine erhöhte Wärmeproduktion. Auch das Gehirn und das Zentrale Nervensystem werden durch das Thyroxin angeregt. Die Reaktionszeit läßt unter seinem Einfluß zwar nach, aber die Nervenleistung als Ganzes und die muskuläre Erregbarkeit nehmen zu, ebenso die Wachheit, die Sensitivität und die Fähigkeit zu denken.

Über die Anregung des Zellstoffwechsels fördert die Schilddrüse sowohl die körperliche als auch die intellektuelle Leistungsfähigkeit. Die Sexualdrüsen gehören zu den wenigen Organen, die auf das Thyroxin nicht ansprechen.

Bei der Schilddrüsenüberfunktion kommt es zu einer erhöhten Ausschüttung von Schilddrüsenhormonen. Der Mensch wird unruhig und nervös. Er klagt über Schlaflosigkeit, rasche Ermüdbarkeit und Herzklopfen, das bisweilen in Herzrasen übergehen kann. Durch den erhöhten Stoffwechsel kommt es zu erheblichem Gewichtsverlust und zu einer ständigen Wärmeüberproduktion. In normal beheizten Räumen und bei angenehmen Außentemperaturen gerät der Patient ins Schwitzen. Gleichzeitig leidet er unter Klaustrophobie – er fühlt sich sehr schnell eingeengt, sei es durch die Kleidung oder durch die räumliche Situation.

In extremen Fällen kann es zur sogenannten thyreotoxischen Krise kommen, die durch starken Gewichtsverlust, Herzrasen (160 Schläge pro Minute und mehr), Fieber (über 40° C), Durchfall und Erbrechen charakterisiert ist. Nach starken Erregungszuständen, die bis hin zu Halluzinationen reichen können, droht das Koma. Der Patient schwebt in Lebensgefahr.

Die möglichen Ursachen für die Schilddrüsenüberfunktion sind zahlreich. Da die Schilddrüse durch das thyreotrope Hormon (TSH) der Hypophyse stimuliert wird, besteht die Möglichkeit, daß die Überproduktion durch eine zu hohe TSH-Konzentration ausgelöst wird. Allerdings ist dies nur bei den wenigsten Patienten der Fall. Normalerweise läuft die Schilddrüse auf vollen Touren, obwohl die Hypophyse normal arbeitet.

Eine weitere mögliche Ursache ist ein Autoantikörper, der aufgrund einer erblichen Disposition vom Körper selbst produziert wird und aufgrund seiner Ähnlichkeit mit dem Hypophysenhormon die Schilddrüse aktiviert. In diesem Fall spricht man von einer Immunhyperthyreose oder Basedow-Krankheit.

Für den medizinischen Laien etwas verständlicher sind die folgenden möglichen Ursachen, zum einen die übermäßige Einnahme von Schilddrüsenhormonen, die aufgrund einer Schilddrüsenunterfunktion verschrieben wurden, und zum anderen Jodmangel. Eine hohe Jodidkonzentration in der Schilddrüse hemmt die Freisetzung der Hormone. Eine niedrige dagegen erhöht die Empfindlichkeit gegenüber dem stimulierenden Hormon der Hypophyse.

Heute werden auch die Ernährung und das Klima hinsichtlich ihrer Auswirkungen auf die Schilddrüse untersucht.

■ Psychosomatische Aspekte

Die wichtigsten psychosomatischen Faktoren, die mit der Schilddrüsenüberfunktion in Verbindung gebracht werden, sind Angst und Schrecken. Im Tierversuch ist es möglich, bei einem Wildkaninchen die sogenannte Schreckhyperthyreose auszulösen. Wenn das Tier mit einem Raubmarder oder einem anderen Raubtier konfrontiert wird und ihm der Fluchtweg versperrt ist, entwickelt es alle typischen Anzeichen der Schilddrüsenüberfunktion.

Auch wir Menschen neigen zu dieser Reaktion. Als beispielsweise Dänemark 1942/43 von den Deutschen besetzt wurde, kam es nach Darstellung einer amerikanischen Untersuchung zu einem Anstieg der Schilddrüsenerkrankungen um das Drei- bis Vierfache.

Was uns Menschen allerdings vom Tier unterscheidet, ist die Tatsache, daß wir nicht gleich auf ein einmaliges Schreckerlebnis mit Schilddrüsenüberfunktion reagieren, sondern erst dann, wenn wir uns in einer schrecklichen Situation befinden, die kein Ende zu nehmen scheint, wenn wir gefangen sind und Angst und Schrecken zu einer Langzeitbelastung werden.

Nach Alexander und anderen Psychosomatikern kann man sich die zugrunde liegenden psychodynamischen Vorgänge wie folgt vorstellen. Den Kern der psychosomatischen Schilddrüsenüberfunktion bildet eine lebensbedrohlich wirkende Situation in früher Kindheit – beispielsweise Krieg, Armut und Elend, der Verlust der Mutter, Scheidung, die Geburt eines Geschwisters, die materielle oder emotionale Vernachlässigung durch die Eltern oder zerrüttete Familienverhältnisse. Mit dem Gefühl der Ablehnung und des Verlassenseins, das er in vielen Fällen als Todesangst erlebte, wurde der Hyperthyreotiker allein gelassen. Aufgrund der familiären Situation konnte er sich nicht hilfesuchend an seine Eltern wenden, um mit diesen gemeinsam das Problem zu lösen. Diese hatten zahlreiche Probleme zu bewältigen und konnten oder wollten sich nicht um die Ängste ihres Kindes kümmern. Die typische Reaktion des Hyperthyreotikers auf eine solche Situation ist, daß er sich mit einem Elternteil, meistens der Mutter, identifiziert und versucht, sie nachzuahmen. Der Gedanke, der ihn bewußt oder unbewußt leitet, ist: «Wenn sie sich nicht um mich kümmern kann, muß ich werden wie sie, damit ich mir in Zukunft selbst helfen kann. Ich muß selbständig werden.»

Das Kind verleugnet sich selbst, seinen eigenen Charakter und seine Fähigkeiten und versucht ständig seiner Mutter nachzueifern. Oftmals ist es das älteste Kind einer kinderreichen Familie. Es kümmert sich liebevoll um seine jüngeren Geschwister und macht alles so, wie es seine Mutter machen würde. Schon als Kind versucht es die Wesenszüge eines Erwachsenen anzunehmen und auf eigenen Beinen zu stehen. Hinter dem Vor-Bild seiner Mutter, hinter der Bemutterung seiner Geschwister, versucht es seine Todesangst und seinen eigenen Wunsch, bemuttert zu werden, zu verstecken.

Interessant ist, daß die Schilddrüse die Wachstums- und Reifedrüse ist. Es scheint, als würde das Kind versuchen – unbewußt natürlich –, mit Hilfe der Schilddrüse schneller zu reifen. Sein Kindesalter möchte es hinter sich lassen und mit diesem die Angst und die Unselbständigkeit. Es kommt zwar nur in den seltensten Fällen schon im Kindesalter zu einer Überfunktion der Schilddrüse, aber die Grundlagen dafür werden bereits hier gelegt.

Auch später, im Erwachsenenalter, berichten Hyperthyreotiker oft, daß sie innerlich dazu getrieben werden, andere Menschen zu pflegen. Obwohl sie diese manchmal ganz und gar nicht ausstehen können, kommen sie nicht umhin, ihre Hilfe anzubieten.

Der Hyperthyreotiker ist unfähig, seine Angst zu erleben. Vieles, was er tut, ist darauf ausgerichtet, seine Angst zu überdecken. Hilfsbereitschaft und Selbstaufopferung scheinen ihm dafür ebenso geeignet wie Arbeitswut und Leistungsdrang. Sein Ziel ist es, sich endlich über die Angst zu erheben und sie zu überwinden. Anstatt sich ihr zu stellen, versucht er sie mit aller Kraft zu umgehen. Sobald diese Taktik jedoch fehlschlägt, und er beispielsweise die Arbeit verliert, oder die Person, die er pflegt, stirbt, er also die innere Angst nicht mehr mit äußeren Handlungen kompensieren kann, kommt es zum Ausbruch der Schilddrüsenüberfunktion. Dann verlagert er – unbewußt – die Abwehrreaktionen von außen nach innen und versucht mit Hilfe einer erhöhten Stoffwechselrate der Todesangst Herr zu werden. Er forciert die Verbrennungsvorgänge in seinem Körper und hofft unbewußt, daß er auf diesem Weg auch die Angst verbrennen kann.

■ **Chronomedizinische Aspekte**

Wie all die anderen Organe durchläuft auch die Schilddrüse einen jahreszeitlichen Rhythmus. Im Winter, wenn die Außentemperaturen unter den Gefrierpunkt fallen, und der Körper sich aufwärmen muß, erreicht sie ihr energetisches Maximum. Im Sommer dagegen, wenn der Organismus keine zusätzliche Wärme produzieren muß, regeneriert sie sich.

Die Anzahl der auftretenden Schilddrüsenüberfunktionen verläuft parallel dazu. Auch sie erreicht im Winter ihr Maximum und im Sommer ihr Minimum.

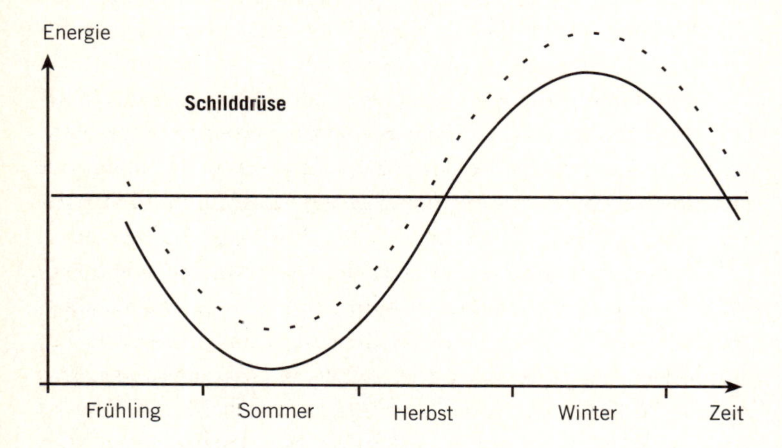

Eine mögliche Erklärung für diese Zusammenhänge liegt im körperlichen, physiologischen Bereich. Die Schilddrüse durchläuft im Winter ihre aktive Phase, schießt über das Ziel hinaus, und es kommt zu einer Schilddrüsenüberfunktion.

Ein anderes Erklärungsmodell ergibt sich aus den Gefühlen, die unseren Zustand in den jeweiligen Jahreszeiten maßgeblich prägen. Im Sommer dominieren die Freude und die Lust, die oberflächliche Leichtigkeit des Seins. In dieser Zeit ist der Mensch von Natur aus weit von seiner Angst entfernt und die Gefahr, daß er mit dieser konfrontiert wird, ist relativ gering.

Viel geringer jedenfalls als im Winter, wenn die Nächte länger sind als die Tage und die Finsternis, der Nebel und die Feuchtigkeit uns regelrecht dazu einladen, uns unheimliche Gedanken zu machen. Die Geschichten von Dämonen und Geistern, von Teufeln und Kobolden, die früher am Lagerfeuer in der Winterzeit erzählt wurden, sind ein deutlicher Hinweis darauf. Und auch heute sind wir für Grusel- und Horrorgeschichten im Winter wesentlich empfänglicher als im Sommer.

Der Winter ist die Zeit der Angst, die Zeit, in welcher wir von der Natur auf unsere eigene Angst gestoßen werden, um sie zu erleben und in unser Selbstbild zu integrieren – und genau das ist der Auslöser der Schilddrüsenüberfunktion.

■ Chronotherapeutische Aspekte

Für die Chronotherapie ergeben sich zwei Ansätze. Hyperthyreotiker sind oftmals Menschen, die sich nicht entspannen und ausruhen können. Von ihrer Angst werden sie getrieben, ständig aktiv zu sein. Sie streben nach Leistung und Ansehen, möchten auf der Karriereleiter nach oben kommen und stehen ständig unter Anspannung. Was ihnen dabei abhanden kommt, ist die Freude, die Lust am Sein. Dies führt dazu, daß ihre Schilddrüse auch im Sommer noch sehr aktiv ist, obwohl sie sich in dieser Jahreszeit eigentlich erholen sollte. Dies bedeutet, daß ihre Schilddrüse ihr energetisches Minimum nicht erreicht und deshalb das ganze Jahr über aktiver ist als bei einem Gesunden. Im Winter, wenn sie ihr Aktivitätsmaximum leistet, erreicht sie deshalb Werte, die über dem naturverträglichen Höchstmaß liegen, und es kommt zur Überfunktion mit all ihren Symptomen.

Das erste therapeutische Ziel, das sich hiervon ableitet, ist die Integration in den Sommer. Hyperthyreotiker sollten sich bewußt in den Sommer integrieren und die Freude am oberflächlichen Leben entdecken. Auch sollten sie ihre Sexualität kultivieren. Die Sexualorgane und die Schilddrüsen stehen sich diametral gegenüber. Je aktiver die Sexualdrüsen sind, desto passiver sind die Schilddrüsen.

Die zweite Jahreszeit, die dem Hyperthyreotiker Schwierigkeiten bereitet, ist der Herbst. In ihm findet die Bestandsaufnahme statt. Im Oktober werden Stärken und Schwächen, Fehler und Vorzüge der eigenen Persönlichkeit bewußt erlebt und gegeneinander aufgewogen. Anschließend, im November, gelangt der Mensch in die Trauerphase. Er trauert über seine scheinbar negativen Seiten und akzeptiert sie schließlich als Teil seiner Selbst. Er integriert sie in sein Selbstbild. Und genau dadurch schafft er sich die Grundlage, Angst erleben zu können und vor allem auch erleben zu dürfen. Nur wer weiß, daß er nicht vollkommen ist, daß er ein Mensch wie jeder andere mit Fehlern und Schwächen ist, kann es zulassen, sich seiner Angst zu stellen. Und nur so hat er die Möglichkeit, die natürliche Angst, die jedem Menschen eigen ist, zu erleben und schließlich auch zu überwinden.

Das zweite therapeutische Ziel ist demnach die Integration in den Herbst. Der Hyperthyreotiker muß einsehen, daß er ein Mensch wie jeder andere ist, und daß auch er das Recht hat, zu seiner Angst zu stehen. Erst dann kann er langsam, Schritt für Schritt, mit seiner Angst konfrontiert werden und sie abtragen.

Im Winter sollten die psychoanalytischen Bemühungen beendet werden. Der Patient sollte lernen, mit seinen Ängsten umzugehen. Er sollte versuchen, sie zu verbalisieren, sie zu malen oder sonstwie darzustellen. Wenn ihm trotz der geleisteten psychoanalytischen Vorarbeit keine Ängste bewußt werden, sollte er den Winter als therapeutische Ruhepause nutzen, ebenso die erste Frühlingshälfte, um danach die therapeutische Arbeit mit neuer Kraft wieder aufnehmen zu können.

Anhang

Quellennachweis

1 Richard Toellner, Illustrierte Geschichte der Medizin, ANDREAS & Dr. Müller Verlagsbuchhandel, Salzburg 1990, Bd. 1, S. 94

2 Hans Schavernoch, Die Harmonie der Sphären, Verlag Karl Alber, Freiburg 1981, S. 38 ff.

3 ebenda, S. 134

4 Benno Werner, Energie und Ernährung im Rhythmus der Jahreszeiten, Droemer Knaur Verlag, München 1994, S. 166

5 ebenda, S. 167

6 größtenteils nach Volker Faust, Biometeorologie, Hippokrates Verlag, Stuttgart 1976, S. 117 ff.

7 ebenda, S. 113 ff. 8 ebenda, S. 107 ff.

9 Hermann Trenkle, Klima und Krankheit, Wissenschaftliche Buchgesellschaft, Darmstadt 1992, S. 19

10 Benno Werner, Energie und Ernährung im Rhythmus der Jahreszeiten, Droemer Knaur Verlag, München 1994, S. 116 ff.

11 Thorwald Dethlefsen, Rüdiger Dahlke, Krankheit als Weg, C. Bertelsmann Verlag, München 1990, S. 189

12 Henry G. Tietze, Entschlüsselte Organsprache, Droemer Knaur Verlag, München 1987, S. 88

13 Anne Maguire, Hautkrankheiten als Botschaften dar Seele, Walter Verlag, München 1993, S. 83

14 ebenda, s. 72 ff.

15 Benno Werner, Energie und Ernährung im Rhythmus der Jahreszeiten, Droemer Knaur Verlag, München 1994, S. 105 ff.

16 Thorwald Dethlefsen, Rüdiger Dahlke, Krankheit als Weg, C. Bertelsmann Verlag, München 1990, S. 194

Literatur

■ Harmonie und Synchronisation

Berendt, Joachim Ernst, Nada Brahma, Reinbek 1993
Haase, Rudolf, Der meßbare Einklang, Stuttgart 1976
–, Harmonikale Synthese, Wien 1980
Hagenmaier, Otto, Der Goldene Schnitt, Augsburg 1990
Kayser, Hans, Akróasis, Basel 1946
–, Der Hörende Mensch, Berlin 1930
–, Harmonia Plantarum, Basel 1943
–, Lehrbuch der Harmonik, Zürich 1950
–, Vom Klang der Welt, Leipzig 1937
Kepler, Johannes, Gesammelte Werke, München 1940
–, Weltharmonik, München 1990
Krüger Wilfried, Das Universum singt, Trier 1991
Naredi-Rainer, Paul von, Architektur und Harmonie, Köln 1982
Popp Fritz Albert, Biophotonen, Heidelberg 1984
–, Neue Horizonte der Medizin, Heidelberg 1983
–, So könnte Krebs entstehen, Frankfurt/M. 1977
Schavernoch, Hans, Die Harmonie der Sphären, Freiburg 1981

■ Mensch und Kultur

Brosse, Jacques, Mythologie der Bäume, Olten/Freiburg 1990
Fischer-Rizzi, Susanne, Blätter von Bäumen, München 1994
–, Medizin der Erde, München 1995
Grant, Michael/Hazel, John, Lexikon der antiken Mythen und Gestalten, München 1980
Irmscher, Johannes, Lexikon der Antike, München 1990
König, Angelika/König, Ingemar, Der römische Festkalender der Republik, Stuttgart 1991
Maus, Marcel, Soziologie und Anthropologie, Frankfurt/M. 1989
Schwab, Gustav, Sagen des klassischen Altertums, Frankfurt/M. 1975
Stäubli, Hanns Bächthold, Handwörterbuch des deutschen Aberglaubens, Berlin 1986
Toellner, Richard, Illustrierte Geschichte der Medizin, Salzburg 1990
Vulpius, Christian, Handwörterbuch der Mythologie, Wiesbaden 1987
Werner, Benno, Das Krebszeitalter, München 1993
–, Energie und Ernährung im Rhythmus der Jahreszeiten, München 1994

■ Chronobiologie

Geyer, Georg / Stacher, Alois, Chronobiologie und ihre Bedeutung für die Therapie, Wien 1992

Gutenbrunner, Hildebrandt, Moog, Chronobiology and Chronomedicine, Frankfurt / M. 1991

Hildebrandt, Gunther, Bandt-Reges, Ingrid, Chronobiologie in der Naturheilkunde, Heidelberg 1992

Lemmer, Björn, Chronobiologie und Chronopharmakologie, Stuttgart 1989

Mletzko, Ingrid / Mletzko Horst Gerald, Biorhythmik, Lutherstadt 1977

–, Die Zeit und der Mensch, Leipzig 1991

Perry, Susan / Dawson, Jim, Chronobiologie, München 1992

Roßlenbroich, Bernd, Die rhythmische Organisation des Menschen, Stuttgart 1994

■ Bioklimatologie

Faust, Volker, Biometeorologie, Stuttgart 1976

Harlfinger, Otmar, Bioklimatischer Ratgeber für Urlaub und Erholung, Stuttgart 1985

Jendritzky G., Das Bioklima in der Bundesrepublik Deutschland, Freiburg 1988

Ledwina, Wilhelm, Bioklimatologie – angewandte Bioklimatologie mit modernen naturnahen Heilmethoden, Heidelberg 1981

Trenkle, Hermann, Klima und Krankheit, Darmstadt 1992

Wegscheider-Hyman, Jane, Licht und Gesundheit, Reinbek 1993

Whybrow, Peter / Bahr, Robert, Winterschlaf, Hamburg 1992

■ Chinesische Medizin

Assauer, Egbert, Die Akupunktur, München 1988

Bischko, Johannes, Einführung in die Akupunktur, Heidelberg 1989

Colegrave, Sukie, Yin und Yang, Frankfurt / M. 1994

Kaptchuk, Ted J., Das große Buch der chinesischen Medizin, München 1990

Porkert, Manfred, Die chinesische Medizin, Düsseldorf 1992

–, Die theoretischen Grundlagen der chinesischen Medizin, Zug 1983

Stiefvater, Erich W., Die Organuhr, Heidelberg 1990

Stux, Gabriel, Einführung in die Akupunktur, Berlin 1994

■ Psychosomatik

Alexander, Franz, Psychosomatische Medizin, Berlin 1985

Beck, Dieter, Krankheit als Selbstheilung, Frankfurt / M. 1981

Bräutigam, Walter, Psychosomatische Medizin, Stuttgart 1992

Dahlke, Rüdiger, Krankheit als Sprache der Seele, München 1992
–, Gewichtsprobleme, München 1989
–, Herz(ens)probleme, München 1990
–, Verdauungsprobleme, München 1990
Detlefsen, Thorwald / Dahlke, Rüdiger, Krankheit als Weg, München 1990
Hau, Theodor F., Psychosomatische Medizin, München 1989
Kindlers Psychologie des 20. Jahrhunderts, Bd. 1 und 2, Weinheim 1983
Maguire, Anne, Hautkrankheiten als Botschaften der Seele, München 1993
Tietze, Henry G., Entschlüsselte Organsprache, München 1987
Werner, Benno, Das Krebszeitalter, München 1993

■ Yoga

Ebert, Dietrich, Physiologische Aspekte des Yoga, Stuttgart 1986
Iyengar, B.K.S., Der Baum des Yoga, München 1991
–, Licht auf Yoga, München 1992
–, Licht auf Pranayama, München 1984
Lysebeth, André van, Die große Kraft des Atems, München 1978
–, Durch Yoga zum eigenen Selbst, München 1980
–, Yoga – Für die Menschen von heute, München 1982
Sacharow, Boris, Das ist Yoga, München 1982
–, Kriya-Yoga, Argenbühl 1959
–, Yoga aus dem Urquell, Hammelburg 1983
–, Indische Körperertüchtigung – in 12 Lehrbriefen, Argenbühl 1960
Vivekananda, Swami, Jnana Yoga, Freiburg 1992
–, Karma Yoga, Bhakti Yoga, Freiburg 1983
–, Raja Yoga, Freiburg 1983

Register

Danksagung

Für ihre engagierte Unterstützung danke ich herzlich Gerit Weinand und Thomas Grillmeier. Ebenso meiner Lebensgefährtin Michaela Lohrum, die sich immer wieder mit meinen Gedanken auseinandergesetzt und mir in zahllosen Diskussionen neue Anregungen gegeben hat.

Der Autor

Benno Werner, geboren 1962, war einige Jahre als Biologielaborant in der Krebsforschung tätig. Ausbildung in angewandter Kinesiologie; dreijährige Ausbildung zum Yogalehrer; mehrere Aufenthalte in Süd- und Südostasien in Yogaschulen und buddhistischen Klöstern. Seit 1992 als Seminarleiter und freier Schriftsteller tätig.

Buchveröffentlichungen:
- *Das Krebszeitalter. Die verschiedenen Ebenen der Krebserkrankung.* Knaur Tb, München 1993; 234 S., DM 12,90
- *Energie und Ernährung im Rhythmus der Jahreszeiten. Die ganzheitliche integrative Ernährung.* Knaur Tb, München 1994; 319 S., DM 14,90

Gedanken heilen

Jeanne Achterberg
Gedanken heilen *Die Kraft der Imagination. Grundlagen einer neuen Medizin*
(rororo sachbuch 8548)
«Die neuen Verhaltenstherapien, die die Imagination in den Mittelpunkt stellen, wie zum Beispiel gelenkte Phantasien, Hypnose und Biofeedback, und denen ein Hauch von Schamanismus anhaftet, haben in kontrollierten Testsituationen ihren Einfluß auf die Immunität bewiesen. Nun, da sich die schwer faßbaren Geheimnisse des menschlichen Geistes zu enthüllen beginnen, spielt sich vor unseren Augen ein faszinierendes, noch nie dagewesenes Drama ab: Das wissenschaftliche Paradigma wechselt, die Metaphern vermischen sich. Es ist ein guter Augenblick zu leben.»
Dr. med. Jeanne Achterberg im Vorwort ihres Buches

Norman Cousins
Der Arzt in uns selbst *Wie Sie Ihre Selbstheilungskräfte aktivieren können*
Mit einem Vorwort von Heiko Ernst
(rororo sachbuch 9307)
Norman Cousins litt an einer tückischen, äußerst schmerzhaften Knochendegeneration, als er beschloß, sich selbst zu heilen: durch Höchstdosen von Vitamin C und – Lachen. Zur Verblüffung aller Fachleute war seine Therapie tatsächlich erfolgreich. In *Der Arzt in uns selbst* beschreibt der renommierte Journalist seinen sensationellen Heilungsprozeß, der die Wegscheide in der modernen Medizin markiert.

rororo gesundes leben

Volker Friebel
Die Kraft der Vorstellung
Visualisieren: Übungen zur Stärkung des Immunsystems
(rororo sachbuch 9959)
Der Diplompsychologe Dr. Volker Friebel bietet nicht nur eine Einführung in das Zusammenspiel von Psyche und Immunsystem. Er beschreibt auch ausführlich, wie die Selbstheilungskräfte des Körpers funktionieren und welche Rolle die Techniken der Visualisierung dabei spielen. Im praktischen Teil des Buches stellt er Übungen vor, die der Entspannung und Stimulierung des Immunsystems dienen.

Ein Gesamtverzeichnis aller lieferbaren Titel der Reihe *rororo gesundes leben* finden Sie in der *Rowohlt Revue*. Jedes Vierteljahr neu. Kostenlos in Ihrer Buchhandlung.

3407/9

Wege zur Ruhe

Ingo Jarosch
Die acht Brokate *Kraft und Entspannung aus dem Reich der Mitte*
(rororo sachbuch 9648)
Finden Sie Entspannung, tanken Sie Kraft und innere Ruhe: Die acht Brokate sind ein Gesundheitszyklus aus dem Tai Chi und beruhen auf der fernöstlichen ganzheitlichen Betrachtungsweise des Menschen. Diese eleganten Übungen sind schnell und leicht zu erlernen. Und wenn Sie sich jeden Tag nur zehn Minuten Zeit nehmen, werden Sie Ihre innersten Energien wecken und in kurzer Zeit ein positives Lebensgefühl erfahren.

Ingo Jarosch
Tai Chi *Neue Körpererfahrung und Entspannung*
(rororo sachbuch 8803)

Sue Luby
Hatha Yoga *Entspannen, auftanken, sich wohl fühlen*
(rororo sachbuch 8592)
«Das Buch wendet sich an Anfänger und Fortgeschrittene verschiedenen Grades. Es möchte dem Leser helfen, Geist und Körper auf intelligente Weise beherrschen zu lernen, um dadurch Gesundheit und Spannkraft des Körpers zu erhöhen. Diese Absicht des Buches kann der Leser gewiß mit Erfolg erreichen, wenn er nach den Anleitungen des Buches übt. Es ist ‹ein intelligentes Buch›.»
BDY-Information (Berufsverband der deutschen Yogalehrer)

rororo gesundes leben

Paul Wilson
Wege zur Ruhe *100 Tricks und Techniken zur schnellen Entspannung*
(rororo sachbuch 60119)
Ein kurzweiliger Reader für hektische Zeiten: Neben Klassikern wie Atemtechnik, Stretching, Autosuggestion und Massagen stellt der Autor auch viele überraschende Wege zur Ruhe vor, etwa: die Katze streicheln, helle, lockere Kleidung anziehen oder viel klares Wasser trinken und für besonders Ungeduldige und Gestreßte gibt es effektive Hilfe für den «Notfall». Eine originelle, amüsante und informative Zusammenstellung von hundert Wegen zu schneller Ruhe und Entspannung.

Ein Gesamtverzeichnis aller lieferbaren Titel der Reihe *rororo gesundes leben* finden Sie in der *Rowohlt Revue*. Jedes Vierteljahr neu. Kostenlos in Ihrer Buchhandlung.

3407/8a